中国纺织信息化40年发展历程

ZHONGGUO FANGZHI XINXIHA 40 NIAN FAZHAN LICHENG

吴迪◎著

中国纺织出版社
国家一级出版社
全国百佳图书出版单位

内 容 提 要

《中国纺织信息化40年发展历程》是第一部全面记述纺织行业信息化发展历史的著作。该书以中国纺织工业改革开放40年的发展作为大背景，详尽记述纺织信息化的历史，深入分析两化融合的现状与需求，全面展望新一代信息技术发展趋势。全书共分五篇，综述篇对纺织信息化概念、技术和应用领域做出提纲挈领的描述；历史篇是重点，通过大量典型事例回顾40年信息化砥砺奋进的发展历程；专题篇以专题论述为主，对信息化相关环境、政策、现状、需求以及应用新领域进行系统的分析研究；展望篇从新技术、推进措施和政策建议三方面展望下一阶段的发展趋势；案例篇则汇集了精选的企业示范应用案例和行业供应商的优秀解决方案。

全书观点鲜明，史料翔实，既准确阐述相关技术，又全面分析国家政策，对纺织行业信息化40年发展历史是一个全面的总结，对从事信息化的专业人士和其他读者具有很好的参考价值。

图书在版编目（CIP）数据

中国纺织信息化40年发展历程/吴迪著. --北京：中国纺织出版社，2018.11
ISBN 978-7-5180-5464-0

Ⅰ.①中… Ⅱ.①吴… Ⅲ.①纺织工业—信息化—概况—中国 Ⅳ.①F426.81-39

中国版本图书馆CIP数据核字（2018）第229982号

策划编辑：孔会云　特约编辑：郭兆荣　责任校对：武凤余
责任印制：何　建

中国纺织出版社出版发行
地址：北京市朝阳区百子湾东里A407号楼　邮政编码：100124
销售电话：010—67004422　传真：010—87155801
http://www.c-textilep.com
E-mail:faxing@c-textilep.com
中国纺织出版社天猫旗舰店
官方微博 http://weibo.com/2119887771
天津千鹤文化传播有限公司印刷　各地新华书店经销
2018年11月第1版第1次印刷
开本：710×1000　1/16　印张：18.75
字数：278千字　定价：88.00元

前　　言

今年是中国改革开放40周年，我国纺织工业在中国共产党的领导下，不懈奋斗，与时俱进，取得了举世瞩目的成就，正在向世界纺织强国迈进。40年来，推进信息化建设，提高行业的信息化水平，对于纺织工业的历史性发展一直发挥着极其重要的作用。既是纺织工业走新型工业化道路，推进持续增长的重要途径，也是促进发展方式转变和产业结构调整的重要手段。在当前全球新一轮科技革命的浪潮中，互联网、大数据、人工智能快速发展，为信息化赋予了新理念和新内容。在以信息产业为主导的新经济发展时期，在经济形势发生变化的大环境下，纺织工业加快信息化建设，更将成为引领行业创新、驱动转型升级、实现高质量发展的先导力量。

一

我在纺织行业工作已近40年，与纺织信息化结下了不解之缘，亲身经历了信息化从蹒跚起步到蓬勃发展，从企业试点到全面推广，从技术启蒙到自主创新，从局部应用到综合集成的全过程。这一期间，承担了数十个研究课题，实施了十多家企业的信息化系统，起草了各种相关规划、标准规范、可行性报告，积累了数百份案例资料。尽管近年来自己不断撰写一些有关纺织信息化的文章，也一度有过做一个系统性总结、写一部纺织信息化专著的念头，但是因为忙于工作，且资料过多，一直没有下决心进行整理。

前两年我开始负责《中国工业史·纺织卷》的编纂，启发了"以史为鉴"的思路，在着手收集整理方方面面史料的过程中，很自然地意识到自己手头资料的历史价值，不能将其埋没在档案柜中，因而产生了梳理纺织信息化发展历史的想法。到了2017年下半年，各界开始酝酿隆重纪念中国改革开放40周年，宣传40年来各行各业取得的伟大成就。我国纺织行业的计算机应用起源于20世纪70年代早期，1978年乘党的十一届三中全会改革开放的东风，纺织信息化建设以织机自动监测系统为标志开始起步，40年来与纺织工业的发展同步前行，其成果是纺织工业发展成就的一个重要部分。因此,在当前形势下对纺织信息化40年发展历程进行全面、系统和科学的总结是很有意义的工作,也是义不容辞的责任。

二

回顾纺织信息化的发展历程,首先要全面介绍纺织行业两化深度融合的成就,向行业内外的广大读者展现这一历史进程的全貌。开展信息化建设的纺织企业是这台大戏的主角,有的骨干企业30多年搞信息化坚定不移,与时俱进,信息系统不断更新升级,始终处于行业中的领先地位;有的大企业在信息系统成功实施之后,将成果向全行业辐射,相关专业人员成立软件开发公司,利用丰富的行业经验开展专业化服务;有的县办小厂与高校合作,培养了自己的技术力量,达到了较高的信息化管理水平,可谓"山沟里飞出金凤凰";有的国有老企业,一套信息化管理系统一直应用了15年,也令人感叹不已。

回顾纺织信息化的发展历程,要向广大纺织信息化的参与者表达发自内心的敬意。这个群体中有企业家,技术专家,首席信息官(CIO),更多的是应用企业的工程师、业务员,开发机构的咨询师、程序员,40年来默默地奉献,同时对纺织信息化事业也做出了不可磨灭的贡献。他们中有传统纺织企业的企业家,决心转型先进装备的研制,开发出了世界领先水平的全流程自动化生产线;有国家顶级科研机构的知名专家,就职纺织企业的CIO,负责信息系统建设,组建软件开发公司,取得了一系列具有行业特色的成果;有纺织企业普通技术员,努力钻研计算机技术,成功实施了企业管理信息化系统,继而成为高校教授、信息化专家;有软件公司的高级工程师,常年在外地企业承担开发项目,一呆就是几个月,节假日都不例外,成为企业离不开的特殊员工。

回顾纺织信息化的发展历程,系统地梳理和总结信息技术的应用是重要内容。信息技术是更新发展最快的高新技术,当初反复思考精简程序以节省内存的程序员,无法想象当今成G(千兆)上T(千千兆)的计算机容量,更有"云"上的无限空间;使用CRT(字符显示器)却困惑如何输入汉字的录入员,无法想象智能手机功能之强大,语音输入和手写输入都不是问题;苦苦等待电话线点对点传输报表的统计员,无法想象互联网的无处不在,后台的大数据更是神通广大;频繁维修更换监测系统传感器的技术员,无法想象电子标签、物联网的稳定和便利,人工智能可以替代你的工作。重要的是要全面分析和科学展望新一代信息技术的发展趋势,既要克服墨守成规、认识不足的观念,也要避免盲目跟风、过度炒作的倾向,描绘出令人向往的信息化未来的发展蓝图。

三

本书是第一部全面记述纺织行业信息化建设40年发展历程的著作,既回顾纺织信息化发展历史,也研究分析当前两化深度融合面临的重大问题,还展望新一代信息技术发展趋势。

采用“史论结合”的方法。所谓“史”,即历史篇,以叙史为主,时间为纲,采用编年体形式,以中国纺织工业改革开放40年为大背景,通过大量事例回顾信息化建设水平的进步和提高,真实记述信息化建设与行业发展同步前行;所谓“论”,即专题篇,以论述为主,对信息化相关专题进行研究和分析,包括当前纺织工业面临的发展环境研究,纺织信息化现状和企业需求分析,信息化建设进程中的问题和难点的梳理,纺织信息化的新领域,发展方向的判断和预测。

内容安排上“三点并重”。一是“事例”,采用几十年来积累的数百个第一手案例,结合有关重大事件,从各个侧面立体展示纺织信息化的全景画面;二是“技术”,从专家的视角,全面论述信息技术的体系和应用领域,清晰梳理信息技术应用发展的历史脉络,提炼重点领域和难点问题,着重分析大数据、人工智能等新一代信息技术的发展前景;三是“政策”,以多年来开展的政府政策研究课题为基础,全面论述国家政策的影响,从行业层面深入探讨纺织信息化的发展战略、推进措施和相关政策支持。

书中涉及的史料文献繁多,虽经多方核对,也难免有疏漏和偏差之处,期待着读者给予批评指正。

李思三、陈正清、张云卿多年来对我的信息化推进工作给予了指导和帮助,翟燕驹、陈队范、刘继萍、顾仁、许光明、金万树、盛守祥、方小卫、徐园园、刘先明、杜岩冰、张传雄、刘兰生、吴志明、刘悠然、王建中、陆棉、田洁为本书提供了资料和支持,华珊、赵明霞、黄耿华、张倩、牛爽欣与我共同承担了多个相关课题的研究工作,在此一并表示衷心的感谢。

吴迪

2018 年 10 月

目　　录

综述篇

第一章　纺织工业改革开放以来的发展历程 …… 3
　第一节　改革开放激发巨大活力 …… 3
　第二节　战略调整实现新突破 …… 6
　第三节　21 世纪步入快速发展期 …… 9
　第四节　新常态下的转型升级 …… 12
第二章　信息化对于纺织工业发展的重要作用 …… 15
　第一节　信息化建设与纺织工业改革开放同步前行 …… 15
　第二节　两化深度融合在纺织工业转型升级过程中的重要意义 …… 16
　第三节　信息化是行业创新发展的重点任务 …… 18
　第四节　信息化是企业提升竞争力的有效途径 …… 20
第三章　纺织信息化的概念、相关技术和应用领域 …… 24
　第一节　纺织信息化的概念和内涵 …… 24
　第二节　纺织信息化相关的信息技术 …… 26
　第三节　纺织信息化的主要领域 …… 32

历史篇

第一章　起步阶段(1978—1985) …… 37
　第一节　计算机应用的最初尝试 …… 37
　第二节　计算机应用开始起步 …… 39

第三节　自动监测系统投入使用 …… 40

第四节　企业管理信息系统初见端倪 …… 42

第五节　其他领域的早期计算机应用 …… 44

第六节　计算机设备的变化与更新 …… 46

第二章　应用推广阶段(1986—1995) …… 49

第一节　政府推动信息技术应用推广 …… 49

第二节　管理信息化形成热潮 …… 50

第三节　不同技术方案纷纷推出 …… 56

第四节　各个领域信息化建设全面开展 …… 58

第三章　转变阶段(1996—2000) …… 61

第一节　行业形势出现变化 …… 61

第二节　企业管理信息化进行调整 …… 63

第三节　纺织 CAD 大面积推广 …… 67

第四节　互联网技术引入纺织行业 …… 72

第四章　较快发展阶段(2001—2006) …… 74

第一节　21 世纪带来新发展 …… 74

第二节　ERP 成为信息化重点 …… 76

第三节　商品化管理软件走进纺织行业 …… 83

第四节　技术改造推动信息化项目 …… 86

第五节　公共服务平台面向中小企业 …… 90

第六节　电子商务开始起步 …… 91

第五章　两化融合阶段(2007—2012) …… 94

第一节　两化融合的行业落地 …… 94

第二节　信息技术与纺织装备紧密融合 …… 95

第三节　MES 突破生产制造管理瓶颈 …… 97

第四节　信息化推动绿色化发展 …… 103

第五节　服装信息化水平较快提升 …… 105

第六章 两化深度融合阶段(2013—2017) …… 111
第一节 信息化为行业转型升级提供新动力 …… 111
第二节 智能制造成为转型升级的突破口和重点 …… 113
第三节 定制化服务逐步开展 …… 119
第四节 互联网技术的行业应用走向深化 …… 122

专题篇

第一章 纺织信息化的行业发展背景分析 …… 129
第一节 纺织工业在国民经济中的地位 …… 129
第二节 近期纺织工业经济运行状况 …… 131
第三节 纺织行业加快转型升级的重要意义 …… 133
第二章 面临的发展环境分析 …… 136
第一节 国际纺织产业格局发生新调整 …… 136
第二节 国内纺织消费市场蕴含新动力 …… 139
第三节 国内宏观经济对行业转型升级提出更高要求 …… 141
第四节 互联网启动新一轮工业革命进程 …… 143
第五节 纺织行业应用新一代信息技术呈现新特征 …… 145
第三章 国家推动信息化的政策环境 …… 148
第一节 十七大提出大力推进两化融合 …… 148
第二节 十八大以来明确建设制造强国、网络强国目标 …… 151
第四章 纺织行业信息化的发展水平 …… 158
第一节 总体发展水平 …… 158
第二节 应用领域发展水平 …… 159
第三节 细分行业发展水平 …… 164
第四节 信息化建设的经验总结 …… 169
第五节 存在的主要问题 …… 171

第六节　与国外纺织企业的比较 …… 174
第五章　纺织行业信息技术的需求分析 …… 179
第一节　纺织行业的特点及信息化需求 …… 179
第二节　技术和软件产品需求分析 …… 182
第三节　当前需求的变化特点 …… 190
第六章　当前纺织信息化的新领域 …… 193
第一节　智能制造 …… 193
第二节　定制化服务 …… 198

展望篇

第一章　新一代信息技术的应用和发展 …… 207
第一节　新一代信息技术对新经济发展时期的意义和作用 …… 207
第二节　新一代信息技术在纺织行业的应用和发展前景 …… 209
第二章　推进纺织行业两化深度融合的措施 …… 221
第一节　战略目标和推进模式 …… 221
第二节　企业层面的推进措施 …… 222
第三节　行业层面的推进措施 …… 228
第三章　支持纺织行业两化深度融合的政策建议 …… 235
第一节　政策的出发点和取向 …… 235
第二节　当前政策的效果分析 …… 236
第三节　政策建议 …… 238

案例篇

第一章　纺织企业信息化应用案例 …… 245
第一节　企业信息化管理 …… 245

第二节 自动控制与生产制造管理 …… 255
第三节 智能制造 …… 261
第四节 个性化定制 …… 263
第二章 开发服务商纺织行业解决方案案例 …… 269
第一节 综合管理解决方案 …… 269
第二节 棉纺织行业解决方案 …… 271
第三节 化纤行业解决方案 …… 274
第四节 印染行业解决方案 …… 275
第五节 针织行业解决方案 …… 280
第六节 服装行业解决方案 …… 281

综述篇

中国纺织工业改革开放 40 年发展历程，是纺织行业信息化建设的大背景。

信息化建设与纺织工业改革开放同步前行，在纺织工业转型升级过程中具有重要意义。

对全书涉及的纺织信息化概念、相关技术和应用领域做出提纲挈领的定义和描述。

第一章 纺织工业改革开放以来的发展历程

中国是世界文明古国，在机器纺织工业出现以前，手工纺织业历史悠久。鸦片战争之后，纺织工业经历了近百年的发展，曾经是中华人民共和国成立前最主要的工业部门，也形成了中华人民共和国成立后纺织工业赖以起步的工业基础。中华人民共和国成立后，在中国共产党的正确领导下，取得了一系列历史性成就，保证了中国人民穿衣的基本需求，在增加社会就业、扩大出口创汇、积累建设资金和为相关产业配套等方面发挥了重要作用。

党的十一届三中全会开启了我国改革开放的历史新时期。纺织工业积极推进各个领域的改革，生产和出口快速增长。20 世纪 90 年代后期，纺织工业成为国有企业改革解困的突破口，成功推进压锭调整，实现了行业扭亏为盈，为行业的战略调整打开了新局面。到 20 世纪末，基本形成了上中下游相衔接、产业配套齐全的产业体系。跨入新世纪之后，纺织工业坚持走新型工业化道路，进入了快速发展时期，生产力水平、运行质量、效益大幅提高，产业结构明显改善，科技进步加快，人才队伍壮大，创新能力增强，品牌建设取得成效，成为世界纺织生产大国、出口大国和消费大国。在未来的发展时期，纺织工业要站在新的历史高度，向建设纺织强国的目标迈进。

纺织行业信息化就是在这样的行业发展大背景下起步、发展和不断深化的。

第一节 改革开放激发巨大活力

1978 年 12 月，中共中央召开了十一届三中全会，把全党的工作重点转移到经济建设上来，开启了改革开放的历史新时期。纺织工业在党中央的领导下，迅速恢复生产，满足内需，扩大出口，发展乡镇企业，逐步深化经济体制改革，各方面都取得了巨大成就。

一、纺织工业实施转轨变型

中央对轻纺工业实行“六个优先”的政策，即原材料、燃料、电力供应优先，挖潜、革新、改造措施优先，基本建设优先，银行贷款优先，外汇和新技术引进优先，交通运输优先。制定了一系列扶持轻纺工业发展的政策，同时由于加强了农业，纤维原料的增长也很快。从1979年开始，纺织工业生产大幅提高，平均年递增速度达到18%以上。1982年全国棉布产量达到153亿米。

随着中国工业管理体制改革大幕的拉开，纺织工业经济管理体制改革于“六五”时期启动，开始实施“转轨变型”。主要表现在：改革计划管理，逐步改变高度集中的传统计划经济模式，“以计划经济为主，市场调节为辅”，逐步增强市场机制的作用。缩小指令性计划的范围，而扩大指导性计划的范围。到1984年，只保留化纤、化纤聚合体、纺织机械中的部分设备等3种为指令性计划产品；推行经济承包责任制，扩大企业自主权；发展横向经济联合，打破地区界线、行业界线，提高工业的组织程度，探索纺织品出口管理体制的改革；改革基本建设管理体制。

随着生产连年大幅度增长，市场供求关系出现了新的变化，1981年部分纺织品开始出现销售不畅，仓库积压的问题，这是长期以来没有发生过的情况。这表明纺织品产需之间的主要矛盾已经由数量不足转变为品种花色不能满足市场需要的问题。根据形势和矛盾的变化，纺织工业部于1982年提出了“三个转移”的方针，即把发展纺织工业的指导思想和工作重点从着重抓速度、抓产量、抓扩大生产能力切实转移到着重抓品种质量、抓经济效益和抓技术改造上来。从而促使纺织企业花更大的力量开发新品种，提高加工深度和精度，根据国内外市场的需要试制生产了一大批新品种、新花色、新款式，发展了大量适合市场消费的中高档产品。

1983年举办了新中国成立以来第一次全国性的纺织新产品展销会，各地送展的纺织新产品达1.1万多件，展出4000多件。这次展销会是对“三个转移”成效的检阅，引起了市场的轰动和消费者的好评。

由于纺织工业产品产量的迅速增长，改变了市场的供应形势。1983年12月，国家决定停止实行29年的棉布限量供应办法，实现了敞开供应，解决了人民群众多年来缺衣少穿的问题。这标志着我国纺织工业的发展实现了中华人民共和国成立以来的重大转折，这也是中国纺织工业发展中的一个历史性的里程碑。

二、乡镇纺织企业蓬勃兴起

在这一时期，乡镇纺织企业异军突起，进入了蓬勃发展的阶段，引起了人们的极大注意。在国家一系列扶持乡镇纺织企业发展优惠政策的引导下，乡镇纺织企业无论是在规模、能力方面，还是从产品结构、管理水平上看都有了较大的进步。1989 年乡镇纺织企业的产值已达到 698 亿元，占当年纺织工业总产值的 32%，成为纺织工业发展的一支重要的力量。更有意义的是，这一批乡镇纺织企业成为日后作为行业主力军的广大纺织民营企业的先驱，为民营经济的快速发展积累了经验，也为后来纺织产业集群的形成和壮大奠定了基础。

乡镇纺织企业有着灵活的机制，能够及时根据市场的变化调整产品结构，花色品种翻新快，产品适销对路。它的鲜明特点就是研制快、投产快，形成生产能力快，占领市场快，具有较强的市场竞争能力。在乡镇纺织企业的发展中，各方面的水平在不断提高：产品质量不断提高，不少乡镇企业产品荣获国优、部优等称号，有的企业还采用国际标准进行检验；加快了技术改造步伐，通过各种途径引进消化吸收国内外的先进技术和设备，增加了竞争能力和适应能力；不少乡镇企业迅速转向外向型经济发展，成为出口创汇的生力军，在广东、福建、江苏、浙江等地的乡镇纺织企业出口有了很大发展，有的地方发展“三来一补”，形成了以进料加工为主的加工区。1990 年乡镇纺织企业出口收购值达到 164.7 亿元，4 年中增加 4.4 倍。

20 世纪 80 年代末期国民经济整顿治理中，乡镇纺织企业以市场为导向，自觉地调整产业和行业结构，过大的投资规模得到了收缩，过猛的发展速度得到了控制，生产要素得到较合理的配置，以新产品为龙头带动了产业结构的优化，既开发适应城市需要的中高档产品和出口创汇产品，又积极开拓适应农村市场的产品。

三、扩大出口取得突出成效

在国内市场相对有限的情况下，扩大出口成为纺织工业持续发展的战略措施。这一方面可以开拓市场，也可以促进纺织工业提高质量，发展品种，加快技术进步，接受国际市场的考验，提高竞争能力。

整个“七五”期间，这一战略思想成为全行业发展的指导方针，以后又提出“开发两个市场、利用两种资源”的方针，纺织工业的出口有了迅速发展，1985年全国纺织品和服装出口创汇为55亿美元，1987年为95亿美元，1988年又增加到113亿美元，3年增加了一倍多，1990年达到138亿美元，纺织工业出口品产值占到全部产值的1/3以上。出口的迅速发展，为纺织品开拓了广阔的国际市场，成为纺织工业发展的强大推动力。

在此期间，正逢国际上一些发达国家产业结构进行大幅度调整，中国抓住机遇扩大纺织品出口取得了显著成效。到1990年，中国纺织品和服装出口额已占世界纺织品服装出口总额的7.48%，所居位次提高到第四位。其中服装出口额占世界服装出口额的6%。据1988年统计，中国纺织品服装出口遍及五大洲150多个国家和地区。主要市场是中国香港地区、日本、美国和欧共体，这四个地区占我国纺织品服装出口总量的70%左右，其他如加拿大、澳大利亚、苏联及东欧、中东及非洲产油国也是我国纺织品出口的重要市场。

为了对纺织品的出口经营体制逐步进行改革，1985年1月，《国务院关于纺织品进出口若干问题的规定》指出，出口纺织品要积极搞工贸结合，结合的形式可以多种多样。由此打开了工业直接面向国际市场，纺织企业自营出口的大门。同年国务院批准成立7个纺联公司，发展纺织企业自营出口和多种形式的工贸结合，在企业自营出口方面迈出了新的一步，很多工业企业被推到了出口贸易的第一线，它们必须更好地了解国际市场情况，提高自己的竞争能力。

第二节　战略调整实现新突破

一、调整产业结构增强市场竞争能力

1992—2000年，是我国初步建立社会主义市场经济体制阶段，也是纺织工业发展较快，产业进入调整的时期。在总规模、总产量、总出口等方面都已居世界各国的前列。1997年，化学纤维的产量达到460.9万吨，超过了美国、日本，居世界第一位；棉纱产量561.8万吨；棉布产量248亿米；服装达到80亿件。棉纱、棉布、丝织品、服装产量均居世界首位，化纤产量居世界第2位。“八五”

最后一年，我国纺织纤维加工总量为800万吨，人均纤维消费量4.6公斤。我国纺织品服装出口额达到455亿美元，占全国出口创汇总额的25%。

改革开放的深入发展，进一步调动了各方面的积极性，多种经济成分共同发展，纺织工业的所有制结构进一步发生变化。到20世纪90年代中期，已基本形成国有经济、集体经济、三资企业三分天下的格局。1996年全部乡及乡以上纺织工业生产中，国有经济产值为2016亿元，占29.6%；集体企业产值为3052亿元，占44.8%；三资企业产值为1732亿元，占25.4%。多种经济成分的共同发展，调动了各方面的力量，发挥了各类企业的优势和特点，互相补充，互相促进。实践表明，这种方向符合纺织行业量大面广，同人民生活密切相关的特点，有利于纺织工业的发展。

行业的区域布局也出现了变化。一些沿海地区抓住机遇，纺织工业取得快速发展。如江苏、浙江、广东等省，历史上民间就有办纺织业的传统，改革开放以来，地方企业、乡镇企业、民营企业、三资企业因地制宜大量发展，都已大大超过国有企业，推动了整个纺织工业的发展壮大，纺织业产值在全国各省市中位居前3名。浙江省在20世纪80年代初纺织工业年产值只有30亿元左右，居全国第10位，1996年已发展到近1000亿元，赶上并超过了上海、山东、湖北等纺织工业老基地，居全国第2位。多种经济成分共同发展，不仅加快了纺织工业的发展速度，对活跃地区经济，繁荣城乡市场，改善人民生活都起到了重要作用。

二、技术改造增强竞争能力

在扩大规模的同时，行业注重了技术改造。首先，明确了以生产企业为主体，努力采用先进科学技术，加快技术改造进度，逐步把劳动密集型的传统产业部门转移到先进技术基础上来的目标。技术改造围绕产业结构、企业结构和产品结构的调整，引进消化吸收国外先进技术，发展名优产品，提高纺织工业的技术水平。例如其中的“两机”（自动络筒机和无梭织机引进技术消化吸收及国产化）专项，通过消化吸收引进技术和自主开发，中国纺机制造业开始具备生产世界先进水平装备的能力，并有一定数量替代了进口。

技改项目抓住自动络筒机、无梭织机、清梳联、精梳机四大重中之重为突破口，瞄准国际市场，加快发展新型纺织机械。采取“技贸结合”的办法，以部分进口贸易量为筹码，引进这些设备的设计、制造技术，对各制造企业现有设备进行改造，到1995年形成年产自动络筒机500台、喷气织机3000台、片梭织机300台、清梳联50套的生产能力。这些设备的性能接近当时的国际水平，国产化率达到60%~70%。

技术改造使得纺织工业设备水平有了较大提高，新设备在纺织企业中得到使用，使先进设备比重迅速增加。1990—1995年，全国拥有的无梭织机从1.69万台增加到5.9万台，自动络筒机增加了1000台，平网、圆网印花机增加了200台，各种针织圆机增加了500台，这些先进设备的采用，提高了纺织品的质量，增加了品种花色，增强了纺织品的市场适应能力和竞争能力。

三、压锭调整成为突破口

但是必须看到，我国纺织行业发展迅速，生产能力增长过快，十几年间，棉纺锭由1780万锭发展到4245万锭，按当时生产需要计算，大约多余1000万锭，生产能力利用率不到80%。总量过剩是造成纺织企业困难的重要原因。同时也出现了市场竞争过度、产品滞销、企业亏损、开工不足、富余人员多等一系列问题。尤其是国有企业遇到很大困难，经济效益下滑，1992年国有纺织企业出现了全行业亏损，到了1996年已连续5年，全国国有纺织企业亏损106亿元，处于十分困难的境地，引起了全国上下的极大关注。纺织工业进入了一个实行全行业改革、改组和改造的新时期。

1998年2月，国务院发出《关于纺织工业深化改革调整结构解困扭亏工作有关问题的通知》，明确提出了纺织工业压锭调整的任务目标和政策措施，即从1998年起，用3年左右时间压缩落后棉纺锭1000万锭，分流安置下岗职工120万人，到2000年实现全行业扭亏为盈。

从1998年1月23日，上海敲下全国压锭第一锤开始，经过纺织行业上上下下的努力，三年累计完成压缩落后棉纺锭940万锭，基本完成了任务。到2000年4月底，分流安置职工121万人。可喜的是，提前一年实现了3年脱困目标：1999年，全行业盈利大幅度提高，国有企业实现盈利9.5亿元，2000年盈利69亿元。

压锭调整能够实现既定的目标，政府发挥了强有力的引导和政策支持，中央地方提供财政补贴30亿元，并配套了破产核销、职工安置、土地使用权、出口配额、出口退税、棉花采购等“组合拳”政策；广大国有纺织企业响应号召，顾全大局，尤其是下岗分流的职工为此付出了代价，是压锭顺利实行的保障。

在纺织行业压缩总量、资产重组、调整结构、技术进步、减员分流取得成效以及纺织原料市场价格下降等种种因素作用下，纺织全行业的结构调整取得实质进展，经济效益取得明显提高，大多数国有纺织企业素质显著提升，结束了多年的低水平重复建设的状况。另外，这次战略调整不仅使纺织工业自身经济运行状况好转，也为其他困难行业摆脱困境积累了经验。更为重要的是，这次压锭调整的中长期效果，在进入21世纪以后日益显现。

第三节　21世纪步入快速发展期

21世纪以来，纺织工业在科学发展观的指导下，坚持走新型工业化道路，紧紧抓住了新的发展机遇，实现了快速发展。面对国际金融危机的冲击，在国家政策的支持下，积极开拓和利用国际国内两个市场，比较快地实现了企稳回升。

一、加入WTO后快速发展

21世纪的最初几年，我国纺织工业在市场化改革不断深入的基础上，依靠科技进步，生产效率、产品品质以及产品附加值不断提高，抓住了良好的国内外市场机遇，实现了快速增长，迎来了中华人民共和国成立以来的最好发展时期。

2000—2008年，我国纺织纤维加工量持续增长，从1360万吨增长到3500万吨，年均增长率达到12.54%；纺织行业规模以上企业户数达到4.7万户，增加了近2倍；完成工业总产值35381亿元，比2000年增长了4倍，年均增长17%。

中国加入WTO，使一直受到配额限制的纺织品服装出口大大受益。先是赶上“分阶段取消配额”的最后三年，在2002—2004年得以释放出口能量，纺织品服装出口总额三年中增长83%，2004年达到974亿美元。2005年全面取消配额后（虽然对美国、欧盟仍有过渡期），又得到新一轮大发展。2007年出口达到1756亿美元，平均年增长22%。2008年中国纺织品服装出口占全球纺织品服装贸易额的比例达到30%，进一步巩固了出口第一大国的地位。

这一期间纺织工业进步的重要标志就是突出科技创新。实行《纺织行业科学技术发展纲要》，确立了科技创新目标并取得了新成绩。一是新型纤维、新型材料不断涌现；二是加工技术的信息化、数字化水平提高；三是环境治理、节能减排、绿色循环等水平提高；四是印染业和面料业创造力提升。经国家科技奖励工作办公室批准，“中国纺织工业协会科学技术奖”2004年5月在京设立，这是唯一的面向全国的纺织行业科学技术奖项。2008年在原有钱之光科学教育基金的基础上，注册成立了纺织之光科技教育基金会，主要用于奖励在纺织行业科技进步方面做出突出贡献的单位或个人，奖励在纺织教育战线上的优秀教师和优秀学生，并在可能的条件下支持一些对纺织行业产业升级有重大影响的基础性科研项目和科技成果推广项目。

二、应对国际金融危机取得成效

我国纺织工业在保持多年的高速增长的同时，遇到了一系列新的挑战。2008年下半年以后，国际金融危机对我国实体经济的影响显现，纺织工业遭遇外需下降、内需减缓的双重压力，行业遭遇到较大的困难。突出的是，纺织品服装出口增速持续回落，2008年秋季广交会订单成交量同比下降30%以上；部分纺织企业将出口产品转为内销，又加大了国内市场压力；纺织原料价格全球性大幅下跌，国内棉花价格大幅波动，纺织企业占压大量资金，难以正常周转。

2009年4月，国务院公布了《纺织工业调整和振兴规划》（简称《纺织调整振兴规划》），并出台了配套的扶持政策，极大地鼓舞了纺织行业战胜国际金融危机所带来困难和实现中长期可持续稳定发展的信心。从2008年下半年以来，中央就不断对纺织工业出台一系列扶持政策，分四次连续提高纺织品服装的出口退税率，从11%提高到16%，已经对我国纺织品服装恢复国际平等竞争地位、稳定国际市场份额、扭转出口企业亏损局面发挥了重要作用。

我国纺织工业在国家一系列政策的支持下，坚持加强技术进步和自主品牌建设，积极开拓和利用国际国内两个市场、两种资源，比较快地克服了国际金融危机下的各种困难。到了2011年，相比其他行业较快出现了企稳回升态势，产业结构调整取得成效，产业升级步伐明显加快。

2012年5月，中国纺织工业联合会发布《建设纺织强国纲要（2011—2020年）》（简称《强国纲要》），成为中国纺织工业首个10年中长期发展规划纲要，提出了建设纺织强国的宏伟目标。中国纺织工业要顺应新期待，实现新要求，塑造新优势，完成科学技术进步、品牌建设、可持续发展和人才队伍建设这四大核心任务。《强国纲要》的发布对于促进全行业积极适应形势变化，抓住未来10年重要的战略机遇期，实现更高水平的新发展具有重要意义。

三、结构调整步伐加快

21世纪以来，我国纺织行业结构调整和产业升级进程明显加快，不仅有效应对了国际金融危机影响，实现了持续稳定增长，而且发展质量和效益显著提高，产业综合竞争力进一步提升，继续发挥了国民经济传统支柱产业和民生产业的重要作用。

结构调整和产业升级的主要内容是全面推进技术进步，加快自主创新，充分发挥市场配置资源的基础性作用和产业政策的导向作用，规范市场竞争环境，转变经济增长方式的总体要求，明确了加快技术结构调整提高产品附加价值、加大原料结构调整实现原料的多元化、加快重点产品调整推进结构优化、提高纺织资源利用效率减少环境污染、大力推进自主品牌建设、推进企业组织结构调整、促进东中西部协调发展优化行业区域布局等结构调整的重点。

例如服装、家用、产业用三大类终端产品纤维消耗量的比重由2000年的68∶19∶13转变为2012年的49∶39∶22；其中，产业用纺织品所占比重提高了9个百分点，2012年产量达到1010万吨，比2000年增长了5倍左右；棉纺行业精梳纱、无结头纱、无梭布、无卷化比重分别达到27.82%、65.39%、68.28%和46.75%，比2005年分别提高2.82、10.07、16.1和8.35个百分点；纺织产业由东部沿海地区向中西部加速转移的趋势日渐明显，中西部地区纺织行业固定资产投资增长加速，“十一五”期间固定资产投资年均增长分别达到41.1%和27.5%，明显高于东部地区年均10.3%的增速；重点行业集中度有所提高，有实力的龙头企业整合知识产权、品牌等资源做大做强，2012年纺织服装行业已有30多家品牌企业销售收入超过100亿元。

纺织行业积极适应国内外形势新变化，以科技创新和品牌建设为支撑，以繁荣市场和扩大内需为根本出发点，以资源节约、环境友好和实现可持续发展为重要着力点，全面加快和深化以上涉及的产品结构、装备结构、资源利用结构、区域布局结构、企业组织结构等方面的调整，提高了行业的自主创新能力、市场竞争力、产业发展效率和可持续发展能力，从根本上促进发展方式转变，有力地推进了纺织产业由大到强的转型升级。

第四节　新常态下的转型升级

近年来，我国宏观经济发展步入增速换挡、结构调整、政策转型的新常态，经济增长速度明显放缓，经济结构优化成为经济发展的最重要支撑。纺织行业进入了新的加快转型升级的关键时期，行业经济增长由中高速向中速逐步减速换挡，行业的结构调整和创新驱动对产业的支撑作用进一步增强，建立跨国产业链的国际化发展趋势已经显现，行业对新常态的适应能力逐步提高。

一、进入转型升级的关键时期

这一时期，我国纺织工业基本保持持续、平稳、健康发展态势。但是随着外部宏观形势及内在发展方式发生重要变化，经济下行的压力在持续加大。与新世纪初期的高速增长相比较，纺织行业经济已逐步放缓至中速增长，多数经济指标由两位数降至个位数，产业结构优化与发展质量提升对于行业经济增长的拉动作用则更加凸显，纺织行业转换发展阶段、加快转型升级的特征日益明显。

从2013年开始，纺织行业生产增速出现放缓的趋势。2016年全国规模以上企业工业增加值同比增长5.1%，2015年6.3%，增速低于2014年7%，2013年9%，增速由两位数降到了一位数。主要大类产品中，纱、布、服装同比增速都有明显下降。出口自2012年以来，受到世界经济复苏乏力、市场需求低迷、国际竞争日益加剧等因素影响，进入了低速增长，尤其是2015年，出现了多年来首次负增长。2016年的出口降到了2012年的水平。

新常态时期纺织工业形成了一些新的特征：一是增长速度放缓，缓中有进。比如在全行业增长放缓的同时，产业用纺织品依然保持好的增长态势。在国家经济发展战略对产业用纺织品需求的强力拉动下，2016年产业用纺织品的主要经济增长指标保持了两位数的快速增长。二是发展压力加大，分化加快。一些优势企业对保持经营业绩增长感到困难，而相当多的小微企业则会面临生存压力。新常态下企业优胜劣汰将会加剧，企业分化也将加快。三是动力转换紧迫，关键在创新。在新常态下，行业的发展核心是推动转型升级，改变对投资驱动、要素驱动的依赖，转为依靠创新驱动来促进行业的发展。

二、创新驱动作用进一步增强

中国纺织工业在新常态下发展的驱动力由数量增长向科技创新、品牌提升转变。新产品、新技术、新工艺不断开发应用，劳动生产率快速提升是科技创新的主要特点，而品牌提升更多地表现在质量、设计和快速反应能力的增强。电子商务快速发展，催生了纺织品服装销售的新模式，并向生产制造领域延伸。在多年两化融合工作的基础上，智能制造、互联网＋开始步入应用阶段，引领了未来发展的新趋势。

2010 年，中国纺织工业协会发布了《纺织工业“十二五”科技进步纲要》，提出了 50 项关键共性技术攻关和 110 项先进适用技术推广（简称“50＋110”）；2016 年，又发布了《纺织工业“十三五”科技进步纲要》，明确了 30 项关键共性技术和 100 项先进适用技术推广（简称“30＋100”），成为到 2020 年实现纺织科技强国时期加快科技进步，实现科技创新的行动指南。

2010 年以来，纺织行业有 18 项成果获得国家科学技术进步奖，其中“筒子纱数字化自动染色成套技术与装备”获国家科技进步一等奖，其余 17 项获得二等奖；5 项成果获得国家技术发明奖二等奖。787 项成果获中国纺织工业联合会科学技术奖，其中 73 项获得一等奖，267 项获得二等奖，447 项获得三等奖。纺织行业取得了一批自主技术，发明专利和实用新型专利大幅增长，规模以上企业有效发明专利数 5852 件，是“十一五”末的 2.5 倍。

三、“走出去”推动国际化发展

由于全球经济形势的变化，我国纺织企业“走出去”的步伐加快，对外投资形成了多样化的新局面。一些优势企业开始有意识地推动国际化战略实施，着手布局全球产业链。溢达集团通过在中国台湾、新加坡、菲律宾等地建厂，形成了完善的衬衫生产链，实施纵向一体化管理，为全球主流市场提供服务；华瑞国际在柬埔寨、越南建立和发展生产基地的企业，在美国、德国、英国等地设立销售中心和设计中心，尽可能地掌握销售渠道和提高设计增加值；恒逸石化股份有限公司在文莱投资建设石油化工项目，项目一期投资估算为 42.92 亿美元，以化解原料供应的市场风险；悦达集团通过收购南纬实业股份有限公司的 20% 股份，共享了其在全球十多家工厂的4000万服装产能，同时通过与西班牙企业、家乐福的合作进入欧洲零售渠道市场。

国家"一带一路"发展战略自2013年提出以来，在各个层面全力推动落实，亚投行、丝路基金以及国内政策性、商业银行等金融机构在"一带一路"沿线国家进入实质性运作，互联互通的大规模基础设施势在必行，这一切与纺织行业跨国优化配置资源的进程完全契合，给纺织工业更好进行国际布局、实现国际化发展提供了前所未有的机遇。我国纺织企业"走出去"步伐明显加快。鉴于重点经贸合作园区是国际产能合作和共建"一带一路"的主要载体，我国纺织企业在重点经济走廊中的适合国家和区域，单独或者合作建设专项的纺织产业园区，将更有利于产业上下游和相关配套的集聚，提高运营效率和效益，也有利于争取主权国家间的协议性支持，更好地保障企业海外投资安全。

四、实现建设纺织强国的愿景

改革开放40年来，中国纺织工业实现了前所未有的发展，取得举世瞩目的成就。1978年我国纤维总产量为276万吨，2016年达到5420万吨；1978年化纤产量为28.5万吨，2016年达到4944万吨；1978年棉纱产量238万吨，2016年达到2742万吨；1978年纺织品服装出口21.5亿美元，2016年达到2701亿美元。我国早已成为名副其实的世界最大的纺织生产国、消费国和出口国。

中国纺织工业当前处于发展的关键时期。在世界经济复苏不稳定、不确定因素依然较多的同时，全球纤维需求量持续增加，科技创新进程明显加快，纺织产业格局调整逐步深化，生态环保要求日益高涨。在中国经济增速换挡、结构调整、改革深化的新形势下，进一步转变发展方式，加快转型升级，积极应对国际国内新的机遇和挑战，主动适应经济发展新常态，成为中国纺织工业发展的根本任务。

在未来的发展时期，纺织工业要按照中央"四个全面"战略部署，坚持创新、协调、绿色、开放、共享的发展理念，站在新的历史高度，贯彻落实供给侧结构性改革，通过优化资源要素配置，调整产业结构，全面提高供给体系的质量和效率，激发市场活力，促进产业协调发展，为建成具有科技和品牌实力领先、产业结构持续优化、生态文明积极建设、人才体系不断完善的世界纺织强国而努力奋斗。

第二章　信息化对于纺织工业发展的重要作用

第一节　信息化建设与纺织工业改革开放同步前行

我国纺织行业的计算机应用起源于20世纪70年代早期，为以后的信息化建设提供了有益的尝试和探索。1978年，乘党的十一届三中全会改革开放的东风，纺织信息化建设以上海第六织布厂的织机自动监测系统为标志开始起步，与纺织工业的发展同步前行。与其他行业相比，纺织行业应用电子信息技术起步较早，有很好的应用基础。

“七五”“八五”期间，我国纺织工业发展迅速。在政府的大力推动下，纺织企业兴起了电子信息技术推广的热潮，应用范围不断扩大，应用水平逐步提高，尤其是管理信息化在许多企业开展，对信息化理念和认识的普及，形成了行业上下重视信息化的可喜局面。

20世纪90年代中后期，纺织信息化建设遇到较大困难和挑战。由于出现了全行业亏损，纺织企业效益下滑，影响了对信息化项目的投入。这一阶段的信息化项目虽然数量上有所减少，但是方向上进行了调整，质量有明显提升。互联网开始进入纺织行业，给行业信息化带来新的活力。因此，行业信息化建设的进程没有中断，总体应用水平保持不断提高。在2000年压锭调整取得成效，全行业形势好转之后，迎来了较快发展的又一轮高潮。

进入21世纪后，经过两年的结构调整和棉纺压锭改造，纺织行业在连续六年亏损后扭亏为盈，整体素质有了明显提高。尤其在我国加入WTO之后，抓住了良好的国内外市场机遇，实现了快速增长，迎来了自中华人民共和国成立以来的最好发展时期。为了推动行业信息化，政府部门加大了宏观调控的力度，制定相关法律、法规、政策和规划。具体对行业信息化建设的组织，则由政府的行政管理逐步过渡到行业协会、中介机构的行业管理和技术导向，切切实实地为行业服务，为企业服务。市场化的运作方式，使得纺织信息化进入了一个较快发展的时期。

在 2007 年召开的党的十七大上，党中央提出了“信息化与工业化融合发展”的崭新命题，纺织工业在这一时期努力转变发展方式，加快结构调整和产业升级，大力推进科技攻关和科研成果产业化，加强自主品牌建设，关注行业的可持续发展，积极构建公共服务体系，培育新的经济增长点。纺织信息化更加注重信息技术与生产制造过程的融合，注重对绿色化的支撑，注重不同系统的集成。

近年来，随着外部宏观形势及内在发展方式发生重要变化，我国经济发展步入增速换挡、结构调整、动力转换的新常态。纺织行业经济增速逐步放缓，行业发展动力转换的特征日益明显，步入了一个转型升级的关键时期。加快行业信息化建设，推进工业化和信息化（简称两化）深度融合，提高生产自动化智能化水平，提升企业精细化管理能力，深化互联网的行业应用，创新市场营销模式都是提升运行质效的重要途径。

适应和引领经济发展新常态，增强发展新动力，需要将信息化贯穿纺织工业“十三五”的全过程，加快释放信息化发展的巨大潜能，以信息化驱动工业化，实现建设纺织强国的目标，是纺织工业加快转型升级的必然选择。

第二节　两化深度融合在纺织工业转型升级过程中的重要意义

40 年来，推进信息化建设，提高行业的信息化水平，一直是新时期我国纺织工业走新型工业化道路，推进结构调整和产业升级的重要途径，也是促进经济增长方式由主要依靠大规模的人力、资本和资源投入、粗放型经营方式向依靠科技进步的集约型方式转变，提高经济运行质量和效益，促进传统产业改造和经济结构调整的重要手段。在当前全球科技创新的浪潮中，互联网和新一代信息技术的快速发展，为信息化赋予了许多新理念、新内容；而在经济形势发生变化的大环境下，纺织工业加快信息化建设，对于行业转型升级具有格外重要的意义。

一、两化深度融合是行业发展的有效途径

新形势下，加快互联网和新一代信息技术的推广应用，推进智能制造、绿色

制造、服务型制造，促进纺织行业与信息化深度融合发展，是纺织工业加快转型升级，实现持续、平稳、健康发展的有效途径。

依托我国纺织工业的优势，加快推进智能制造，加强开发智能化生产线及智能纺织产品，将提升我国对纺织高端技术的自主控制能力，能够有效缓解纺织行业用工结构性短缺和成本过高矛盾，大幅提高劳动生产率。

智能制造装备与系统的应用，在显著改善生产效率、提升市场竞争力的同时，能够有效提升生产过程的精准控制水平，实现节约能源和减少污染物排放，促进行业提升绿色化发展水平，完成国家强制性节能环保任务，建立可持续的产业发展体系。

服务型制造是有效适应个性化、便捷化消费需求的先进模式，其深化应用将推动纺织行业更好满足消费需求，进而主动引领消费潮流，激活潜在消费力，真正将消费升级的机遇转化为现实生产力。

应用互联网资源优化行业创新体系、创新平台及创新模式，将大大改善行业的产品设计、开发水平，将有效提升产业核心竞争能力；建立协同制造体系，促进创新资源、生产能力、市场需求的集聚与对接，提升服务中小企业能力，加快纺织全产业链的有效协同，提高产业链制造资源的整合能力，实现新形势下的新发展。

二、两化深度融合增强纺织行业转型升级动力

从更宽的领域和更深的层次分析，两化深度融合促进了制造业发生革命性变革，为我国纺织行业加快转型升级、跻身世界强国之列提供了有利条件，也增强了纺织行业加快转型升级的动力。

两化深度融合发展的新趋势，大大拓宽了全球纺织产业的创新领域，产业链高附加值环节从传统的高新技术纤维材料和高端装备，扩展到智能化装备、智能化管控系统以及全流程智能化生产线，价值链高端从纺织设计开发和实体品牌渠道，扩展到基于互联网的互动设计、协同开发以及个性化定制渠道。由于新一代信息技术应用在全球纺织产业刚刚兴起，我国纺织行业与发达国家之间的差距远远小于传统领域，因此完全有机会通过加强融合创新，占领新的科技制高点，并以此为契机促进产业结构调整与转型升级，加快迈向产业链、价值链中高端。在此形势下，高新技术的飞速发展，信息化应用的推广普及，已成为我国纺织行业

加快转型升级，尽早跻身强国行列的重要历史机遇。

信息化与纺织产业融合发展的趋势，也对我国纺织企业提出了更高的发展要求。信息化促进国际纺织产业分工布局调整，在发达国家加强对产业高端资源控制的情况下，我国纺织企业要缩小在科技创新与品牌培育方面的差距，将面临更大的挑战，竞争环境更加严峻。智能制造和互联网深化应用，要求纺织企业全面变革生产组织、管理方式以及企业管理、营销模式，对于企业的资金、技术、人才实力和适应能力提出很高要求。要在全新的产业发展模式下生存和发展，将使很多纺织企业深深感到压力更加突出，行业优胜劣汰更加明显。在此背景下，全面推动和深化企业信息化建设，促进企业全面提升科技、管理创新能力，加强人才、服务支撑，有效应对互联网新变革带来的挑战，已经成为广大纺织企业迫切的内在需求。

第三节　信息化是行业创新发展的重点任务

纺织工业处于历史的新起点，面临调整产业结构、转变发展方式的艰巨任务。行业信息化建设将努力加强自主创新能力，有力推动产业结构调整，大大提高各种资源的利用效率，显著提升行业和企业在市场经济中的竞争力。抓住信息化这个机遇，加快创新发展，保持和提高我国纺织工业在国际上的竞争优势，是相当一段时期纺织行业的重点任务。

一、增强行业自主创新能力

信息技术在纺织产品设计和生产过程中的应用，有利于自主掌握核心技术，提高纺织工业的自主创新能力，在核心技术创新方面占据国际主流地位，并不断扩大新技术在广大纺织企业中的应用范围，是纺织行业增强自主创新能力和提升核心竞争力的有效途径。

产品创新创意设计与市场快速反应能力，是纺织服装自主品牌的重要构成要素，也是提升国际价值链分工地位的基本出发点。应用信息技术提升了行业的产品设计能力、研发能力，缩短设计研发周期，改变产品长期处于低附加值的状态。

新一代信息技术与先进制造技术密切融合，推进智能制造，着力发展智能装备和智能产品，推进生产过程智能化，培育新型生产方式，全面提升纺织行业生产、管理和服务的自动化、智能化水平，提高生产效率，保证产品质量，提升产品档次和品牌形象。

二、有效满足新形势下市场的需求

在物质生活水平不断提升、信息网络等技术不断发展的背景下，市场需求日益多元化、差异化，消费模式更趋快速化、便捷化，使纺织行业的传统制造与销售模式面临严峻挑战。

应用信息化管理与营销技术，是纺织行业提升市场反应能力的重要支撑。通过开发应用新技术，创造新的基于互联网环境的大规模定制化服务，开展基于个性化产品的服务模式和商业模式创新，充分整合市场信息、制造和管理等资源，挖掘细分市场需求与发展趋势，提高制造企业响应差异化、快捷化市场需求的能力，是纺织行业在市场不断呈现新需求特点的情况下，有效满足消费需求、把握市场机遇的根本途径。

三、有利于突破要素资源环境制约

在各种生产要素资源供给日益紧缺，国家环境治理政策日益严格的情况下，广泛应用各种先进的信息化技术装备与管理软件系统，可以有效节约物料、资源、能源，最大限度减少人力消耗或完全以设备替代人工，有效减少污染物排放，逐步化解生产要素资源瓶颈，实现产业可持续发展。

运用自动监测、自动控制等技术，会有效提高机器设备的生产效率，同时达到节能减排的效果。纺纱织造设备运用节能技术可实现能耗下降；印染生产线运用在线检测技术可节约染料和助剂用量，减少污染排放。此外，信息技术可以对化纤、印染污水排放进行实时监测，对生产过程中出现的污染排放超标问题能够及时提示与警告，是环境治理必不可少的技术手段。

四、发挥行业公共服务平台优势

我国的纺织企业规模小、数量多，产业集群是一个特色。产业集群的建设发挥集聚优势，增强企业沟通，提高行业竞争力。公共服务平台是产业集群建设的重要组成部分，信息化的行业公共服务平台可以更好地服务于中小企业，最大程度发挥其在集群间的辐射作用。

从整个产业看，公共信息服务能加强行业性信息资源利用能力，促进市场分析和预测；建造各种形式的电子商务平台，将为企业稳定和开拓国内外市场创造条件，提高全行业的国际竞争力；技术服务平台提供产品设计、软件开发、设备维护等服务，增强广大中小企业的技术创新能力。

在新形势下，利用云计算、大数据等技术，发挥公共服务平台的优势，整合产品全生命周期数据，形成面向生产组织全过程的决策服务信息，为产品优化升级提供数据支撑。鼓励服务型企业的发展，比如开展基于互联网的故障预警、远程维护、质量诊断、远程过程优化等新型在线增值服务，拓展产品价值空间，实现行业的服务化转型。

五、有效增强行业上下游间的协同

网络间的企业协同是行业间加强上下游协作的重要发展方向，信息网络和信息技术可以实现企业间新型的协作关系，可以对产业链的形成起促进作用。

纺织工业的上下游细分行业联系密切，通过供应链管理和协同应用的思想和技术，将行业中上下游行业和企业连接在一起，形成真正意义上的产业链，充分整合各自的优势，从彼此竞争的关系转变为上下游配套的伙伴关系，形成了市场细分、优势互补的新格局，实现整体实力的竞争。同时，区域经济的发展也需要相关技术的支持，来促进区域内制造资源的合理配置及企业间的联合和协作，建立密切的信息纽带，有利于推进区域结构调整。

进一步的任务是建立网络化协同制造体系，覆盖整条纺织产业链，进行科学的产业分工，实现优化的资源配置，面向细分行业提供云制造服务，促进创新资源、生产能力、市场需求的集聚与对接，提升服务中小企业能力，提高产业链制造资源的整合能力。

第四节　信息化是企业提升竞争力的有效途径

从企业层面来说，信息技术在纺织企业中的应用主要包括产品设计研发，企业管理，生产制造以及市场营销四个领域，是企业全面提升竞争力的有效途径。

一、增强纺织产品设计研发能力

在纺织工业发展过程中，逐步将重点向价值链的两端转移，企业的产品设计和研发在企业发展中的地位越来越重要。信息技术在纺织产品设计研发过程中的应用，可以快速提升企业设计能力和研发效率，增强企业的市场竞争力。

当前，纺织产品设计研发越来越复杂，技术革新越来越快，时效性越来越强，个性化要求越来越多。面对激烈的市场竞争，纺织企业迫切需要运用信息化的技术手段和工具，建立起面向产品设计研发的数字化集成环境，实现产品设计数据、技术状态、工程变更及研制过程的集成管理和状态控制，提高产品的创新能力。

以计算机辅助设计（CAD）为代表的数字化工具，由于改变了传统的手工绘图、发图方式，实现了数字化产品模型下进行产品的设计打样、分析计算、工艺规划和工艺装备设计，可以迅速提升纺织企业研发设计单元的效率；产品数据管理（PDM）等技术的应用，由于实现了纺织产品研发、销售、生产、供应、仓储、财务、售后等业务的无缝集成，有利于保证产品设计开发活动的有序管理，提升研发设计组织效率；通过信息技术建立的集成、并行、虚拟、协同的产品研发开发网络，则有效整合了跨区域、跨企业、跨行业的研发设计资源，也将提高研发设计的效率。

随着基于互联网的个性化定制的开展，产品设计成为整个个性化定制流程中的关键环节。在服装的大规模工业化生产时期，设计系统的主要作用是推挡和排料，而对于个性化定制则更偏重于款式设计、颜色设计的快速反应，满足小批量、多品种、多色号，乃至单量单裁的需求，并更进一步探索发展众包设计、分散设计、个性化设计、协同设计等新型模式，提高自主创新设计能力。

纺织产品设计研发信息化可以实现在虚拟环境中进行协同设计、优化分析、性能测试、制造仿真和使用仿真，把计算机运算的快速性、准确性同设计人员的思维、综合分析有机地结合在一起，模拟和预测产品功能、性能及可加工性，大大降低了企业的研发风险，增强了企业的产品更新换代能力。

二、提升企业的现代化管理水平

管理信息化系统在企业的全面应用，将整体提升企业的现代化管理水平。比如，生产计划安排更加合理，生产的调度更加灵活，及时对生产进度进行跟踪与控制，加快了管理层的决策速度。通过快速预测订单成本、加快企业信息处理速度、为决策提供综合分析等，使领导者的决策更加及时、科学，能够对快速变化的市场做出正确的响应。以企业资源计划（ERP）系统应用为例，由于现代化管理理念的引入，实现了信息共享，提高了企业管理协作能力，减少了因为人际的交流或者数据的流转等带来的效率上的损耗。部分纺织企业上线以后，原本需要在月底进行烦琐的成本结存核算，现在管理层可以实时获得成本数据，并对市场行情和生产进行及时判断。从而对原料、成品、半制品、机物料等仓库进行科学的管理，使企业库存能保持在一个合理的水平，减少了因存货增加风险上升的问题。

随着智能制造的不断开展，企业数据的实时性、完整性、准确性不断提高，必然要求管理更加精准、更加高效、更加科学，进而要求提高管理智能化水平。产品设计研发、生产过程自动化、物流配送信息化要取得更好的经济效益，必须与管理信息化系统集成，通过管理决策支持功能来实现。

在全球经济形势发生变化的新环境下，信息技术在管理信息化领域的应用，将是企业实现精细化管理的重要手段，可以综合降低企业的库存，减少生产积压过多；可以大大降低成本，提高劳动生产率，改善整个行业的运行质量；可以提高行业对国际市场的快速反应能力，增强国际竞争力，扩大市场资源，参与国际竞争。

三、提高企业生产的自动化智能化水平

生产自动化和智能化是企业提高生产质量和效率的必要途径。运用自动控制、柔性化生产、敏捷制造、精益生产等先进制造技术，为客户快速提供质优价廉的产品，快速响应客户的需求，实现生产过程的自动化、智能化，替代纺织生产中大量依靠人工完成各种简单重复的手工操作，减少人工成本，保证和提高产品质量，大幅度提高劳动生产率，提升生产自动化和智能化水平。

新型装备对于纺织产品提高质量和附加值至关重要，数字化、智能化装备是

智能制造的基础，也是网络化连接的基本单元。各种信息技术与装备的融合日益紧密，PLC、数字信号处理芯片、工业控制计算机，变频器、伺服控制器等高新技术广泛应用，大大地提高了装备的技术水平，在保证产品质量，提升产品附加值方面发挥重要作用，并且加快了企业实施技术改造的步伐。

生产制造管理信息化的主要应用领域是位于企业管理层与底层设备控制层之间的、面向车间层的管理系统，如制造执行系统（MES）等直接对生产设备和生产流程进行监测和管理。运用自动监测技术，可以实现生产过程工艺参数的在线检测、显示和网络监控，实时传送到管理信息化系统，还可以实现工厂的远程诊断和远程服务；MES 加强了在线实时采集和处理数据的能力，能够以更加精细和动态的方式管理生产和物流，扩大信息化系统的覆盖面，提高系统的使用效率和资源利用率。

四、支持企业营销模式创新

营销信息化对于纺织企业的发展十分关键，将有效增加商品附加价值，提升营销现代化水平。只有通过信息化系统及时准确地掌握市场信息，才能使企业以市场需求为导向，拉动产品设计、生产制造、原料采购、物流运输、订单处理、批发经营、终端零售等环节进行资源整合，进行营销模式的创新。

随着电子商务的发展，运用互联网进行网上市场营销、产品销售以及投入品采购与其他要素的配置。这种手段越来越成为企业经营方式的一种延伸、一种创新。一方面，采用电子商务作为产品的直销手段，减少了流通的中间环节，降低了交易成本。另一方面，企业网上原料采购、网上人才招聘、网上技术引进、网上融资、网上市场营销等可以实现资源配置更加合理，有效产出率进一步提高。另外，电子商务还使企业摆脱了地域限制，扩大销售范围。

纺织企业要实现服务化转型，强化与消费者沟通的服务体系至关重要。借助于互联网平台与消费者保持信息沟通畅通，从而可以快速准确地做出决策，及时为其提供定制化的售前售后服务。同时，充分利用各方面积累的资源，发挥客户创造价值的能力，挖掘客户潜在需求。如提取个体消费特征，超前地、有针对性地开展新产品设计和开发，培育新的消费需求。

第三章　纺织信息化的概念、相关技术和应用领域

第一节　纺织信息化的概念和内涵

一、信息技术

信息技术是一门由计算机技术、通信技术、信息处理技术和控制技术等构成的一门综合性高新技术，它是其他高新技术的基础和核心。信息技术既包括有关信息的产生、收集、表示、检测、处理和存储等方面的技术，也包括有关信息的传递、变换、显示、识别、提取、控制和利用等方面的技术。更加宽泛的看法认为，所谓信息技术就是人类开发和利用信息资源的所有手段的总和。近年来，以互联网为代表的信息技术发展极为迅速，已经成为当代新技术革命最活跃的领域。新近广受关注的新一代信息技术，如物联网、移动互联、云计算、大数据等，也逐步应用于纺织行业。

二、信息化

信息化（Informatization）是指加快信息技术发展，提高信息技术在经济和社会各领域的推广应用水平，开发利用信息资源，提高经济增长质量，推动经济社会发展转型的历史进程。即在国民经济各部门和社会活动各领域普遍采用现代信息技术，充分、有效地开发和利用各种信息资源，使社会各单位和全体公众都能在任何时间、任何地点，通过各种媒体（声音、数据、图像或影像）享用和相互传递所需要的任何信息，以提高各级政府宏观调控和决策能力，提高各单位和个人的工作效率，促进社会生产力和现代化的发展，提高人民文化教育与生活质

量，增强综合国力和国际竞争力。它以信息产业在国民经济中的比重，信息技术在传统产业中的应用程度和国家信息基础设施建设水平为主要标志。

信息化按照涉及的范围可以分为区域信息化、领域信息化、行业信息化等；按照涉及的对象可以分为城市信息化、政府信息化、企业信息化等。

三、企业信息化

企业信息化实质上是将企业的生产过程、物料流动、事务处理、现金流动、客户交互等业务过程数字化，通过各种信息系统加工生成新的信息资源，提供给各层次的人们，以做出有利于生产要素组合优化的决策，合理配置企业资源，使企业能适应瞬息万变的市场经济竞争环境，求得最大的经济效益。具体内容是广泛利用信息技术，使企业在生产、管理等方面实现信息化。

企业信息化系统可以分为三个层次：第一层是企业在生产当中广泛运用信息技术，实现产品设计和生产自动化；第二层是部门级或车间级信息化，即用信息技术对生产、库存等数据进行采集处理，这是最基础的、大量的数据信息化过程；第三层是更高层次的企业管理和辅助决策系统。

四、行业信息化

行业信息化，即在某一行业领域内，采用信息化的思路和方法，组织协调业务内容和业务处理方式相关的企业，按照国家信息化规划的总体要求，在开放的网络平台上，按照统一的数据标准和流程规范，实现某一行业企业内部和外部生产经营活动的信息化。行业信息化以本行业的企业信息化为基础，又是企业信息化的扩展和延伸，包括了行业信息标准和规范的研究制定，具有行业特点的共性技术和关键技术的开发、应用和推广，行业通用电子商务平台的建设和应用，行业相关信息资源开发利用，行业化技术服务平台的建立等。

纺织信息化是行业信息化理念在纺织行业的实践，覆盖化纤、棉纺织、毛纺织、麻纺织、丝绸、长丝织造、印染、针织、服装、家用纺织品、产业用纺织品和纺织机械等细分行业，包括产品设计信息化、生产过程控制自动化、生产制造管理信息化、企业管理信息化、企业间协作网络化等领域。

第二节　纺织信息化相关的信息技术

这里主要列出了与纺织信息化密切相关，具有行业特点的信息技术，以应用软件技术（即“工业软件”）为重点，而一些通用的计算机技术、网络技术、通信技术，以及系统软件技术未包括在内。

一、设计与产品开发技术

（一）计算机辅助设计（CAD）

计算机辅助设计（Computer Aided Design，简称 CAD）是指利用计算机进行产品设计。纺织 CAD 技术包括服装、印花、绣花、提花纹制、织物组织辅助设计等领域。如服装 CAD 利用计算机技术，按照服装设计的基本要求，对服装新产品进行输入、设计及输出等，是一项综合性的，集计算机图形学、数据库、网络通信等计算机及其他领域知识于一体的高新技术。

（二）计算机辅助工艺设计（CAPP）

计算机辅助工艺过程设计（Computer Aided Process Planning，简称 CAPP）的作用是利用计算机来制定产品加工工艺过程。服装行业中 CAD 系统解决做什么服装的问题，而服装 CAPP 系统解决如何做的问题。CAPP 应具备工艺单的制作、生产线的平衡、生产成本的核算、计件工资计算等功能，后台有强大的数据库支持，包括制作工艺单常用的资料，如各类国家标准、缝口示意图、设备资源库、各种服装组件图等。CAPP 是连接设计与制造之间的桥梁，设计信息只能通过工艺设计才能生成制造信息。

（三）计算机辅助制造（CAM）

计算机辅助制造（Computer Aided Manufacturing，简称 CAM）指的是从产品设计结果到产品加工制造的计算机控制的生产实现。CAM 在服装企业应用较多的有自动拉布机和自动裁床等计算机控制的设备，还包括对制造活动中与物流有关过程（加工、缝纫、检验、存贮、输送）的监视、控制和管理。

（四）产品数据管理（PDM）

产品数据管理（Product Data Management，简称 PDM）是以产品为中心，将产品生命周期内与产品相关的信息和所有与产品相关的过程集成到一起，如CAD/CAM的文件、物料清单（BOM）、产品配置、事务文件、产品订单、电子表格、生产成本、供应商状况等，使参与产品开发的人员能共享和传递与产品相关的信息。如服装PDM系统以服装款式数据管理及款式开发、生产过程管理为核心，提供一个系统的集成平台，统一管理各种数据，使产品数据在其生命周期内保持一致性和安全性。

（五）产品生命周期管理（PLM）

产品生命周期管理（Product Lifecycle Management，简称PLM）是对产品的整个生命周期（包括：培育期、成长期、成熟期、衰退期、结束期）的产品数据信息进行管理。该技术是产品数据管理PDM概念的延伸，不仅针对设计研发过程中的产品数据进行管理，同时也包括产品数据在生产、营销、采购、服务、维修等部门的应用。

如服装PLM是服装设计体系中的集成软件，当前应用较多的服装个性化定制中，产品品种多、数量少、差异性大、要求快速响应，需要这类软件全面支持以设计工作为出发点的流程，协同管理从产品开发到产品销售的应用，帮助优化缩短开发周期，协调设计与生产、销售等部门的工作，帮助提高服装企业新产品设计开发能力。

（六）三维人体测量技术

三维人体测量技术也被称作为“非接触式三维人体测量技术”，是一种对人体进行全身扫描的技术，即通过应用光敏捕捉设备捕捉投射到人体表面的光在人体上所形成的图像，并在计算机上把该图像显示出来。使用该技术制作的测量仪器通常被称为三维人体测量仪。三维人体测量技术是现代人体测量技术，描述的是人体体型特征的三维数据，与传统测量技术相比，其对人体体型描述得更加全面，更符合人体特征。

通过三维人体测量技术的测量后进行设计生产制造的服装，可以更加合身；三维人体测量技术可灵活准确地对不同客体人群、地域、国家的人体进行测量，获得有效数据，有利于建立客观准确的服装用人体数据库；三维人体测量技术与三维辅助设计技术结合，可以实现计算机“虚拟试衣”，这对服装的个性化定制、远程销售将发挥进一步的推动作用。

（七）服装用人体数据库

人体体位轮廓数据又称体表尺寸，是服装制作的依据。进行三维人体数据采集、提取和数据库的建立，从服装设计的角度对三维数字化人体数据信息进行挖掘，为服装大规模定制的进一步发展打下了基础。通过服装用人体数据库，不仅可以查到某一人群的相应人体体位轮廓数据，同时还可以根据已有的人体体位数据计算出未知的其他体位的数据，为服装号型的修改、更新、制定及人体体型的细分提供理论依据，为服装的设计、生产制造、销售提供更大的便利，也为更加深入的人体工程学研究提供基础。

二、生产制造控制和管理技术

（一）自动控制系统

自动控制系统（Automatic Control）是在无人直接参与下可使生产过程按照预定程序进行工作的控制系统，应用于车间的生产现场，实现对生产设备和生产过程的计算机检测和控制。该系统可以独立运行或向上联系 MES 系统，是实现生产过程自动化的主要手段，流程式大中型企业应用居多。集散控制系统（Distributed Control System，简称 DCS）是其中的一种控制方式，为满足工业生产中日益复杂的过程控制的要求，按功能分散、危险分散、管理集中等原则设计，要求高可靠性，又便于维修与更新，主要应用于化纤、印染等流程式企业。

（二）自动吊挂系统

自动吊挂系统由数控加工设备、物料储运装置、计算机控制系统等组成，是基于物联网的连续化制造系统。主要应用于服装和家纺等终端消费品企业。其特点是，将裁片夹持在带有不同编码的吊架上，通过快速轨道，在中央主控电脑控制下，将加工工件送至指定加工位置，在吊挂状态下完成搬运和缝制，不需对在制半成品进行捆绑、打包和拆包等操作。使用自动吊挂系统，能快速提高设备利用率，缩短加工辅助时间，提高生产效率，减少半成品占地面积，便于员工绩效管理。

（三）制造执行系统（MES）

制造执行系统（Manufacturing Execution System，简称 MES）在制造企业中定义为位于企业上层 ERP 与底层设备自动控制系统之间的、面向车间层的管理系统。一方面，MES 可以对来自 ERP 的生产管理信息进行细化、分解，将来自计划层操作指令传递给底层控制层；另一方面，可以采集设备、仪表的状态数据，以实时监控底层设备的运行状态；同时，可以为 ERP、SCM（供应链管理）提供生产现场的实时数据，实现生产制造数据的自动化采集，从而加强计划管理层与底层控制之间的沟通，起承上启下的作用。棉纺织厂和针织厂在线监测系统、印染厂生产过程集中管理系统、服装厂基于 RFID（射频识别）的生产管理系统等都属于 MES 范畴。

三、企业管理和协同技术

（一）管理信息系统（MIS）

管理信息系统（Management Information System，简称 MIS），是一个以信息技术为基础，用于企业信息的收集、传送、储存、维护和使用，为企业管理和决策提供信息支持的系统。其特点是建立企业数据库，强调达到数据共享。管理信息系统是信息系统的重要分支之一，在 20 世纪 80 年代、90 年代一直是纺织企业信息化的重要内容。

（二）企业资源计划（ERP）

企业资源计划（Enterprise Resource Plan，简称 ERP）系统是指建立在信息技术基础上，以系统化的管理思想，为企业决策层及管理人员提供决策支持手段的管理平台。较之 MIS，ERP 更加强调先进的管理理念，现代企业的运行模式，合理调配企业资源，最大化地创造社会财富。其基本思想是将企业内部划分成几个相互协同作业的子系统，如财务、市场营销、生产制造、服务维护、工程技术等，可对企业内部供应链上的所有环节如订单、采购、库存、计划、生产制造、质量控制、运输、分销、服务与维护、财务、成本控制、经营风险与投资、决策支持、实验室/配方、人力资源等有效地进行管理。

ERP 针对某些行业的需求，有着具体的实现模式，和 CRM、SCM 一样都属于广义的企业管理信息系统的范畴。重要的是，一些有影响的商品化企业管理软件都采用了 ERP 的思想和原理。

（三）客户关系管理（CRM）

客户关系管理（Customer Relationship Management，简称 CRM）是一种旨在改善企业与客户之间关系的新型管理机制和应用系统，既是一种理念，也是一套管理软件和技术。它实施于企业的市场营销、销售、服务与技术支持等与客户相关的领域，利用 CRM 系统，企业能搜集、跟踪和分析每一个客户的信息，从而知道什么样的客户需要什么东西。其目标是一方面通过提供更快速和周到的优质服务吸引和保持更多的客户，另一方面通过对相关业务流程的全面管理来降低企业的成本。

（四）供应链管理（SCM）

供应链管理（Supply Chain Management，简称SCM）是对企业整个原材料、零部件和最终产品的供应、储存和销售系统进行总体规划、重组、协调、控制和优化。与ERP侧重企业内部管理有所不同，SCM主要是协调企业内外资源来共同满足需求，采用的策略是一种基于企业间的协作，有利于有效利用和整合外部资源，与上下游企业建立合作伙伴关系以实现信息共享和业务集成。

四、物流管理与电子商务技术

（一）仓储管理系统（WMS）

自动化仓储系统（Warehouse Management System，简称WMS）是出入库系统、无人搬运车、控制系统及周边设备组成的自动化系统。利用该系统快速取得所需产品信息，可持续地检查过期产品，防止不良库存，提高管理水平。自动化仓储系统能充分利用存储空间，通过计算机可实现设备的联机控制，迅速准确地处理物品，合理地进行库存管理及数据处理。通过自动化仓储系统，能够提高拣货效率，降低误拣错误率，提升出货配送物流效率，降低劳动力成本。

（二）物流信息化技术

物流信息化技术是指运用现代信息技术对物流过程中产生的信息进行采集、分类、传递、汇总、识别、跟踪、查询等处理，以实现对货物流动过程的控制，从而降低成本、提高效益。纺织企业物流信息化是对供应物流、生产物流和销售物流的协同管理。其中企业内部的生产物流信息化系统包括基于条形码或电子标签的自动分拣系统、自动配件系统、自动输送系统和自动包装系统，并能够与外部物流管理系统（TMS）对接。

（三）电子商务

电子商务（Electric Business）也就是电子交易，主要指利用互联网提供的信息化平台在网上进行交易活动，包括通过互联网买卖产品和提供服务。从电子商务平台的服务范围分类，企业中电子商务应用主要有：企业对消费者（Business to Customer，B2C）、企业对企业（Business to Business，B2B）、消费者对消费者（Customer to Customer，C2C），以及线上到线下（Online to Offline，O2O）等。

电子商务的运用既可以带来国际间更为便利和快捷的企业贸易方式，为广大纺织企业尤其是中小企业带来新的机遇；也可以为企业与企业之间，与消费者之间通过平台实现高效协同，紧密合作，以更低的成本、更快的速度满足消费者的需求。

五、新一代信息技术

（一）物联网

物联网是在互联网的基础上，利用射频识别（RFID）、无线通信技术、红外感应器、全球定位系统、激光扫描器等技术，延伸互联网的功能，把众多物品直接连接，构成覆盖面更广，效率更高的网络。其实质是利用这些新技术，对所有的物品实现智能化识别、定位、跟踪、监控和管理，达到信息的实时共享。该技术在纺织服装企业生产管理、质量管理、设备管理、库存管理和物流管理等方面都有典型应用，加强了在线实时采集和处理数据的能力。在此基础上，可以更加精细和动态的方式管理生产和物流，必然有利于 MES、SCM、电子商务推广应用，是实现纺织服装工业互联网的基础。

（二）云计算

云计算是虚拟化、分布计算、并行计算、网格计算、软件服务等一系列信息技术的组合，是在这些技术基础上的集成创新。云计算又是一种新的服务模式，通过基础设施服务（IaaS）、云平台服务（PaaS）、云应用服务（SaaS）直接提供用户应用软件服务。在纺织服装行业，云平台面向个性化定制供应链上下游的企业，实现各个企业间及时有效的沟通和信息共享、协调和协作；云服务把各种数据、软件资源有效整合并提供给这些企业，使行业化的资源分配和使用更加合理有效，生产效率更高。

（三）移动互联网

移动互联网是指互联网的技术、平台、应用与移动通信技术密切结合，成为一种通过智能移动终端，采用移动无线通信方式获取业务和服务的新技术和新模式。该技术包含终端、软件和应用三个层面：终端层包括智能手机、平板电脑，软件包括操作系统、中间件、数据库和安全软件等，应用层包括针对不同行业的应用与服务。移动互联网加上社交网络可以积累海量数据，是大数据的重要来源，同时又可以灵活机动的方式随时随地使用数据，优化利用信息资源，使企业信息化管理系统、电子商务系统的用户终端多元化、便携化，效果最为立竿见影，已经催生了很多不同于以往的全新应用。

（四）**大数据**

大数据是一种规模大到在获取、存储、管理、分析方面大大超出了传统数据库能力范围的数据集合，其特征是快速增长的海量数据，来自多种来源，存在多种类型，需要快速处理，并可利用这些数据创造更大的价值。大数据技术包括大规模并行处理数据库、数据挖掘、分布式文件系统、分布式数据库、云计算平台等。大数据分析与管理应用于纺织行业可以对消费数据进行挖掘和分析，提取个体消费特征，结合产品设计生产开辟各种各样的深度应用。

第三节　纺织信息化的主要领域

纺织行业作为传统制造业，其信息化的主要领域按照纺织工业价值链的不同环节，可以划分为产品设计信息化、生产过程控制自动化、生产制造管理信息化、企业管理信息化和企业间协作网络化。其核心体现在产品设计开发方式创新、生产装备和流程创新，企业管理模式创新，企业间协作关系的创新等多方面支撑纺织行业的结构调整和产业升级。近年来随着信息技术快速发展和国家政策导向，出现了智能制造和互联网+等新内容，覆盖面较宽，涉及以上多个领域。

一、产品设计信息化

产品设计信息化领域，包括CAD、CAPP、CAM、PDM和PLM等技术的推广应用。其中纺织CAD应用体现了鲜明的行业特点，除了机械设计外，有提花纹织、织物组织、印花图案设计和分色描稿、电子绣花、服装设计和排料、电子测色配色等，从“九五”期间的推广开始，取得很大的成功。当前具有我国自主版权的软件占大多数，有的已经达到国际先进水平，而价格远低于国外同类产品，在国际市场上具有竞争力。

CAPP、CAM在陆续解决数据交换和管理问题后，得到了较为广泛应用，只有逐步实现综合集成，才能发挥更大的效力。PDM、PLM可以将所有与产品相关的信息和所有与产品有关的过程集成在一起，包括了产品生命周期的各个方面，服装、家纺、印花等多个行业都有需求，存在较大的发展空间。另外，面向服装的三维 CAD、PDM 等应用也有望取得进展。

二、生产过程控制自动化

生产过程控制自动化包括化纤生产过程控制，如纺丝联合生产线和后处理线的 DCS 系统；纺织品印染过程控制，如对印染前处理、染色、后整理生产线的过程控制；以及老设备改造、锅炉空调风机的节能控制等内容。

可编程控制器（PLC）、变频调速技术、应用现场总线（ProfiBus）等技术也得到了推广应用，如纺织厂车间集中空调系统实现自动控制能起到明显的节能作用。

实现生产过程控制自动化的目的是保证产品质量，降低消耗，简化操作，提高自动化生产水平，最终获得较好的经济效益。若在关键技术上取得突破，会有很好的市场前景。其发展趋势在于全厂 DCS 系统组成控制网络，并与管理信息系统连接，形成一个管控一体化的综合信息网络。

三、生产制造管理信息化

生产制造管理信息化的主要应用领域是位于企业管理层与底层设备控制层之间的、面向车间层的管理系统，直接对生产设备和生产流程进行监测和管理。如棉纺织厂在线监测系统就是这一领域最早的应用，后来针织厂在线监测系统、印染厂生产过程检测和监控系统、服装厂基于 RFID 的生产管理系统等逐步推广。随着企业用户需求的不断深入，MES 在纺织行业的应用开始深入，其效果日益显现，越来越受到企业关注。

比如，棉纺在线监测以前主要应用于纺织厂老设备改造，工作量大，维护难，大规模推广一直受到限制。近期我国纺织工业的转型升级带动了设备改造，从而为监测系统应用带来转机。近年来，一些企业借建设新生产线的机会，为成套纺纱设备配置了数据在线采集装置，建立了全厂的监测系统，并与 ERP 等管理信息系统以及互联网连接，在线采集产量、质量等数据，大幅度提高了信息实时性和准确性。

四、企业管理信息化

企业管理信息化从 20 世纪 80 年代开始一直是纺织信息化的主要领域，管理信息系统从企业自行开发、合作开发，到实施商品化软件，已经成功应用于纺织的各个细分行业，各种不同类型和规模的企业，成为应用最为普及的信息化系统。

其中ERP需求多年来一直持续稳定发展，成为管理信息化的核心和重点。随着需求的逐渐深入，企业逐步形成共识：ERP首先是一个符合科学标准的成熟的软件产品，而不只是一个原型，更不是为某几个项目定制开发；另一方面，又必须符合纺织企业的企业规模，适合细分行业的应用特点，满足不同类型企业的差异性需求，不能简单化为装上就能用的通用软件。在日新月异的“互联网+”热潮中，ERP作为基础性软件系统，仍将发挥重要的作用。

五、企业间协作网络化

电子商务尽管处于起步阶段，但在纺织行业的前景被普遍看好，一些敏感的企业在着手开展电子商务的同时，也开始注意协作商务（C－Commerce）过程，在企业业务伙伴之间、企业与客户之间通过网络化方式协同工作，因而逐渐形成对供应链管理（SCM）、客户关系管理（CRM）的需求，建立和优化企业内部和企业之间协作运营的流程，形成产业链/供应链。更进一步可以开展网络化协同，通过网络化平台，促进生产能力、市场需求的对接，加快行业制造资源的有效协同，提高产业链/供应链的资源整合能力。

历史篇

叙史为主，时间为纲，通过大量第一手典型事例，分起步、应用推广、转变、较快发展、两化融合、两化深度融合6个历史阶段，全面回顾40年纺织信息化砥砺奋进的发展历程，真实记述信息化建设与行业发展的同步前行。

第一章　起步阶段（1978—1985）

我国纺织工业经历了十年“文化大革命”，在党中央改革开放的大环境之下，得到了快速的恢复和发展，信息化建设与纺织工业的发展同步前行。与其他行业相比，纺织行业应用电子信息技术起步较早，应用面涉及企业管理、辅助设计、自动监测和自动控制，为后来的应用推广打下了良好的基础。这一阶段虽然取得成果不多，却起到了计算机应用启蒙的作用，播下了信息化的种子。

第一节　计算机应用的最初尝试

我国纺织工业应用电子信息技术是从20世纪70年代早期开始的，当时普遍形象地称为“计算机应用”。涉及的应用领域有横机群控（包括手套、羊毛衫），圆纬机计算机提花控制，人造毛皮提花控制等。由于当时条件的限制，真正能够用于生产的很少，但是开展的尝试和探索是十分有益的。

一、最初的手套机电子群控

据现有文献记载，纺织行业中最早的计算机应用是上海第一手套厂的手套机电子群控。在上海纺织科学研究院、上海第二针织机械厂等单位的支持和协作下，经过一年半时间的开发与调试，于1976年5月完成了应用JS－10A工业电子计算机控制150台锦纶手套机的外围接口，并全面投入生产。

锦纶手套机织成一只手套，机头往返113转（八进制）。在织造过程中，手套机要完成小指、无名指、食指、虎口、大指、手掌、罗口、封口、落手套等机械动作。这些动作分别由十六只电磁铁吸合与释放完成。群控手套机就是借助电子计算机来控制手套机群，在单机集成电路数控的基础上，进一步实现自动化。其目的是减轻劳动强度，提高劳动生产率，为逐步向少人车间过渡创造条件。这在20世纪70年代中期是一个了不起的自动化项目。

二、其他的计算机应用项目

全国有不少单位开展横机群控的研究和开发，羊毛衫横机计算机群控较为突出。后来在印染分色描稿，染缸控制、浆纱机控制，印染多机台控制、人造毛皮机电子提花等方面都做过探索研究。

例如太原人造毛皮厂与科研机构合作，于1977年底在我国制造的Z261毛皮编织机上试验成功了电子提花系统。该系统由DJS－120计算机及其附属设备、接口电路控制柜和机械电子联合选针器三部分组成，计算机将输入的花型图案程序变换为指令信息，通过控制接口，控制选针器动作，使织针按设计要求升降，织出各种复杂的花型图案。图案变换灵活，快速，方便放大和缩小。通化人造毛皮试验厂也开展了类似工作。

三、存在的一些条件限制

这一段时间开展的研究项目，虽然取得了一些成果，但是很少应用到生产实践当中，主要是受到一些条件的限制。

首先，当时计算机都是国产，应用到工业领域还很少，技术尚不成熟，可靠性差，故障率很高。另外计算机产品价格很高，高的要在50万元以上，低的也要4万~5万元，还不算外部设备，纺织企业很难承受。有的单位自己动手制造计算机来进行应用研究，工艺质量更难保证，属于这样性质的研究项目最后都没有结果。

其次，计算机控制的设备达不到要求。例如计算机控制圆纬机提花，虽然计算机控制技术上已较成熟，但由于国产大型圆纬机的加工精度不够，使这个项目无法及早投入到生产中去。例如一些横机群控项目，提高了自动化程度，却无法保证产品质量，尽管花费大量投资，但是没有经济效益，也难以用于生产。

另外，当时国家尚未对外开放，国外一些先进的设备和技术无法引进。如印花分色描稿，国外已有成熟产品，而国内分色部分没有真正在技术上过关。

这些问题到了1978年以后逐步得到解决，纺织行业的计算机应用才真正开始起步。

第二节　计算机应用开始起步

一、在新形势下萌生和起步

1978年12月，中共中央召开了十一届三中全会，开启了改革开放的历史新时期。纺织工业在党中央的领导下，迅速恢复生产，扩大出口，推进科学技术进步，引进国外先进技术，逐步深化经济体制改革，进入了新的发展阶段。

20世纪70年代后期，国际上以计算机技术为代表的电子信息技术飞速发展，出现了大规模集成电路和微型计算机等革新性产品。在国内，1978年全国科学大会的召开，大大激发了科技工作者的积极性，形成了科学研究蓬勃发展的新局面。广大纺织企业在大力增加生产的同时，也注意到市场供求关系出现的新变化，抓品种质量、抓经济效益、抓技术改造和提高管理水平成为迫切需要，也产生了应用电子信息技术的初步需求。

纺织信息化就是在这种新形势下萌生和起步的，更新了理念和意识，吸取前一段时间计算机应用尝试的经验和教训，采用了较为先进的设备和技术，密切与企业结合，在生产实际中取得了效果，一些项目经过长时间应用趋于稳定运行。随着纺织工业的快速发展，科学技术的不断进步，应用水平的有效提高，信息化建设一步步发展起来。

二、上海、北京等地开展的早期计算机应用

上海市和北京市集中了大多数早期的计算机应用项目，成为纺织信息化建设的发源地。主要是由于两市纺织产业比较集中，企业管理基础好，设备技术水平高，又具有应用计算机的愿望。同时，两市遍布高水平的科研院所和高校，有雄厚的技术力量，技术人员积极性高。这些都是信息化先试先行的条件。

最早投入使用的是上海第六织布厂的织机自动监测系统，自1979年9月正式运行。该厂布机车间238台织机在电子计算机的监测下，生产效率提高6%，产量提高5%，系统无故障运行间隔时间在1000小时以上。

上海第二十八棉纺织厂504台织机监测系统投入生产运行后，尽管织机原有

平均效率高达94%左右，但通过计算机提供60多种数据和10种报表进行科学管理后，织机效率可提高2%。

另外，上海嘉丰棉纺织厂、北京第一棉纺织厂（简称京棉一厂）也开展了这方面的研究工作。

在计算机应用于纺织产品质量管理方面，北京清河毛纺织厂利用DJS－130计算机对该厂细纱的各种生产工艺数据与质量报表，根据数理统计原理，对大量工艺产品质量数据，通过计算机分析，提供改进质量管理的图表数据，从而加强了工艺管理，提高产品质量。

京棉一厂与纺织工业部设计院（简称纺织设计院）及纺织工业部纺织科学研究院（简称纺织研究院）使用微型计算机在仓库管理及计划管理方面作了尝试，并已取得了相应效果。

北京第三棉纺织厂（简称京棉三厂）与纺织研究院合作，用DJS－130计算机对大量坯布质量数据进行回归分析等数理统计，分析产品质量存在的问题和原因。

华东纺织工学院（现东华大学）在缕纱强力和重量测试中用国产051计算机进行控制和数据处理。从原始数据收集、记录、指标和结果打印输出都能自动进行，从而避免人为误差，提高了测试和计算精度。

在花型准备系统的开发方面，上海市丝绸研究所在引进Patro系统上结合国内纹版制备实际情况，对此系统做了大量应用开发研究。

第三节　自动监测系统投入使用

一、自动监测系统多方面开展

在早期计算机应用中，自动监测系统是一项主要内容，在多家企业实地应用，取得了较好的效果。如棉纺厂的织机监测系统，经过若干年的实践，技术上已基本成熟。像毛织、色织行业织机单机信号需要量多，因此在硬件、信号传输方式、适应小批量多品种生产特点，和兼顾一些合同管理内容的软件系统等方面，还需进行一些开拓研究。此外，其他生产机台的监测，如圆纬机、细纱机、络筒机的研究，也随之逐步开展。而对前纺相关产品质量进行在线监测难度比较大，如细纱断头检测、织物疵点检测等技术，有待进一步研究开发。

这些项目所面临的共同关键问题是必须解决信号检测、传输和能够满足工艺要求的各种形式传感器。随着研究工作的深入和计算机价格的进一步降低，也会采用目前国外流行的集中分散系统。此系统的特点是对单机（如细纱机、络筒机）或织机机组采用智能终端（单板机或微机）代替现有的信号站。此终端具有能独立进行原始数据采集和打印原始报表的功能，以便提供给现场生产管理人员使用。同时这些智能终端机向上一级计算机传送数据，通过数据处理，提供较全面而详细的各车间各机台的综合分析报表，作为厂级或车间管理人员进行科学管理的依据。这样可使监测系统功能更强，作用更大。

二、喷气织机自动监测系统

上海第六织布厂与上海纺织科学研究院，华东纺织工学院合作研制的喷气织布机自动监测系统为生产提供了大量数据，有效加强了喷气织布生产过程中的信息传输与反馈，因此使车间的生产过程管理迈进了一大步，生产效率和单产水平均有明显提高，成为当时纺织行业计算机应用的标志性成果，获得了1978—1981年纺织工业科技进步一等奖。

该监测系统采用上海调节器厂生产的JS－10B小型电子计算机作为主机，对该厂一个有238台喷气织布机的织布车间实现了自动化监测。安装在织布机上的传感器，把每台织布机生产过程中的“布长”“纬停”“经停”“其他停”和“停台”这些非电量的信号，首先转换成电信号，然后由计算机通过总线和信号站进行自动采集。

系统的检测周期为2秒。由于上述五种原始信息，不可能在2秒钟内既发生又撤销，因此可以认为所进行的统计是全量统计，其数据的及时性与精确性，都是人工测定和人工统计所无法比拟的。

系统提供有关单机、车位、工区以及车间的各级数据共41项。这些数据都是喷气织布生产过程中所迫切需要的，是加强科学管理的重要的第一手资料。在功能方面，包括原料管理、计划管理、生产管理、劳动管理、设备管理、技术管理等模块，满足了车间管理的基本需求。

这一系统存在的不足之处在于，还不能采集和处理有关产品质量的信息，以及因缺少足够的存储容量而无法建立相关共享数据库。

三、细纱机自动监测系统

为了攻克产品质量数据采集这一难点，一些单位相应开展了许多工作，取得了一定的效果。例如要对细纱断头方面进行监测，首先要解决细纱断头自动检测的问题。纺织研究院与京棉一厂协作，于1981年10月研制了一台细纱断头检测装置，制作了试验样机。

该样机能在生产机台上连续检测单面细纱断头信息，送到计算机，打印出单次断头锭号及十次累计断头数。经过第一阶段试验后又在1983年一万锭细纱监测系统中进行了中试。一万锭细纱监测系统分为细纱断头检测子系统和产量监测子系统。细纱断头监测子系统配置了Z80单板机，BCM－2微型计算机，信号站，光电耦合器，及细纱断头检测装置。

专门研制的纱线传感器为光电式，利用光源发出一束平行光，经透镜聚焦，照射到纱线，纱线的反射光再由接收部分的透镜收集后，产生毫伏级的电压信号，经运算放大器放大成为检测信号。检测装置为巡检式的独立装置，利用车间使用的自动落纱机轨道与电源。传动部件设计在检测装置内部，是一台独立的检测仪器，可安装在任一台细纱机上使用。

这种巡检方式在安装、使用和成本方面有优势，但取得的断头时间的精度，比单锭随机检测的精度要差。后来随着技术的发展，单锭检测细纱断头的技术越来越多地得到应用。

第四节　企业管理信息系统初见端倪

一、企业计算机管理实施更为复杂

发达国家纺织企业的计算机应用都是从企业管理开始的。在德国、英国的纺织厂，计算机订单管理、生产计划、原材料供应、库存管理、财务成本和工资管理等方面都取得较好效果，以后才逐步发展到生产机台监测。我国这方面的工作处于起步阶段，尚未引起广泛重视，技术上也存在不少难题，例如技术方案的选择，信息来源的及时准确，以及与之相适应的管理水平的提高、经济效益的获取等也有密切的关系。

我国纺织厂一般规模大，管理层次多，数据量大而不规范。这一时期的计算机管理应用属于单项管理阶段，先建立计算机系统，选取企业所有信息中的一部分管理起来，在取得效果之后再逐步扩大。与其他应用系统不同，管理信息系统与企业的领导重视程度、管理水平、职工认可程度密切相关，不是一个单纯的技术项目，实施的复杂性更高。

二、微型机库存管理系统

纺织企业原料、机物料、成品等仓库采用计算机管理需求比较明确，效果比较明显，往往成为企业管理的切入点。例如京棉一厂与纺织设计院协作，于1981年研制了一套机物料仓库微型计算机管理系统，程序的总体分为主程序模块、记账程序模块、查流水账模块、打印库存报表模块。经运行使用，情况较好，达到了用户的要求。

京棉一厂机物料仓库进出库次数频繁，品种和管理人员多，库存品种12000多种，每月收付单据4000~5000张。账目的统计、汇总、制表等工作量很大。应用微型计算机管理后，除具体的收、发、盘点等工作外，其余的统计等工作都可由计算机完成，完成的速度和质量比人工更迅速、准确、可靠；此外，还扩大了原来的功能，可随时提供采购计划，确定经济合理的库存量和上、下限范围，打印出盘存表、超限表、库存资金趋势、年度出库总数表等，扩大了管理功能，有利于加强管理。为及时掌握库存动态、保证供应、减少库存资金提供了科学的依据和可能。这些都是人工管理难以实现的。

三、企业计算机管理系统

在单项管理系统开发成功取得实效的基础上，一些有发展眼光的企业开始规划和试行多个模块的企业计算机管理系统，京棉一厂就是一个例子。

在上述机物料仓库的计算机管理系统的基础上，京棉一厂又开始了布机监测与配棉管理的开发。进而提出了建立计算机管理网络的设想。1983年7月与清华大学、纺织设计院、纺织研究院、北京纺织科学研究所等单位共同承担了开发“北京国棉一厂计算机管理系统”的任务。

该系统包括微型计算机网络、机物料仓库、配棉、计划、财务及成品库的管理，对全厂主要车间的生产、业务科室的数据进行管理，并通过网络系统将数据与信息及时提供给企业决策部门，从而使现有的人力、物力、财力和能源得以更加合理的使用。

到了1985年，全厂建立了4个计算机房，装有各种计算机20余台（包括单板机），整个系统已初步形成局域网络。1986年8月，纺织工业部科技司对整个系统进行了验收，专家们一致认为该计算机管理系统取得了较重大的成果。该局域网模式后来推广到多家企业，在纺织行业产生了较大的影响，获得了1986年纺织工业科技一等奖。

在同一时期，石家庄第一棉纺织厂（简称石家庄一棉）也走了类似的道路，从开发微机物料仓库管理系统和微机配棉管理系统入手，继而开发了主要生产技术经营科室的管理软件，如计划管理、财务管理、质量管理、设备管理、劳资管理、原料及成品管理、档案管理、计量管理等业务数据自动化处理的管理系统软件，覆盖了16个科室和5个生产车间，建成机房13个，取得了较好的效果。

第五节　其他领域的早期计算机应用

纺织工业部于1986年11月在北京召开了全国纺织工业计算机应用工作会议。在总结前一阶段的工作时指出，以推广微型计算机管理应用为重点，同时在机电一体化、服装设计CAD、生产过程控制等方面也取得了成绩。

一、自动控制

纺织工业很早就有自动控制系统的应用，采用传统的模拟控制器，主要是化纤企业和印染企业。到了20世纪70年代后期采用数字化技术，尤其计算机控制系统的引入，控制精度高，控制灵活方便，提高了自动控制系统的技术水平。

保定化纤厂为黏胶长丝生产过程开发研制了计算机控制系统，1984年在8号黄化机上投入现场运行。该系统采用MC－80单板机，开发了温度检测装置、控制接口和程序系统，并采取了一系列抗干扰措施，提高可靠性，以保证系统24小时连续稳定运行。经过长时期连续生产，工作稳定可靠，达到了设计要求，在要求高可靠性的类似化工生产中加以推广应用。但是该系统还只是控制单机运行，功能还有待作进一步改善。

平顶山帘子布厂用工业控制计算机对纺丝工艺的温度、速度等参数进行检测和控制。用单板机分别对纺丝卷绕自动切换，帘子布附胶量、成品检验等方面进行自动控制，有效地控制了产品质量。

在印染厂，开展了多台染缸计算机程控、碱浓度在线检测、喷液印花控制系统等方面的研究。如郑州印染厂研究将单板机用于光电整纬，利用检测到的光电信号控制执行机构来校正印染布的纬斜。

二、计算机辅助设计（CAD）

在此期间，国外服装 CAD 系统开始引入，国内如航天部 710 所等单位也进行相关研究；印染测配色系统，印花图案 CAD、提花纹版 CAD、织物组织 CAD、印染激光照排系统等也有应用；机械 CAD 的开展与国内其他机械行业保持同步，开展纺织机械关键部件的设计，如圆纬机曲线三角、静电和气流纺纺纱杯合理设计、凸轮计算和设计等。如郑州第三棉纺织厂（简称郑州三棉）采用微型计算机对织物组织进行辅助设计，由过去一个月后看到织物图，到 10 分钟内就可以得到，有“立等可取”的效果。这些大部分引进的纺织 CAD 系统，可以快速、便捷开展产品设计，大大提高了设计工作的自动化程度，还能帮助、启发设计工作者进行艺术创造，以适应消费者的要求，因此受到企业的极大关注，起到了启蒙作用，为日后的 CAD 推广应用打下了基础。

但是在 20 世纪 80 年代前期，除了服装 CAD 应用较好外，其他应用效果都不甚理想，原因是多方面的：首先是一些软件在当时技术上不成熟，或对设备要求较高，不易推广；其次，应用企业缺乏既懂设计工艺又懂计算机的复合型人才，对软件的消化吸收工作做得不够；还有，国内企业应用基础不足，如测配色系统，因国产染化料的色差大而影响使用效果等。

三、机电一体化

我国纺织机械行业的机电一体化开展较早，在新型纺织机械上普遍采用了一些机电一体化技术。比如自动控制技术、驱动技术、检测传感技术和精密机械技术等。应用计算机技术后，机电一体化水平有了进一步提高。如对粗纱机、浆纱机采用计算机控制多电机分步传动、整经机采用计算机控制系统进行了初步的研究；开始了对自调匀整装置、纱线张力检测装置、织物自动检测装置的研究等。

第六节　计算机设备的变化与更新

在起步阶段的信息化项目中，计算机作为核心设备具有至关重要的作用，其间的变化和更新反映了行业计算机应用水平的不断提升。

一、最早应用的国产计算机

20世纪70年代，我国纺织行业的研究机构和企业开始配置计算机设备，限于当时的条件，全部是国产中小型计算机。如纺织设计院1974年购置了上海无线电13厂的TQ－16计算机，主要用于科学计算。TQ是图强的意思，字长48位，每秒运算速度（加减法）10万次，内存32K。这类计算机在国内还很罕见，只有中国科学院、国防科研单位和少数设计院能买到，要上百万元。纺织研究院1979年购置了天津电子仪器厂的DJS－130小型机，字长16位，内存4～32K，带有控制台电传打字机、纸带输入机、宽行打印机、磁芯存储器和绘图仪等外部设备，主机约17万元。这台设备应用于京棉一厂、京棉三厂的管理数据处理等。但是这样的设备都是落地式机柜，需要专用机房，还必须控制机房内的温度和湿度，不适于企业的计算机应用。

在企业用于自动监测和控制的大多数是JS－10系列计算机，运算速度为3万次/秒，字长16位，内存容量仅8K，主机约5万元一台。其应用证明，可以适用一般办公室的工作环境，但是在性能、可操作性、可靠性等方面存在许多问题。

二、微型计算机迅速推广

自从1971年微处理器和微型计算机问世以来，计算机技术得到了异乎寻常的发展，进入了一个新时代。Intel公司、Motorola公司、Zilog公司都推出了8位微处理器，之后每隔2～4年就更新换代一次，十分振奋人心。1977年，苹果公司推出了AppleII微型计算机，引领了技术发展趋势；1981年IBM公司推出了划时代的IBM－PC个人计算机，使得微型计算机得到了空前的普及。

在国家科委的统一组织下，纺织工业部进口了一批微型计算机配给科研院所，并组织了国内外的技术培训班。比如用于京棉一厂库存管理的是纺织设计院的一台美国 CROMEMCO 公司 Z－2H 微型计算机，8 位的 Z－80 为中央处理器，配有 64K 内存、CDoS 操作系统；外存配有 4 英寸软盘两个，每盘容量 173K 字节；输入输出设备配有 12 英寸荧光屏显示器和 132 行双向针式打印机各一台。纺织研究院引进的美国 Dynabyte 微型计算机，也是 Z－80CPU，8 位字长，64K 内存，CM/P 操作系统，带有 9 英寸软盘。比起庞大的 TQ－16 和 DJS－130 小型机，微机体积小巧，操作方便，维护简单，运行可靠，环境要求低，功能也并不弱，很快就投入各种类型的计算机应用，并迅速推广。

推广过程中印象很深的是，20 世纪 80 年代中期微型计算机刚刚流行，数万元一台，只在机关企业使用，走入家庭是十几年后的事情。企业职工们都没有用过计算机，有的甚至没有见过，对“电脑”有一种神秘感。虽然培训起来困难重重，但是人们充满了求知的激情，经常废寝忘食，恐怕是改革开放时代的特征。

采用微处理器的单板机、单片机很快跟进，成为自动控制系统的核心。这方面国产设备一点儿也不落后。北京工业大学电子厂 1981 年推出了国内最早的 TP－801 单板机，很快就在纺织企业应用，得到各方面的认可。还有北京计算机研究所的 BCM－80、北京无线电三厂的 XF－Z80 等也随之进入市场。

三、一些影响计算机应用的问题

由于当时微型计算机问世不久，一些方面技术还不成熟。如主机处理速度慢，满足不了一些实时控制要求；存储空间小，程序编制要精打细算，数据存放和处理受到很大限制；外部设备单一，像显示器只有黑白的，打印机只有针式的等等。而对于大多数计算机管理应用，最大的问题是早期的微型计算机不具备汉字处理能力。

早期计算机多用于科学计算，使用者都是科研工作者，汉字处理问题尚不突出。而一旦大量用于数据处理，尤其是企业数据管理，汉字的输入、存储、处理和输出问题马上提上日程。一开始只是程序员将计算机的一些提示转换为汉字显示，便于使用者理解，但是解决不了问题。于是，20 世纪 80 年代初许多单位纷纷开展了“汉化”工作。

从 1981 年国家标准局发布《信息交换用汉字编码字符集（基本集）》GB

2312—80以来，相关问题逐一得到解决。以仓颉输入法为借鉴，个人计算机上开始使用标准键盘的五笔或者拼音输入法，是汉字输入法广为使用的开端；激光打印机的推出，使得汉字的输出有了质量保证。

处理汉字的解决方案在当时有两种选择，一种是软件方案，如CCDOS，不过因为这需要占用本来就有限的计算机资源，成本虽低但性能不高；硬件方案如联想汉卡，也结合了中国文字的上下文关联性等软件功能，方便了用户的使用。两种方案都在纺织企业管理信息系统中得到了应用，满足了用户对于汉字处理的基本需求。

第二章 应用推广阶段（1986—1995）

这一阶段的十年间，在政府的大力推动下，企业兴起了电子信息技术推广的热潮，应用范围不断扩大，应用水平逐步提高，尤其是管理信息化在许多企业开展，推动了信息化理念和认识的普及，形成了行业上下重视计算机应用的可喜局面。但应用领域和项目之间缺乏联系，系统之间信息很难共享。由于缺乏先进成熟的管理思想指导，企业需求不明确，总体规划未受重视，许多项目没有取得预期的效果。

第一节 政府推动信息技术应用推广

“七五”“八五”期间，我国纺织工业发展迅速，对保障人民消费需求，出口创汇，积累国家建设资金等方面发挥了重要作用，信息化建设越来越引起行业上下的重视。1984 年，纺织工业部成立电子计算中心，引进德国西门子公司 7570 中型计算机，进行年度统计数据的汇总、处理和分析；1987 年成立部机关计算站，采用美国 DEC 公司 PDP 小型计算机，对部机关一些司局的办公业务进行计算机管理。相关机构在服务部机关的同时，负责制订行业信息化规划和规范，开展计算机应用调查研究，也进行计算机技术和系统的研究开发，为企业提供信息化服务。纺织工业部在 1986 年召开了全国纺织工业第一次计算机应用工作会议，对行业多领域应用计算机技术起到了指导推动作用；1991 年召开了全国纺织工业第一次信息工作会议，强调了将信息系统建设与行业体制改革、企业技改升级密切结合。

国家相关政府部门也对纺织信息化开始关注，国家科委、电子工业部从“七五”计划期间就给予纺织企业计算机项目的立项支持。如国务院电子振兴办，从 1986 年起设立国家电子信息技术推广计划项目，简称“倍增计划”，会同财政部、中国工商银行组织实施，主要以贷款贴息方式，推动企业利用电子信息技术改造传统产业。项目涉及许多行业，其中纺织行业一直是重点支持的对象。后来政府机构变化，国务院电子振兴办改组为全国电子信息技术推广应用办公室（简称全电办），倍增计划也一直延续到21世纪，据不完全统计，纺织行业有100多个项目得到了贷款贴息支持。

在政府信息化项目拨款和银行贷款的引导和支持下，一些地方政府也提供了相应的配套资金，很大程度上带动了企业的积极投入，信息技术应用得到普及推广。据1990年和1996年行业管理部门的两次调查，开展各种信息化项目的企业占当时企业总数的25.8%，北京、上海等大城市达到52%~56%，遍及5~6个细分行业，几乎全部是国有大中型企业。投资百万元以上的企业有近60家。

第二节　管理信息化形成热潮

一、计算机管理应用全面开花

20世纪80年代，在改革开放的形势下，纺织工业开始转轨变型。许多纺织产品由卖方市场向买方市场转化，使得纺织企业开始考虑由连续化大规模生产转向小批量、多品种生产。这种转轨提出了生产管理上精耕细作的新要求，促使企业寻求新的管理方法和管理工具，推动了计算机管理系统走入众多企业，在所有信息化项目中占到70%，形成了一个管理信息化的热潮。

与上一阶段计算机管理应用集中在上海、北京等大城市，大多数应用于棉纺织企业的情形不同，这一阶段的项目遍布全国各地，包括西部地区，包括小县城；遍及棉纺织、化纤、纺机、印染、针织等行业。项目涵盖的内容由单项管理逐步注重建立整体架构，初步有了管理信息系统（MIS）的概念。一般采用微机局域网或多用户小型机模式，自行开发或合作开发应用软件，国内财务管理软件逐步为企业所采用。可以看出，与起步阶段相比，应用面明显拓宽，项目内容由单项趋于全面，实施方式逐步多样化。

二、化纤行业

化纤企业设备自动化水平较高，有自动控制方面的计算机应用基础，具备一些管理信息化的有利条件。另一方面，化纤厂对信息化的投入一般较大，也取得了一定的经济效益。

比较突出的例子是仪征化纤工业联合公司（简称仪征化纤），从1988年开始建设计算机应用系统，专门成立以总经理为组长，分管副总经理为副组长的企业信息化工作领导小组，设置了信息中心为组织实施部门。到了1993年，建成了覆盖全公司的MIS系统并投入运行。

该系统以生产经营管理为主，具有生产过程数据采集、办公事务处理的功能，初步实现了管理信息化。系统运行于DEC公司的VAX小型计算机，建立了连接各个分厂的DECnet网络，PC机可以作为网络终端上网。

公司自行开发了计划统计管理子系统、质量管理子系统、库房管理子系统、财务管理子系统和物资管理子系统，各个部门分工进行信息收集、分析，及时录入计算机系统。从计划制定、合同执行到费用结算、提货单打印都实现了计算机化。既提高改善了公司经营管理水平，也培养锻炼了一支开展信息化建设的人才队伍。

另外，还有营口化纤厂、鞍山化纤厂也开发应用了计算机管理系统。

三、针织行业

针织行业生产流程长，制造类型差异大，行业特点明显，信息系统项目的实施有一定难度，所以前一阶段应用较少，“七五”期间有所突破，北京第三针织厂（简称北京三针）、天津针织厂、上海第十二针织厂等企业都开展了计算机管理项目，取得了较好的效果。

北京三针是生产经编化纤产品的大型企业，1988年与纺织工业部计算中心合作，开始实施国家“七五”攻关项目“北京三针计算机辅助企业管理及监控系统”，其内容包括全厂管理信息系统，生产车间的染缸自动控制系统和计算机验布系统等，在当时企业计算机应用几乎是空白的基础上，短时间内跨过了单项管理的阶段，实现了全厂的计算机管理。

管理信息系统选用了美国优利公司的U5000小型机，配置了UNIX操作系统平台，关系型数据库和第四代语言（4GL）开发工具Mapper。主要目的有两个，一是解决数据共享问题，二是提高开发效率。同时妥善解决当时颇为困扰的汉字处理问题，选择了合适的汉字终端、输入方法和编码系统，培训企业职工使用。而企业上项目前只有一台微型机，没有相关技术人员。

系统包括财务管理、销售管理、库存管理、供应管理、生产计划和统计、设备管理、人事管理、工资发放和综合分析等子系统，集中式数据库实现了企业级的数据共享，保证了数据的唯一性；另一方面，利用第四代语言，提高了开发效率，达到了预期的结果。厂领导可以及时查询全厂的经营生产动态，使用综合分析子系统帮助决策。

该项目于1990年10月通过纺织工业部科技司主持的鉴定，专家给予了较高评价。这种UNIX + RDBMS +4GL的应用模式，后来推广到数十家纺织企业，有棉纺织厂、毛巾厂、纺织机械厂，甚至还有行业之外的外资企业，得到了广泛的应用。

四、棉纺织行业

棉纺织企业具有一定规模，有管理严格规范的传统，所以信息化建设初期许多计算机应用都是由棉纺织企业起步。“七五”“八五”期间，棉纺织企业仍然走在纺织企业管理信息化的前列。北京第二棉纺织厂、北京第三棉纺织厂、上海第十二棉纺织厂、天津第二棉纺织厂、杭州第二棉纺织厂、山东临沂棉纺织厂、山东曲阜棉纺织厂、青岛第二棉纺织厂、青岛第六棉纺织厂、石家庄第一棉纺织厂、石家庄第四棉纺织厂、邯郸第三棉纺织厂、湖北蒲圻棉纺织厂、沙市棉纺织厂、郑州第五棉纺织厂、郑州第六棉纺织厂、洛阳棉纺织厂、大连金州棉纺织厂、西北第四棉纺织厂等众多企业都上了管理信息化项目，形成了全面开花的局面。

下面选取四家不同规模、位于不同地区的企业项目为例，表现出棉纺织企业在计算机管理方面既全面开花，又各具特点。

（一）京棉三厂

京棉三厂是国有大型棉纺企业，其生产具有密集型、多工序、连续性等特点，在管理上有较高要求。企业组织中的各个职能部门，实时监测和收集企业运行的各种信息，经汇集后进行加工处理，得到企业需求的统计与分析信息。因此各个职能部门的子系统都拥有大量数据，如何组织与管理大型数据库文件十分重要。

该厂与中国纺织大学（现东华大学）合作，于1988年完成MIS的一期工程，1990年完成二期工程并投入运行。系统采用DEC公司ALPHA小型机作为主机，除了连接终端外，通过RS232接口，连接IBM - PC，分期分批建立了财务、设备、计划、人事、销售、库存等各事务子系统，逐步形成基于主机的系统共享数据库。

PC机和主机终端的一般用户是财务、计划、设备、生产调度等管理部门，他们将采集到的生产、计划、销售等实时数据，经加工处理后传送到数据管理中心的主机，提供给厂长进行经营决策，同时，他们也可以访问数据管理中心主机的数据库信息，特别是厂长室的 PC 机，通过网络通信系统，既可以在主机的硬盘上直接读取各职能部门的有关信息，又可以要求各职能部门将信息直接传送到厂长室，为厂长进行方针目标管理创造了良好的系统环境。

（二）郑州第六棉纺织厂（简称郑州六棉）

郑州六棉也是国有大型棉纺企业，1991 年制定 MIS 项目总体规划，随后开始实施，1993 年通过鉴定。其系统结构与北京三针类似，采用 U6000/65 小型机作为主机，连接 30 台终端和车间的十几台 PC 机（作为仿真终端），形成集中式网络系统。在 UNIX 操作系统平台上，建立了企业共享数据库，使用 Mapper 自行开发了财务、计划、销售、技术质量、物资、劳动人事、企管和设备八个子系统的软件。

该系统的特点是：以 MRPⅡ（制造资源计划）的基本理论和方法为依据，结合国有大型棉纺企业管理特点和实际情况，在软件开发中，重点对生产经营过程进行控制、核算和分析，向各级管理人员提供及时可靠的综合信息，为决策提供参考，对整个行业有较大影响。

（三）山东曲阜棉纺织厂

山东曲阜棉纺织厂位于山东省的中等城市曲阜，为中型棉纺织企业，拥有 3 万纱锭，200 台布机。1990 年与电子工业部沈阳 47 所合作，开发了企业 MIS，于 1993 年通过全电办的验收。

系统选用美国 MIPS 公司 RC3230 小型机，Unify 数据库，用第四代语言 ACCELL，开发了生产计划、生产统计、质量统计、库存管理、配棉系统等 14 个子系统，具有综合查询功能。

软件开发过程中，以经营销售计划为导向，以生产计划为主线，其中考虑到当时由计划经济向市场经济的转变中，原棉供应根据季节交替而形成的买方市场与卖方市场的变更；产品销售是买方市场，往往供大于求，要考虑压库限产等问题，都进行了有针对性的开发。

（四）山东临沂棉纺织厂

地处偏远山区的山东临沂棉纺织厂，是一家地方中型棉纺企业。1990 年在清华大学专家的指导下，采用 PLAN2000 局域网，使用 DbaseII 软件开发了覆盖全厂的 MIS 系统，包括工艺管理、质量管理、仓库管理、设备管理、财务管理等子系统。

他们根据企业管理的实际情况，在工艺管理子系统中实现了对纺纱工序单的计算机管理，提供了较为全面的纺纱厂新工艺设计手段，规范和提高了工艺设计水平。

这一典型案例说明了只要企业重视，无论怎样的条件，都可以实现计算机管理的目标。临沂棉纺厂的开发人员，后来成立了软件公司，为地区和省内的企业提供信息化服务。

五、纺机行业

新中国成立后，纺织机械制造在行业管理上一直是纺织工业的一部分，但与其他机械装备企业一样，属于离散型装备制造业，在实施信息化项目时有自身的特点。在这一阶段，经纬纺织机械厂（简称经纬纺机）、上海第二纺织机械厂（简称上海二纺机）、郑州纺织机械厂（简称郑纺机）、天津纺织机械厂、沈阳纺织机械厂、纺织研究院化纤机械厂等企业都开展了管理信息化，具有较高的技术水平。

值得注意的是，20 世纪 90 年代初，MRP（物料需求计划）、MRPII 等软件产品首先进入纺机企业，其中经纬纺机和上海二纺机是先行者。

（一）经纬纺机

经纬纺机是国有大型纺织机械制造的骨干企业，在中国纺机总公司所属企业中各项经济效益指标一直居首位。其 MIS 建设从 1990 年开始，1994 年通过鉴定。

该系统采用美国 CDC 公司的 CYBER932 小型机，通过以太网、终端服务器等方式，连接覆盖全厂生产和管理部门的 120 台终端。在 NOS/VE 操作系统平台上，使用 ORACLE 数据库和 C 语言，对引进的加拿大 Info – Power 公司的 I – Manufacture 软件包中 5 个 MRP Ⅱ 核心模块（产品数据管理、库存管理、MRP、车间控制、能力需求计划）进行了二次开发，包括产品数据管理、主生产计划、资源需求计划、能力需求、库存管理、车间控制、采购管理、销售管理等模块，并已经移植到 UNIX 平台。该系统可以与 CAD、FMS 等系统交换信息。

该厂作为经济效益好的机械制造企业，领导重视，厂长主持 MRP Ⅱ 实施的全过程，紧紧围绕从用户订货，计划生成，计划下达，直到执行反馈这条主线，配套制定了各种制度、规范和考核奖惩办法，进行各级人员的 MRP Ⅱ 培训，培养了一支应用开发队伍，并逐步开发出自有知识产权的软件，取得了显著的经济效益，成为纺织行业中MIS建设的典型。

（二）上海二纺机

上海二纺机应用信息技术始于1987年，1990年被批准为国家“863”高科技发展规划中计算机集成制造系统（CIMS）全国四家应用工厂之一，由清华大学等单位的专家指导实施。

该厂MRPⅡ选用Unisys2200中型机，采用ORACLE数据库。设备和生产信息通过车间局域网连到车间控制器集中控制、调度和管理，再由车间控制器通过企业主干网与MRPⅡ系统相连。软件方面开发了主生产计划、MRP、在制品管理和库存管理等模块，覆盖自动络筒机、细纱机、化纤纺丝机等主导产品的生产管理。但是由于以先进性和集成性为原则的技术路线脱离了企业实际基础，再加上后来企业生产经营状况发生了很大变化，系统没有取得预期效果，以后又进行了一系列升级和改造。

六、其他行业

在印染、毛纺、家纺等行业，都有企业开展了计算机管理应用，如包头鹿苑羊绒厂（简称鹿苑羊绒）、北京毛巾厂、济宁毛纺织厂、无锡漂染厂、杭州丝绸印染厂、常州东风印染厂、大连印染厂等，并且各具特点，有所侧重。服装行业的企业数量多，发展快，但这一阶段主要应用局限于服装CAD，管理信息化尚未提上日程。

（一）鹿苑羊绒

鹿苑羊绒是一家合资企业，20世纪80年代后期发展很快，其“鹿王”牌羊绒系列产品在国内外很受欢迎。厂领导将实施MIS作为创建科技先导型企业的重要内容，从1992年开始，到1995年二期工程完成验收。

该系统采用微机局域网，有近30个站点。网络操作系统Netware 3.11，数据库Foxpro，分两期建成了物资、车间生产、销售和工艺等子系统。软件方面根据羊绒生产的特点，总结了拉式（如羊绒的选、洗、分加工）和推式（如针织、纺纱、染色）两种生产类型，对毛线生产实现一体化管理。

该厂在发展很快的形势下，下决心自筹资金，以自己力量为主，开发了具有一定规模的MIS，并准备进一步扩充，建立集团内部的信息纽带。

（二）北京毛巾厂

北京毛巾厂是国有中型企业，以面巾、枕巾、浴巾、毛巾被等为主要产品，百分之五十出口。由于较早走向市场，迫切希望用计算机实现现代化管理，加快对市场的反应机制。从1991年开始开发全厂MIS，1992年通过鉴定验收。

该厂与纺织工业部计算中心合作，采用4GL等开发工具，在短时间内建成了以U6000/50A小型机为主机，带有16台终端和数台微机，覆盖全厂主要科室和车间的系统，向厂领导提供生产经营的综合分析信息，在企业签订合同和安排生产中发挥了很好的作用。

考虑到该厂的需求和应用基础，软件开发采用了以快速原型法为主，结合生命周期法的方法，使用了第四代语言等开发工具，在短期内完成开发工作。用户在原型不断修改完善的过程中增进了对系统的了解，掌握了使用和维护。因此，系统一直正常运行，且扩充了备份机和终端，带来了经济效益。

第三节　不同技术方案纷纷推出

一、全面管理对技术方案提出新要求

20世纪80年代初，计算机管理在纺织企业起步时，一般是单项管理系统，如财务管理、库存管理、销售管理、设备管理等，大多数采用单台或多台微型机，配置MS－DOS操作系统、DBASE数据库，就可以满足基本需求，对系统整体的技术方案和联网的要求不高。

到了“七五”“八五”期间，企业的需求内容由单项管理逐步注重建立整体架构，初步有了全面管理的概念，要求将企业内应用中的微机联网，达到信息共享，形成全面综合管理。这就对计算机系统的技术方案提出了新的要求。

要满足全面管理的新要求，一是对现有微型机联网，建立覆盖整个企业的微型机局域网络；二是像国外企业的管理系统那样，建立中型机或小型机为主机的主机/终端系统。

二、发达国家采用的方式

欧美等发达国家的纺织企业应用计算机管理较早，在20世纪80年代初的实

现方式很单一，就是采用主机/终端（Host - Terminal）的多用户模式。简单地说，就是采用一台中型机或小型机（有的有备用机）作为主机，通过群控器（Cluster Controller）或多路复用器连接多台字符终端，而远程终端则通过调制解调器和 X. 25 等通信协议连接。软件一般采用分时操作系统、关系型数据库，应用程序和企业数据全部存储在主机，是一种集中式的应用模式。

该模式的优点很明显，首先是数据库运行在主机，做到了数据共享，数据的一致性和安全性高；系统管理员在机房可以监控所有终端的状态，便于管理，便于维护；终端设备稳定性好，不用担心病毒入侵等。

对于纺织企业的管理而言，采用成熟可靠的技术方案最重要，运行适合自己的软件不可忽视。例如，德国的 Otten 毛纺织厂是一个中等规模的毛纺织企业，包括纺、织、印染、后整理等全套工序。从 20 世纪 70 年代末开始计算机管理，采用了西门子公司的小型机，配置了 20 多台终端，连接工厂的销售、生产、调度、库存、采购、发货和财务等部门。那时 SAP 管理软件在德国刚刚起步，纺织厂应用的不多。该厂使用德国奥伽（Orga System）公司的管理软件 TEXIS 实现全面计算机综合信息管理，包括合同订单、生产过程、成品原材料库存、采购计划、成本核算、成品发货等模块，根据不同用户的需求进行不同的组合，达到不同的管理目的。其目标是保证交货期，压缩在制品半成品库存，降低原材料消耗，缩短产品设计生产周期，加快资金周转，加速市场反应。使用后利润提高了 5%，效益十分可观。

三、主要的管理信息系统技术方案

据 1990 年和 1996 年纺织工业部组织的两次调查，纺织企业计算机管理的实现形式多种多样，技术方案各有特点。大多数中小企业采用微型机局域网，而一些大中型企业在合作单位的技术支持下采用了主机/终端系统。到了 20 世纪 90 年代中期，纺织企业开始应用客户机/服务器（C/S）模式。

（一）微型机局域网

调查企业中 44. 8% 实现了微型机局域网（尽管规模不等），在一定程度上实现了信息共享，而绝大多数是单机运行。计算机设备方面，486 机占主流，286、386 机仍占很大比例；操作系统 DOS 占 2/3，Windows 不到 1/3；数据库多为 DBASE、FOXBASE、FOXPRO 等。

微型机局域网方案中，3 + 网占大多数，有青岛第六棉纺织厂、邯郸第三棉纺织厂、无锡第二棉纺织厂、沙市棉纺织厂、株洲苎麻纺织印染厂、无锡漂染厂等二十多家；采用Plan-2000网的有临沂棉纺织厂、石家庄第五棉纺织厂等五、六家。

（二）主机/终端系统

纺织企业在20世纪80年代末至90年代初购置了几十台中小型计算机。中型机集中在上海二纺机等几个大企业；小型机（有的称超级微型机）数量较多，应用于企业管理，工作在多用户模式，如京棉三厂、北京三针、西北第四棉纺织厂、西北第五棉纺织厂、曲阜棉纺织厂、大连印染厂、常州东风印染厂、天津针织厂、上海第二十针织厂、经纬纺机等二十多家。

选用的计算机设备包括IBM公司的AS400，DEC公司的ALPHA、VAX，优利公司的U2200、U5000等，还有少数CDC、王安、NCR、mips的设备。操作系统有Unix、OS/400、VMS，数据库则有ORACLE、INFORMIX、MAPPER等，还有少数SYBASE、UNIFY等。

（三）应用中的特点

与发达国家的情况不同，我国的企业管理应用中必须能够处理汉字信息。当时微型机都实现了汉化，微型机局域网处理汉字没有问题。主机/终端系统的解决方法是先从终端实现汉化，以微型机作为主机的仿真终端，解决汉字的输入输出问题，基本上满足使用要求。

我国企业管理上也有一些特色。比如科室和部门有一些局部数据，使用微型机进行本地处理更加方便，更加灵活。再加上微型机的用户界面大大好于主机终端，因此在企业管理系统中微型机受到用户的青睐，被更多地采用，一些企业建立了主机与微型机的网络，并逐步推广。随着网络技术的快速发展，越来越多的企业采用了客户机/服务器（C/S）模式。

第四节　各个领域信息化建设全面开展

一、计算机自动控制

自动控制系统得到重点推广。可编程控制和变频调速技术开始大范围应用，分布式控制系统（DCS）技术在染整生产线及涤纶、黏胶纤维生产线上应用，单机自动化水平有较明显的提高，例如微机控制的往复式抓包机、清梳联合机、气流纺纱机、自动络筒机、多台微机控制的无梭织机、圆网印花机、平网印花机、化纤的POY、FDY高速纺丝机，以及计算机黏胶黄化过程控制系统、间歇式染色机计算机控制系统等。如保定化纤厂、吉林化纤厂、山西维尼纶厂、兰州第三毛纺厂、北京第二毛纺厂、扬州合成化工厂、无锡第一色织厂等控制项目都取得很好的效果。

（一）兰州第三毛纺厂

兰州第三毛纺厂自1988年开始研制用DCS对毛条常温染色机、高温高压染色机、绳状染色机、绳状洗呢机、双槽煮呢机实施集中管理分散控制，实现了现场的34台分散设备程序化控制：

采用多变量解耦控制技术，将14台分散的常温染色机进行了集中管理、分散控制，可使企业在小投资的情况下完成高精度的控制，大大提高染色合格率，降低消耗，提高制成率；通过建立定水量冲洗数学模型和软技术道数监测手段对多台绳状洗呢机、双槽煮呢机实施了集中管理、分散控制，实现洗净率高、消耗低、排污量低的洗呢控制和温度自控道数监控管理的双槽煮呢控制，提高织物的内在质量和外观质量；对绳状染色机的温度、浴比实现自动控制，大大改善了染色质量；利用数字量建立了模拟量温度控制模型，并对原日产高温高压染色机的光电模拟控制仪的方式进行了改造，成功地改变了原来控制方式的误差大、人为干扰因素多而造成的染色质量下降的状况，大大降低了维修量。

（二）扬州合成化工厂

江苏扬州合成化工厂的“聚酯装置自动控制系统”是一项DCS项目，对该厂原有化纤生产设备进行改造。该系统选用美国霍尼威尔9000E控制器，构成集中分散式控制系统，采用以太网为基础，连接各操作站，具有回路控制、逻辑控制、数据采集和通信功能，易于扩展控制规模，能方便地与其他厂商的可编程控制器（PLC）连接。同时建立了生产管理用数据库，将生产过程中的重要工艺参数的数据存储，并能按类型或时间段调出，显示各种曲线，打印图形和报表。该系统自1993年将该装置投入使用，一直正常运行，提高了化纤产品的质量，增强在国际市场上的竞争力。

二、在线自动监测

这一阶段的自动监测项目主要应用于老设备改造，从20世纪80年代中期开始普及推广。其中织机监测约占80%，还有细纱机、络筒机、计量、能源、车间温湿度、用电等监测等，主要集中在棉纺行业。其发展方向是建立集管理和监测系统为一体的综合信息管理系统。开发方式为自行开发，或者对进口设备改造。能够坚持应用的企业有石家庄第一棉纺织厂（简称石家庄一棉）、石家庄第四棉纺织厂（简称石家庄四棉）、郑州第四棉纺织厂（简称郑州四棉）、沙市棉纺织厂、襄樊棉纺织厂等。有的开发企业如石家庄群力公司还在推广自己的监测技术。有部分监测系统与管理系统结合，有效地利用实时监测数据，收效更好。另外，京棉一厂、上海第十二棉纺织厂建立了车间温湿度监测、计量监测和能耗监测等，节能降耗，有着较好的前景。

（一）郑州四棉

郑州四棉从1993年开始开发和应用织机自动监测系统，采用计时计产的技术，显示、打印每个机台的停经、断纬和停台次数，单车产量、台位产量、班产量和疵布分类统计报表，可以适用于国内外多种型号的织机。

该系统由上位机386微型机、下位机MCS－51单片机、大屏幕电子显示器和信号采集器四部分组成，具有故障检测、数据断电保存、来电自动启动等功能，帮助管理人员和技术人员及时了解织机的现时产量和性能状态，及时找到故障机台，发现低效机台，迅速查明原因，使织机保持在较好的运行状态，提高了3%左右的效率。

（二）石家庄一棉

石家庄一棉早在1984年就开始自行开发了微机布机监测系统、微机细纱监测系统、微机能源监测系统，可以按单台、单班、品种、岗位、小组、车间统计产量、效率、各种停次停时、车速等，实时监测各个机台的运行状态，并根据生产实际情况进行人员、产品、岗位的分配。可喜的是，系统在车间保持多年的正常运行应用，使企业管理迈上了一个新的台阶，成为企业管理特色之一。其开发团队后来成立了石家庄市群力纺织技术开发服务公司，为省内纺织企业提供自动监测的技术服务。比如为石家庄第二棉纺织厂（简称石家庄二棉）推广了微机细纱监测系统，收到了及时、正确反映生产数据的预期效果；为石家庄四棉开发了水、电、汽能源监测系统，以节省水耗能耗。

建立自动监测系统的关键是管理和维护，以布机监测为例：即在极为恶劣的生产环境下如何能保证几千台布机，上万个传感器所采集的信号是正确的，通过上位机所产生的报表是可信的，可以指导生产和管理。这里有大量的管理和维护工作，需要专业技术人员，也是自动监测系统未能大面积推广的原因之一。

第三章　转变阶段（1996—2000）

第一节　行业形势出现变化

一、纺织工业发展出现新情况

20 世纪 90 年代以来，我国纺织工业的发展出现了新情况。纺织品产销形势发生了巨大变化，由卖方市场转变为买方市场，出现了生产能力过剩的情况；纺织品的市场竞争更加激烈，随着对外开放继续扩大，国际国内两个市场进一步融合，竞争形势更为复杂；纺织企业主要是国有企业，在经营机制、技术装备、管理体制等方面不适应客观形势的矛盾更加突出。因此，纺织企业利润逐年下降，1996 年出现了前所未有的全行业亏损，1997 年亏损额继续扩大。

针对这种局面，1998 年 2 月，国务院发出《关于纺织工业深化改革调整结构解困扭亏工作有关问题的通知》，明确提出了纺织工业压锭调整的任务目标和政策措施。经过纺织行业上上下下的努力，三年累计完成压缩落后棉纺锭 940 万锭，基本完成了任务。到 2000 年 4 月底，分流安置职工 121 万人。可喜的是，提前一年实现了 3 年脱困目标：1999 年，全行业盈利大幅度提高，国有企业实现了盈利。

二、政府职能发生转变

按照党中央政府职能转变的要求，纺织工业的管理机构不断变化，从一个侧面反映了中国由计划经济体制向市场经济体制改革的过程。由纺织工业部，到 1993 年成立中国纺织总会，继而 1998 年根据国务院机构改革方案，设置国家纺织工业局，贯彻了“政企分开、权力下放、权责一致”的原则。

纺织工业的信息化建设在“九五”以前一直是国家立项，和企业一起投资，由企业实施。随着市场经济的发展，国有企业改革的深入，政府职能的转变，中央和地方政府的拨款大大减少，逐渐过渡到企业成为项目的投资主体和实施主体。企业根据自身的切实需求，自主选择项目，完成了变被动为主动的根本性转变。据一次不完全调查，这一时期的纺织信息化项目，贷款约占整个项目投资的38%左右，拨款只占2%，绝大部分是企业自筹资金。

三、信息化建设进入转变阶段

在此期间，纺织信息化建设也遇到较大困难和挑战。首先，由于全行业亏损，纺织企业效益大幅下滑，出现资金困难，加上国家支持减少，因此和其他行业相比，信息化建设的资金投入严重不足，是影响信息化建设的主要原因；生产经营形势严峻，企业将主要精力放在产品销售等方面，对信息化建设有所忽视；国有企业改组改制，管理体制和机构发生很大变化，也影响到管理信息化项目的实施。另外，观念和认识陈旧、选择开发合作伙伴的失误、计算机技术人员的流失也是存在的问题。

在这种形势下，仍然有一些企业以发展的眼光，认识到信息化建设对于企业调整转型的重要作用，出于企业自身的实际需求，而不是上级下项目，坚持企业信息化的开展。这种由“上面要我做”到“我自己要做”的转变，正是信息化建设由被动变主动的根本性转变。企业正在成为应用项目的投资主体和实施主体，许多项目取得了实效；企业更加注重资金投入后能够取得的应用效果和经济效益，上项目更加慎重，可行性分析不流于形式，减少了盲目性；在选择合作单位方面有了更高的要求，在考虑价格的同时，首先要注重合作方提供全面应用解决方案的能力，然后注重技术方案在同行业企业中的应用数量和实际效果，注重提供咨询服务的水平和能力；更加重视信息化部门（如企业计算中心）的建设，着力专业技术人员的培养和使用，初步形成一支行业应用队伍。

因此，这一阶段的管理信息化项目虽然数量上有所减少，但是方向上进行了调整，质量有明显提升；CAD得到大面积推广应用，取得显著的效果；互联网开始进入纺织行业，给行业信息化带来新的活力；行业信息化建设的进程没有中断，总体应用水平保持不断提高。在2000年压锭调整取得成效，全行业形势好转之后，迎来了较快发展的又一轮高潮。

第二节　企业管理信息化进行调整

一、制定《纺织企业管理信息系统开发规范》

有些MIS项目由于种种原因，比如观念和认识的问题、选择开发商和软件的失误、企业的技术人才流失等，没有发挥应有的作用。有些很好的系统，经过验收鉴定后，却停止了运行。这些教训值得很好的分析和总结。1996年，纺织信息中心开展了全国纺织企业信息化调查，分析了行业现状和发展趋势。随后制定了纺织企业管理信息系统开发规范，都是总结工作的一部分，是意识转变和观念更新的结果。

《纺织企业管理信息系统开发规范》是中国纺织总会科研项目的一个专题，为了适应转变阶段纺织企业对管理信息化的新要求，向开发机构和应用企业提供开发的规范化依据，促进MIS建设的标准化、规范化，加强开发过程管理，减少重复劳动。规范就MIS开发的总体规划、系统分析、系统设计、系统实施、系统运行维护等各个阶段，分别提出了阶段目标、工作内容、工作方法和工具、文档要求、参加人员、组织管理、人员培训、工作程序等要求，列出了20多种规范文档图表。该文件在1998年纺织工业计算机技术应用推广工作会议上通过并印发给各企业，受到好评。

与此相配套，还制定了《纺织企业管理信息系统验收大纲》，对纺织企业管理信息系统提出了一系列具体要求，包括：在总体规划的基础上，建成反映企业基本情况的共享数据库及相应的子系统，能覆盖主要管理职能和生产过程；面向市场，以订单为起点，以提高经济效益为目标，依据企业各种资源，对销、供、产主线进行全面跟踪、管理和调度；具备为企业高层领导决策提供经过分析的企业动态信息和必要的预测功能；建成覆盖全企业的数据传输网络；具有一般的办公自动化功能；可与企业的自动监测、CAD等其他系统交换数据，可与多种外部信息网络连接等。

二、企业管理信息系统应用更加注重实效

“九五”后期，企业管理信息系统在数量上有所减少，但是更加结合自身需

求，更加注重应用效果，而不是一哄而上。一些经济效益较好的企业以自身的生产经营为出发点，开展MIS建设。较好的有50多家企业，如宁波杉杉集团（简称宁波杉杉）、山西三维维尼纶厂（简称山西三维）、河北省泊头天纶纺织集团、邯郸发达棉纺织厂、郑州四棉、洛阳白马棉纺织厂、杭州凯地丝绸公司、江苏阳光集团（简称江苏阳光）、南京化纤厂、厦门翔鹭化纤厂、晋江凤竹针织漂染公司（简称晋江凤竹）、北京绅士衬衫厂等数十家企业。经纬纺机、上海二纺机和中国服装设计中心实施了计算机集成制造系统（CIMS）项目。

（一）经纬纺机

作为国家863典型应用工厂的经纬纺机，在1990—1994年MRPII项目成功的基础上，1995年与863计划的技术依托单位清华大学国家CIMS研究中心签订了第一期的合作协议，共同制定了经纬1995—1996两年CIMS的总体设计与规划，合作开发了11个子项目；1997年初，又签订了第二期的合作协议，合作开发了7个子项目，并于1999年底全部通过验收。

经纬CIMS由工程设计分系统（CAD/CAPP/CAM）、制造自动化分系统（MAS）、质量管理分系统（CAQ）、管理信息分系统（MIS）四个分系统组成，投入应用后都取得了较好的效果。到1997年，企业拥有超级小型机3台，CAD工作站70台，微机300台，终端250台，打印机、绘图机100多台。并配备各类先进的柔性自动加工生产线、加工中心、数控机床、精密检测设备等1000多台（套），形成了一个涵盖各个系统、各个部门、各类产品和各类业务的计算机网络。

经纬CIMS的成功开发与实施，取得明显的经济效益，已使企业实现了从用户订货、产品设计、质量控制到计划、生产、财务、销售、供应的综合信息集成，产品交货期由102天缩短为72天，降低流动资金占用达50%，并持续保持和逐年下降。计划编制功效提高15倍以上。从最初的甩图板工程，到目前的CAD/CAPP/CAM集成和FMS（柔性制造系统），制造自动化系统为企业加快产品开发，缩短制造周期，提高企业产品抢占市场能力提供了竞争优势。

可喜的是，在开发实施CIMS的同时，企业建立了一支具备专业技术水平，又熟悉机械厂情况的近百人的开发与实施队伍，不仅承担了本企业信息系统的维护和开发任务，还走出榆次，走出山西，成为致力于MRPII、ERP软件开发、技术支持、客户培训、系统集成的专业信息化公司，服务于各行各业的企业，对全国的企业管理信息化发挥了重要作用。

（二）宁波杉杉

宁波杉杉这一阶段发展很快，在短时间内成为服装行业的龙头企业，管理信息化发挥了重要作用。企业于1998年3月投资2500万元开始了管理信息化工程，与上海启明公司合作，在两年时间内，建立起一个覆盖全集团计算机管理信息系统，包括经营计划管理分系统、生产管理分系统、市场销售管理分系统、专卖店销售分系统、人事管理分系统和公文档案管理分系统。

该公司在全国服装企业中最早采用条形码技术，给每一件产品编排一条形码，使企业的管理者能够掌握非常详尽的生产、市场信息，可以方便地查到每套衣服的特性、生产、销售的全过程。

企业内部网规模较大，拥有小型机HP9000一台，用作主要的数据库服务器，HP K系列服务器近40余台，终端1200余台。数据库以Informix Dynamic Server 7.3为主，网络设备选用了Cisco的产品。

为了适应集团在全国都设有销售公司的特点，建立了广域计算机网络系统，采用光纤、DDN专线连接上海及宁波地区的集团总部、6个生产公司；采用自行开发的基于互联网邮件的通信软件，在拨号线路上构筑联系全国23个销售分公司、信息自动收发的通信系统；销售点采用拨号方式交换数据，将分布于全国各地的子网有机地联成一个企业网。

（三）江苏阳光

作为大型毛纺企业，江苏阳光针对其主营部分的呢绒生产厂，于2000年完成了企业管理信息系统，主要内容有：集团公司的经营决策系统、办公自动化系统、集团公司的生产管理系统（包括销售管理、产品设计、生产计划、设备管理、库存管理、成本管理、应收应付管理、采购管理、质量管理、人事工资管理等）、精纺呢绒车间级制造执行系统（包括车间工艺管理、车间作业计划管理、车间任务优化调度、生产过程及质量跟踪、车间设备运行管理、在制品管理、中间产品库管理、生产统计等）、部分车间自动化生产设备的数据采集和工艺参数设置以及集团范围的网络数据库支撑环境建设。

随着企业规模的逐步扩大和市场竞争的日趋激烈，该系统在一些方面进行了深入的开发，如面向毛纺行业基于数据仓库技术的经营决策和数据挖掘；订单接收辅助决策，使企业能够根据市场战略、客户信誉、客户重要性、成本、交货期、生产能力等因素进行快速反应；进行了呢绒生产厂级生产计划与调度优化和车间级生产作业计划与调度优化等，取得了较好的效果。

（四）河北省泊头天纶纺织集团（简称泊头天纶）

泊头天纶的企业信息化项目从 1993 年起步，到 1997 年建成了覆盖整个企业的管理信息系统，主要工序（细纱、织造、用电）的生产数据自动采集和管理，建立了企业内部的局域网，建立了企业自己的网站，加速了信息流动，基本实现了无纸化办公，企业管理达到一个新的水平，于 1998 年 5 月通过了全电办和国家纺织局共同主持的验收。

企业和石家庄群力公司（出自于石家庄一棉计算机部门）、石家庄斯达公司合作，项目分为管理信息系统和自动控制两部分：管理信息系统分为车间操作层，连接细纱机、织机和用电的在线监测系统；处室管理层，包括各个处室的管理子系统、企业内部邮件系统、因特网的信息发布系统；辅助决策层，通过各种报表、图形为企业领导服务。自动控制部分与设备改造相结合，包括梳棉机、整经机、浆纱机变频调速，细纱机 PLC 控制，梳棉机断头光电自停等。

该企业局域网采用 HP 公司 HP – LH3 服务器，WindowsNT 4. 0 操作系统，终端采用 Windows95/98 操作系统，SQL 7. 0 数据库系统，并与互联网相连接。

（五）郑州四棉

郑州四棉是我国最早应用无梭织机的大型棉纺企业，1997 年为了能使无梭织机生产赶上国际先进水平，开始了大规模的技术改造，同时建设了适合棉纺企业的企业信息管理系统与在线监测系统，集成了生产设备层、车间管理层和企业决策层，形成了具有 CIMS 特征的计算机综合应用系统。

企业与郑州科信公司合作，建设了企业计算机局域网，采用 NOVELL 网，PC320 服务器，40 多台终端。开发应用了计划管理子系统、销售管理子系统、质量管理子系统、固定资产管理子系统、机物料管理子系统等。其重点在于从细纱到织造的在线监测系统，包括纺部实验室信息采集、细纱机在线监测、络筒机在线监测、织部实验室信息采集、无梭织机在线监测、计算机自动调浆、空调自动监测等。连接设备既有新安装设备，也有经过改造的旧设备，实现了以新设备为主体的，连接生产、管理和决策部门的计算机网络系统，最大程度地发挥新设备的生产能力，并取得预期的经济效益。

三、ERP 概念开始引入

20 世纪 90 年代中后期，ERP 概念开始引入纺织行业，为企业管理信息化带来了一股新风。一些国内外知名 IT 厂商也将注意力转向规模相对较小的纺织企业，如国外的 ERP 软件公司 SAP、ORACLE、FORTH SHIFT 等，开始在纺织服装行业开拓市场。在此之前，纺织企业管理信息系统的建设全部采取自行开发或合作开发方式，有适应企业自身需求的优势，也有开发周期长、重复工作多、水平难以提高的弊端。使用商品化 ERP 软件，为企业提供了一个新的选择。

这一时期，有北京李宁体育用品公司（简称北京李宁）、黑龙江龙涤集团（简称黑龙江龙涤）、山西三维等企业开始了国外 ERP 应用。在这一过程中，最吸引企业的是软件系统中新的管理思路和管理模式。因为自行开发都是依据企业现行的管理模式，用计算机来代替手工的方式。而商品化软件的引进首先要依据新的管理思路对业务流程进行重组，再由软件系统实现。

对于国外商品化管理软件的引进，20 世纪 90 年代初纺织行业就做过尝试。陕西第五棉纺织厂曾经有引进德国奥伽（Orga System）公司的纺织企业管理软件 TEXI 的意向，但是因为企业应用基础、软件二次开发能力、项目操作等方面的问题没有实现。北京李宁等企业率先应用国外商品化管理软件，是一种十分有益的尝试，提供了可供借鉴的好经验，也为 21 世纪 ERP 的广泛应用奠定了基础。

第三节　纺织 CAD 大面积推广

一、CAD 推广成效显著

各种纺织 CAD 由于需求广，投资少，见效快，尽管纺织企业面临多种困难，资金严重不足，但对于 CAD 系统却热情不减，再加上政府有关部门的大力引导，在这一时期逆势上扬，得到了大面积推广，是转变阶段纺织信息化最大的亮点。

纺织行业是国家 CAD 推广的四个重点行业之一，在国家科委 CAD 推广办公室和全电办的指导下，中国纺织总会于 1996 年 9 月做出“关于加快纺织 CAD 推广应用工作的决定”，制定了《纺织 CAD 工程推广应用“九五”规划》，引导企业加大投资，将 CAD 作为基建项目、技改项目的立项条件，并对应用示范企业给予支持。“九五”期间建立和扶植了 7 个咨询推广服务中心和 15 个应用示范企业，取得明显的进展。

纺织CAD应用从“八五”期间开始大面积推广，“九五”取得了明显成效。例如全国电子办共列纺织CAD中央专项贷款项目12项，贷款480万元，全行业实际投入约1.3亿元，对纺织行业推广CAD起到了“风向标”的作用。具有我国自主版权的软件占大多数，有的已经达到国际先进水平，而价格远低于国外同类产品，其产值达到1.8亿元，从市场上几乎无一席之地到三分之二的份额，取得了可喜成果。

二、多个应用领域百花齐放

纺织企业CAD应用体现了明显的行业特点，除了机械设计外，有服装设计和排料、提花纹织、印花图案设计和分色描稿、织物组织、电子绣花、电子测色配色等。特点是应用面广，普遍投资不大，但效益最显著。

（一）服装CAD

服装行业的CAD应用技术的普及率从1995年的250家服装企业拥有CAD系统上升到2000年的1500家，服装企业中使用国产CAD/CAM系统与使用国外系统的比例发展到2∶1。应用服装CAD系统明显增加了客户对工厂的信任度，特别是出口企业，不应用服装CAD系统将会失去不少客户的订单。

（二）纹织CAD

“九五”期间纹织CAD推广了近500套，在丝绸、装饰织物、巾被等行业中广泛应用。其特点在于能够快速设计图样，紧跟潮流，适应客户希望迅速交货的需求。一些企业应用纹织CAD系统后，从接受订货图样到轧出纹板，由过去手工操作的两个半月，缩短到只需要10余天，因而争取了众多订单，增加销售额数百万元。

（三）印花图案CAD

印花图案CAD系统主要用于分色描稿，实现了升级换代和开发出系列产品，以满足各层次的不同要求。采用印花图案CAD系统成为不少印染企业，特别是丝绸印染厂进行技术改造的重要内容。其间推广了300多套，国产系统约占到四分之三。杭州凯地丝绸公司应用CAD后，印制出彩色真丝报纸、真丝挂历以及世界名画等，文字精细，图画逼真，传统人工描稿是根本不能达到这样的效果。

（四）织物组织CAD

织物组织CAD，又称织物仿真，一般是指用于色织厂和毛纺织厂等在织机上生产的织物的计算机辅助设计，在“九五”期间推广了500多套。织物设计人员利用计算机进行设计，只需敲击几下键盘，屏幕马上显示出想要设计的织物图像，再用彩色打印机输出逼真的织物模拟图像的纸样。系统的应用能大大缩短新产品开发周期，降低产品开发的成本，提高企业的快速反应能力，取得了很好的经济效益。

（五）测配色CAD

在计算机测配色系统方面，积极推广已取得的改造国外引进成套系统软件的成果，使其适用于国产染料，改造率达到了50%。有国内外系统200多套在运行。一般中型染厂在应用配色CAD后，每年节约的水、电、汽、坯布、染料等合计约在30万元以上。

（六）机械CAD

纺机企业普遍推广应用了机械CAD技术，使70%以上计算工作量和40%的绘图工作量由CAD来完成。

三、服装企业经济效益显著

（一）北京万福制衣公司（简称北京万福）

该公司年产服装8万套，供应全国20个省市600余家宾馆酒店，是国内较大的制服供应公司。“九五”期间一直致力于服装CAD应用工程的研究开发和实践的工作，投入自筹资金100多万元，经济效益比较显著。1997年成为服装CAD应用示范企业，并举行了多次培训班。

从1993年起，北京万福开始与航天部710所合作，引入ARISA服装CAD系统，进行二次开发，形成了高效的设计制板方式，打通了生产过程中制约总体能力的环节，大大提高了生产效率。

后来，又通过集约技术，根据大量的工艺、裁剪的信息，形成CAD衣片，再利用国际上先进的模块式生产方式，使得新工人也能适应多品种、小批量、大数量、高质量产品的要求。应用CAD后一个半月，在小流水线上生产西服，新招工人日产量1件/（人·日），到3个月时，达到3件/（人·日）。超过当地服装企业同种工艺的平均产量，达到国内同样工艺的较高产量。

此外，北京万福后来对CAD系统的应用进行了延伸，扩展到款式设计、号型分类、调度管理等方面。而生产方面采用的模块式排列等，通过CAD完成了技术的集约，实现了一个投资少、适应性强、流水线短、在线品少、工艺技术信息传递迅速的快速反应体系。

（二）宁夏汇川服装公司（简称宁夏江川）

宁夏汇川位于宁夏回族自治区银川市，以生产西装、风衣、职业装、衬衣为主，当时是一个按大批量生产模式设计的传统企业，单量单裁技术人员缺乏，大量合同不能按时交货，生产成本居高不下，产品合格率持续徘徊在较低水平，对企业的品牌声誉以及未来发展带来一定的影响。

为了解决这些问题，宁息江川开始尝试引入信息技术助力服装生产，1996年开始信息化建设。1997年公司投资几十万元引入北京日升天辰电子公司（简称北京日升天辰）的服装CAD软件，工作站只有两个。在软件引进后，公司迅速组织团队消化并掌握了这一技术，仅用了半年时间，就实现了批量生产的信息化。之后，公司继续加大信息化方面的投入，并及时提出使用信息技术解决团体定制中客户存在的个性化要求的问题。为此，公司引入美国格柏公司服装CAD/CAM系统，着力解决服装单量单裁问题，主要成果是解决了单量单裁的技术问题，降低了单量单裁对高技术人员的依靠，使产品合格率大幅提高，面辅料消耗也得以大幅降低。

在CAD应用取得初步成果之后，该公司制定了新的信息化建设目标，申请了国家863计划CIMS示范项目。在专家组的指导下，建立了企业网络，引入了用友集团（简称用友）的财务管理软件，开发了MIS系统、服装归号系统、CAQ系统（计算机辅助质量管理）。2000年底顺利通过了国家863计划的验收。

四、软件开发单位做出重要贡献

在纺织CAD推广应用的过程中，许多相关软件开发单位在借鉴国外软件的基础上，开发出一系列适合中国国情的软件系统，功能上达到国外软件的水平，价格上有竞争优势，为CAD的普及推广做出了重要贡献。其中较为突出的开发单位和产品有：原航天部710所、杭州爱科科技有限公司（简称杭州爱科）的服装CAD；杭州开源电脑技术公司（简称杭州开源）、绍兴县轻纺科技中心（简称绍兴轻纺）的分色描稿CAD；山东宝铃纺织机电技术公司（简称山东宝铃）和浙江大学光学仪器厂的纺织CAD；中国纺织科学研究院的织物组织CAD；沈阳化工研究院的测色配色CAD；深圳华怡电脑机械公司（简称深圳华怡）的绣花CAD等。其中的杭州爱科、杭州开源、深圳华怡，多年来一直专注于相关产品开发和服务，产品线延伸到纺织行业的多个领域，为行业信息化做出更多更大的贡献。

（一）原航天部710所

原航天部（现中国航天科技集团）710所拥有较强的科研实力，最早涉足服装计算机辅助设计领域，有多家企业应用，在服装行业形成了一定的影响力。其软件系统ARISA包括款式设计、制板、推板、排料和试衣五个模块，覆盖了服装设计到成品生产的全过程。在用户使用中，又增加了一些新功能，如辅助记忆制作基础样板的打板步骤和公式，应用时可以直接调用库中的部件，根据当前尺寸做出相应变化将新的尺寸带入公式中进行计算，再按照制作基础样板的打板步骤生成新尺寸的样板；系统在记忆打板步骤的基础上，自动生成操作步骤修改表等，方便了用户的使用。

（二）杭州爱科

杭州爱科是服装行业内的软件开发公司，1994年成立，多年来一直专门从事相关软硬件开发和服务平台建设。其服装CAD为ECHO系统，有多家企业和服装院校应用，年销售量2000年达到200多套。该系统涵盖了设计、打板、放码、排料、工艺、三维、数据管理、生产管理等方面，还在计算机上建立了各种素材库，如面料图案库、服饰部件库、服装款式库等，供设计师随时调用。使用者还可以利用软件提供的画笔功能，方便地进行各种各样的服装款式设计。除了CAD之外，该公司还从事服装CAM、服装CAI（计算机辅助教学）、服装CAPP、服装PDM等相关软件的开发。

（三）杭州开源

杭州开源1994年成立，是印染行业内的软件开发公司，多年来一直专门从事相关软硬件开发和服务平台建设。最早于1992年开发了变色龙分色软件AnSeries，可直接利用电子文件或者扫描原稿后进行分色，具有随意缩放、图层操作、图形矢量、云纹分色等功能。后来不断升级，1999年推出最新的AnSeries 4.5版本。在分色软件的平台上开发了设计软件系统，帮助设计师提高设计效率。该公司又相继开发了应用于印染行业的自动调浆系统、喷蜡喷墨制网设备等。

（四）纺织研究院

纺织研究院是纺织行业最大的科研机构，20世纪80年代末最早在国内开展织物组织CAD方面的研究。1996年该院推出了高级织物仿真CAD系统，具有模拟双层接结织物和双层表里换层织物的能力，达到了较高的专业水平。1999 年又推出了 Windows 环境下运行的新一代织物组织 CAD 系统，具有操作规范、界面友好、兼容性强等一系列特点，在内蒙古、江苏、山东、北京等地的多家企业应用，达到上百套。

（五）深圳华怡

深圳华怡电脑机械公司 1993 年成立，开发制造和销售绣花 CAD 软件、绣花机电脑电控，毛衫 CAD 软件等。富怡 Richpeace 绣花 CAD 软件是为绣花工业设计和生产专门开发的，具有许多专用的功能和工具，当时很受企业欢迎。一直到现在，经过多次更新升级的富怡打板绣花 CAD 软件仍然以网上租用或免费下载方式提供给用户使用。

第四节　互联网技术引入纺织行业

互联网技术的飞速发展是这一时期的一个热点，给企业管理信息化提供了新的路径和活力，为行业信息服务提供了平台和广阔的发展空间。尽管各项相关应用刚刚起步，但对整个纺织行业信息化的普及与深化都是一个强有力的推动。

一、“中国纺织经济信息网”投入运行

为了加强中国纺织总会机关信息化建设和行业信息服务，从 1996 年开始，中国纺织总会利用第三期日元贷款，经招标与太极计算机公司合作，着手“中国纺织经济信息系统”项目的实施。1997 年 7 月，“中国纺织经济信息网（CTEI）”开始试运行，9 月正式运行，是纺织行业第一个面向全社会的信息发布系统。网上共有 14 大类信息，分别是纺织快讯、国内市场、流行信息、企业概况、环球市场、供求信息、网上公告、环球博览、产销统计、进出口、政策法规、新产品、行业信息、企业广告等。

二、纺织上市公司涉足互联网

1999 年底到 2000 年初，纺织企业掀起了一波参与信息网络建设、投资互联网项目的热潮。首先行动起来的是实力雄厚的纺织上市公司。其中涉足信息网络

业的就有综艺股份、海虹控股、浙江天然、中国服装、山西三维、远东股份、龙头股份、江苏吴中、天山纺织、美达股份等多家上市公司。由于大规模投资介入电子信息网络，有的在2000年初成为深沪两市引人注目的牛股。这一轮冲击波虽有泡沫之嫌，但其影响力是不容低估的。

上海华源发展公司直接参与了信息网络建设，而且没有脱离纺织品贸易的主业。它与其他单位联手，组建“经纬中国网”；深圳华联控股公司与行业内颇具影响力的“中国纺织经济信息网”合作，参股组建新的网络公司。他们的目的都是建设纺织行业具有影响力的信息平台，进而发展成为电子商务平台。

三、企业开展互联网网站建设

随着国家互联网基础设施建设步伐日益加快，各地的网络覆盖率越来越高，纺织企业通过网络来收集及发布信息已十分普遍。据2000年底统计，纺织企业建立网站的有6000多家，占全国纺织生产企业总数的10%左右。其中服装企业网站建设数量遥遥领先，约占全部建网总数的45%左右；其次是棉纺行业，约占10%，针织、印染、化纤、纺机等行业所占比例的在4%~6%之间。从地区分布来看，浙江、江苏、上海、广东、山东、福建等地区的企业要远远超过其他地区。提供行业信息服务的网站有100多家，许多具有鲜明的特点，其中有的已经尝试开展了电子商务服务。

由于出口占据了整个纺织行业相当大的比例，对许多纺织企业来说，与国外企业的贸易合作构成了企业经营的主要部分。他们认为，互联网的运用将带来国际更为便利和快捷的企业信息互通和共享，大大提高达成贸易订单的机会，为广大纺织出口企业尤其是中小企业带来新的机遇。如上海申达股份有限公司、上海八达纺织服装集团建设的电子商务网站开通以后，避免了以前靠销售人员口头表达和寄送样本造成的成本高、更新慢等弊端。访问公司站点的客户不仅能够全面了解公司的总体情况和产品实力，提高对公司的信任度，而且通过完整的网上洽谈沟通渠道，增加了询盘和落单，扩大了贸易机会。

另一方面，互联网技术为企业管理信息系统提供了全新的平台和开发工具，可以开展更大范围的信息网络和营销网络开发，逐步解决了长期存在的信息交流和共享问题，使企业管理信息化的水平上了一个新台阶。

第四章　较快发展阶段（2001—2006）

第一节　21世纪带来新发展

一、纺织工业实现快速增长

经过1997年以来两年的结构调整和棉纺压锭改造，纺织行业在连续6年亏损后扭亏为盈，整体素质有了明显提高。1999年整体扭亏，2000年全国纺织工业企业实现利润290.07亿元，是上年的2.2倍；纺织品服装出口创出历史新高，达到520.82亿美元，比上年增长20.94%。在21世纪的最初几年，我国纺织工业在市场化改革不断深入的基础上，依靠科技进步，生产效率、产品品质以及产品附加值不断提高，抓住了良好的国内外市场机遇，实现了快速增长，迎来了自中华人民共和国成立以来的最好发展时期。

经济全球化的深入发展和我国加入WTO，为我国纺织工业提供更大的国际发展空间。纺织企业更要面对来自国际的竞争压力，如果无法形成成本和管理的整体优势，将难以提升整个行业的市场竞争力。由于出口占据了整个纺织行业相当大的比例，对许多纺织企业来说，与国外企业的贸易合作构成了企业经营的主要部分。电子商务的运用将带来国际更为便利和快捷的企业贸易方式，为广大纺织出口企业尤其是中小企业带来新的机遇。因此，利用信息化和电子商务提升国际竞争力，已成为纺织行业发展的迫切需要。

二、政府力推信息化带动工业化

中共中央2000年关于制定“十五”计划的建议中明确指出：“大力推进国民经济和社会信息化，是覆盖现代化建设全局的战略举措。以信息化带动工业化，发挥后发优势，实现社会生产力的跨越式发展。”纺织工业这一传统产业要实现跨越式发展，信息化是必由之路。这是对行业信息化建设的最有力推动。

2000 年 9 月，为了适应国民经济的快速发展，迎接 21 世纪的挑战，国家信息化推进工作办公室将纺织行业列为国家信息化工作试点行业，并要求抓紧制定信息化试点工作方案，结合行业和企业实际，抓好企业信息基础化建设，把行业数据库建设、提高全行业信息网络化、电子商务、标准化和信息共享等作为当前工作试点的主要内容。

全电办于 2000 年 2 月在北京，12 月在厦门分别召开了工作会议。前者请院士、专家介绍了信息技术的最新进展，以分组讨论为主，深入探讨了“十五”期间推动电子信息技术改造传统产业的路径、方式和政策导向；后者规模大得多，邀请了 IT 公司和媒体参加，交流了信息化建设经验，落实倍增计划项目、贷款及贴息等问题。纺织行业中宁夏汇川和杭州爱科两家企业在厦门会议上发言交流经验。

三、纺织信息化出现新局面

面对这一新的形势，行业主管部门的职责和定位有了新变化。为了推动行业信息化，政府部门加大了宏观调控的力度，制定相关法律、法规、政策和规划。具体对行业信息化建设的组织，则由政府的行政管理逐步过渡到行业协会、中介机构的行业管理和技术导向，切切实实地为行业服务，为企业服务。而企业则是每个项目的投资主体和实施主体，与行业内外的高新技术开发单位合作，以市场化的手段运作。

2000 年 9 月下旬，全国纺织企业信息化建设工作会议在北京召开，提出了“面对互联网无所不在的新条件，我们必须重新审视我国纺织工业的比较优势”，制订了电子商务建设三步走的目标。随后于 2003 年在江苏江阴举办了全国纺织信息化推进工作会议，与会代表增进交流，总结前一阶段信息化工作开展的经验，加深对行业信息化的理解，加快企业信息化建设的步伐。

中国纺织工业协会配合全电办，2001 年、2002 年先后于北京召开了两次纺织企业电子信息技术应用工作会议，组织全国的纺织企业，积极参与国家倍增计划，推进纺织企业信息化。其内容包括计算机管理信息系统、自动监测和控制系统、计算机辅助设计、信息网络和电子商务等电子信息技术应用推广，并与中国棉纺织行业协会、中国化纤工业协会一起，以大型棉纺、化纤企业为试点，推广应用ERP系统及相关技术。

第二节 ERP成为信息化重点

一、纺织企业对ERP的需求持续增长

随着纺织行业2000年扭亏为盈，企业经济效益不断好转，尤其是2001年在中国加入WTO之后，纺织企业对ERP的需求明显增长，即使一些“九五”期间信息化应用薄弱的行业（如服装、家用纺织品）、企业（如民营企业）、地区（如中西部地区），也纷纷做了实施ERP的可行性分析、规划和应用调研。这里存在政府和行业组织大力推动的某些因素，但主要取决于企业对入世后国际竞争日益激烈这一发展趋势的判断，和尽快提升自身管理水平的愿望。

实施ERP的企业以大中型企业为主，这些企业需要ERP优化内部资源，管理供应链，进一步提高管理和科学战略决策水平，根据各自的应用目标、规模、管理水平和业务流程，选择不同的软件产品：

（1）国际化大企业要求与国际化接轨，规范资金控制，实现企业重组和全面现代化管理的目标，往往看中国外大型知名软件。

（2）有较好管理基础的大中型企业，以优化资源配置，提高管理水平和效率，加快市场反应为目标，大多数选择市场份额较大的国内知名软件，也包括部分在纺织行业较有特点和影响的软件。2000年以来，棉纺、化纤、服装和纺机等数十家企业选择了这类软件。尽管比例不大，但在行业中有很大影响。

（3）近期发展较快的中型企业，如大多数服装行业的民营企业，产品有竞争力，但管理粗放，先以严格制度、堵塞漏洞、强化库存管理、规范业务流程、加快资金周转为目标，选择合适的合作伙伴，分步实施。

二、企业实施ERP的效果有提升

由于企业对信息化建设的认识和理解逐步加深，自身发展对信息化的需求日益强烈，企业对于信息化建设的积极主动性明显提高，ERP的实施效果也得到提

升。中国纺织工业协会在2004年启动了“e百工程”建设，对于行业管理信息化建设起到了推动作用。据2007年对重点企业的抽样调查显示，有近200家企业实施了ERP等管理信息系统，其中北京李宁、黑龙江龙涤、广东溢达纺织公司（简称广东溢达）、北京雪莲羊绒公司（简称北京雪莲）、保定天鹅化纤集团（简称保定天鹅）、山东德棉集团（简称山东德棉）、雅戈尔集团（简称雅戈尔）、江苏太仓利泰纺织厂（简称江苏利泰）、远纺织染（苏州）公司（简称远纺织染），以及安徽华茂集团有限公司（简称安徽华茂）、新乡白鹭化纤集团（简称新乡白鹭）、杭州永翔纺织公司、厦门翔鹭化纤厂、深圳中冠纺织印染公司（简称深圳中冠）等20多家企业实施ERP项目取得了较好的效果，在纺织行业内起到了很好的示范作用。这些企业分布在不同的行业，规模、类型各异，体现了ERP的应用面越来越广；实施ERP的模式和路径也不相同，出现了百花齐放的局面。

（一）北京李宁

北京李宁主要生产品牌运动服和运动鞋，以出口为主，2002年销售额达1亿多美元，是一家国际化的大型服装企业。2000年6月，该公司引进德国SAP公司的R/3软件及AFS（服装/鞋业解决方案），建立了企业ERP系统。2002年又对R/3系统及AFS进行了升级。这是国内服装企业引进国外大型软件系统的第一次尝试。

该公司实施ERP系统的目标，是要实现企业管理的规范化、高效化、系统化和集成化，并基于AFS鞋业/服装业解决方案的实施，根据自身业务发展规划和实际业务需求，优化业务流程。公司总部建立的ERP系统涵盖了产、供、销、人、财、物等各个环节，也是公司的总体信息平台。在分公司则以SAP销售与分销模块为基础建立了包括MIS/POS系统在内的分销体系及OA办公自动化系统，各地专卖店则以MIS/POS系统实现数据汇集与分析。

服装市场变化快，季节性要求严，设计周期长，服装产品物料编码特殊（包括款式、尺码等），客户对时间的要求高，品牌经营有自身的特性。传统的ERP不一定适合这些特性。SAP公司于1997年开始开发的AFS解决方案针对了服装企业生产、经营的特点，在企业的实际应用中又进行了二次开发，基本满足了企业需求，并且带来了新的管理思想，开展了企业内部资源整合，优化了业务流程，达到了资金流、物流、信息流的初步统一管理，有许多经验和教训值得总结和探讨。

（二）黑龙江龙涤

黑龙江龙涤是一家大型国有控股公司，生产能力由建厂初期的1.6万吨涤纶短纤维发展到聚酯熔体16万吨，涤纶短纤维8.4万吨，涤纶长丝3.8万吨，2000年实现工业总产值24.3亿元，创公司组建以来历史最好水平。1998年开始实施ERP工程，与美国ORACLE公司签订软件合同，汉普管理咨询公司负责实施和咨询，是我国纺织行业最早应用国外大型软件的一批企业之一。该项目列入了国家倍增计划，2001年通过了全电办组织的验收。

系统以财务管理和财务分析为核心，包括订单、客户、销售、发货、采购、库存、生产计划、车间、质量管理等内容，紧密结合了企业管理体制改革，实现了企业的经营管理模式再造和业务流程重构，在信息高度共享和集成的基础上，达到了全面统一的管理，建立了有效的制约制衡机制，提高了整体管理决策水平。

企业在模式再造和重构方面下了很大力量，对企业业务流程及各类职责按照软件的要求进行了再设计。共理顺新流程105个、重新划分部科职责61个、岗位职责203个，职能部由原来13个整合为10个，人员在以前已优化50%的基础上又一次精简336人。上述管理思想及BPR（业务流程重组）的实践，使集团公司的管理模式发生了很大的变化，一个全新的公司管理模式在信息技术的支持下应运而生。

（三）广东溢达

广东溢达是港资大型棉色织企业，也是国际许多知名品牌的生产商，多年来其信息化有着良好的基础。2000年开始，与清华大学合作，以边开发边实施的方式，历时4年，完成了列入国家973计划的IIIS（集成智能信息系统），2004年6月通过验收。

该系统以ERP为基础，集订单管理、工艺管理、计划与调度、原料管理、库存管理、设备管理、质量管理、作业跟踪、成本管理为一体，可实现对松纱、复板、染色、络筒、整经、浆纱、插筘、织布、后整理等主要工序的信息采集和管理。其重点是开发了适合色织企业的生产过程动态调度系统，包括适合于色织企业的自动排单、智能分缸、工艺路线生成、作业调度管理等功能。其中计划调度系统的开发采用了分层分布式仿真技术、智能建模、智能优化算法和知识库、推拉结合的调度模式；智能分缸采用了模糊专家系统、多目标优化、多层次组批等技术，满足了企业在市场计划和调度方面精细管理的要求，取得了很好的效果。

系统的应用，显著提高了企业的准时交单率、产品质量、新产品开发能力，大大缩短了生产周期，降低了成本，产生了重大的经济效益和社会效益。

该项目特点是在 ERP 基本功能的基础上，通过进一步的定制开发，满足了色织企业大规模复杂生产的深入需求，解决了企业生产管理中的瓶颈问题，促进了智能技术和仿真技术在纺织行业的初步应用，起到了示范作用。

（四）北京雪莲

北京雪莲是羊绒行业排头兵企业，雪莲羊绒衫是知名品牌。1999 年 5 月，与中科院软件所等多家单位合作，开始实施以 ERP 为主要内容的 CIMS 工程，同时列入国家 863 计划和倍增计划，目的是实现传统纺织服装企业在生产中物流及信息流的优化管理。2002 年以厂区搬迁为契机，实现了迁往大兴新厂区的 2 个专业织厂、1 个染纺厂和潘家园管理决策中心、营销分公司和产品设计研发中心的信息系统的综合集成，2004 年 8 月通过验收。

该公司信息化建设包括 ERP 系统、动态物流系统、产品研发系统和分销系统。

在北京利玛软件公司（简称利玛）的 ERP 系统中，通过 18 个管理子系统的整合，涵盖了公司内部产、供、销、人、财、物等数据流通渠道；而与中国科学院软件所合作开发的条形码动态物流管理系统，实现从生产计划到一衫一码入库/出库全过程的控制，无缝集成 ERP 系统和生产物流系统。

该项目有两个特点：首先，系统建设强调要符合羊绒针织行业的特点，针对雪莲的业务及针织服装行业的特色，在通用 ERP 系统功能基础上，进行了行业化和个性化开发。如能够提供行业化数据组织，实现款式、款式—颜色、款式—规格、款式—颜色—规格的有效管理。提供属性化外销定制，利用工程变更、属性配置分别解决外贸新单及翻单情况。提供全程化合同跟踪功能，以方便调度，保证交货期。其次，雪莲信息化建设的目标是要实现企业各种应用的综合集成，使它们像一个整体或一个系统一样处理企业业务过程。企业应用集成不仅包括制造领域的纵向集成，也包括供应链领域的横向集成。

（五）保定天鹅

保定天鹅是位列全国化纤行业十强企业的大型企业集团。该集团的计算机网络项目一期工程于2001年开始，投资450万元，实施ERP工程。该项目作为国家倍增计划项目，采用了金蝶国际软件集团（简称金蝶）的K3软件系统，达到了预期效果，于2003年通过了全电办主持的验收。

ERP实施后，集团建立了以财务为中心，存货核算为核心的统一财务管理模式。通过财务业务一体化信息处理与共享，加强了基础管理。全部产成品库存信息可及时查询，方便了管理，满足了客户。完善了以业务为重点，以财务核算、分析为基础，以企划控制、分析、考核为手段的公司管理体系。

由于部门之间实现信息共享，减少了财务、业务人员工作量。同时存货核算系统能及时反映出物料资金占用的状况和结构，为加快企业资金运转提供准确数据。采购销售管理系统与应收、应付账管理系统一起使用，可动态掌握采购销售业务的付款和应付款，收款和应收款情况；与仓存管理系统一起使用，可以随时掌握库存信息，从而减少盲目采购，有效控制库存；与存货核算系统一起使用，可使财务部门及时掌握库存的采购销售成本，实现对采购工作与供应商，销售工作与客户的有效管理，降低采购销售成本。

突出的是，有了ERP的保障，完善内控制度就有了可靠的基础。企业的每一笔业务，不进入系统就无法实现，而一进入系统就会被财务、企划、纪检部门跟踪，全方位监控采购、销售业务，规范了采购、销售行为；另外每笔业务根据程序形成的数据，在财务部门生成相关凭证是同步的，数量、单价、金额、发票如有出入，就不能进行核销，所以私下做手脚，根本不可能，更改数据也必然留下记录。

（六）山东德棉

山东德棉是一家集纺、织、针织、印染和服装加工于一体的国有大型企业集团，下属11个子公司，分别位于山东德州、夏津、烟台、青岛和香港等地。根据集团的规划，各子公司实现了六个统一，即统一财务管理、统一大宗物资采购、统一进出口业务、统一人事管理、统一发展规划、统一信息化建设。集团成立了信息管理部，对各子公司的信息化建设进行统一规划、组织实施。

集团2001年同浪潮通用软件公司（简称浪潮）合作，经过调研，在对各子公司的生产和经营业务进行详细了解的基础上，形成了“德棉集团管理信息系统总体方案设计书”以及“概要设计书”，经过德棉方组织专家对方案设计书进行论证后，进入系统实施阶段。根据浪潮公司提供的系统设计方案，决定从棉纺行业的集团控制出发，以几个关键业务点切入，实施集团ERP系统。

系统包括11个子系统、47个主要模块，分布在集团本部、各子公司，涉及业务包括财务、供应、销售、库存、进出口业务、生产计划、工艺、质量、统计、人事、工资、办公自动化、互联网应用、电子邮局、决策支持等。该项目第一阶段在2003年成功运行后，通过提高办公效率，加速信息流、物流、资金流速度，合理调配各项资源，提高市场响应速度，取得了预期的效果，2004年通过了山东省科技厅组织的验收。其DM－ERP系统经过逐渐扩充和修改，已经初步形成棉纺织企业的推广版本，在两三家企业应用。

（七）雅戈尔

雅戈尔是服装行业的排头兵企业，拥有国内最大的西装和衬衫的生产能力和销售能力。集团在全国有162家分公司、400余家自营专卖店、2000多个商业网点。2001年，雅戈尔提出新的集团战略，在全国建立了四百多家私营专卖店。针对集团战略，雅戈尔又提出了相应的信息化战略，规划一直到2006年建立集中管理生产、零售和配送的供应链系统，由集团与中国科学院合作成立的中雅公司负责开发。

雅戈尔供应链系统以ERP系统为主要内容，包括建立零售POS系统、配送分销管理系统、成衣ERP系统、面料ERP系统等。项目实施分为两个阶段：第一阶段通过零售POS系统、配送分销管理系统、成衣ERP系统、面料ERP系统等系统整合实现；第二阶段则通过滚动供应链计划滚动预测，调整实际需求和预测订单的差异，减少呆滞和脱销，是系统建立的主要目标和核心内容。

系统经过2年多的运行，集团不但能更有效地运用资源及加快物料流转，库存量也比未实施系统前有所下降，从而达到了降低库存成本及生产成本的目的。相比系统投入运行前，因人为错误所引起的损失大大减少，员工可将时间分配至其他高增值的工作，整体效率及产品质量也因此而提升。

（八）江苏利泰

江苏利泰是江苏省国有大中型企业，属出口导向性企业，1个服装车间、2个织布车间和4个纺纱分厂均匀分布在厂区。在引入ERP前，该公司没有建设局域网，只有微机若干台，运行财务管理软件等单机版软件，企业信息化程度较低，从而影响了企业的进一步发展。

2002年该厂与北京中纺达软件开发公司（简称北京中纺达）合作，采用该公司企业管理软件的棉纺行业版，根据公司的管理模式和实际需求，选用了生产技术管理、原料管理、质量管理、成本核算、设备动力、销售管理、车间管理、供应管理及总经理查询等功能模块，共实施了20个功能子系统。既考虑了企业的行业特点，又结合了企业自身的管理模式，并将其在以下几个功能模块中加以体现。包括原料管理系统、工艺管理系统、生产管理系统、质检管理系统、设备管理系统等，以及仓库管理、成本管理、销售管理等模块，自系统投入使用以来，企业已从中得到了预期的效果。

系统应用后的效果显著，2004年初步实现全厂管理信息化；信息处理速度提高，生产统计报表提前一周生成，提高了决策的及时性和准确性；实现企业内部信息的共享和及时传递，提高了各项业务的效率。企业生产成本下降，库存减少到合理水平；管理的科学化、基础数据的准确性，保证了产品的质量；实现了工艺的智能化管理，进而为进行二期工程（实现电子商务和管控一体化）打下基础。

（九）远纺织染

远纺织染是台湾远东集团在大陆投资的第一个织染企业，具有较好的管理基础。2005年该公司决定与SAP公司、上海环思信息技术公司（简称上海环思）合作，共同实施远纺织染的信息化管理系统，由SAP公司完善远东的资金流，由环思对远东的计划、生产管理、物流等业务流程进行信息化实施，2006年完成并通过验收。

该系统包括SD（商品开发和营销业务管理）、PP（织造和染整生产管理）、MM（物料采购和仓储管理）、QM（质量管理）、IE（进出口管理）、FI（应收应付财务管理）、CO（成本管理）、EM（对测色配色系统、染机中控系统、自动称料系统、自动给液系统、验布机、自动磅秤等多种设备接口管理）与SAP账务系统整合等，建立一套规范化、协调化、理性化、透明化、信息化的管理制度，提高企业管理效率，对企业资源进行充分整合，建立快速反应机制。

值得注意的是，上海环思开发的织染ERP系统在实施过程中，通过专业的接口模块，织染ERP的业务系统和SAP财务系统可以随时相互调用相关资料，做到业务系统与财务系统有效集成。

三、ERP开发和实施中需要解决的问题

（一）生产管理是必不可少的内容

纺织企业应用ERP的初期，财务模块、进销存模块成功应用的居多，作为ERP重要部分的生产管理方面的内容，或者空缺，或者只有简单的计划和统计功能；或者定制开发，难以推广到其他企业。即使国外软件也不同程度地存在这一

问题。

纺织工业属制造业，制造业离不开生产。生产是一个过程，它贯穿于市场营销、产品设计、制造工艺、生产计划、物资供应、生产作业与控制、仓储管理和财务成本等环节。生产管理是企业管理的重要内容，包括生产计划和控制，即在拥有准确数据的基础上制定有效的计划，正确地执行计划，利用反馈信息解决执行当中出现的问题，这些都是制造业的共同点，也是企业对 ERP 的基本要求。

要适合纺织行业的应用，ERP 的生产管理模块应该考虑其行业特点。生产管理是 ERP 中复杂和困难的部分，需要在基本原理和核心模块的基础上，抓住各种生产过程、生产类型的特点和要求，合理设计，精心实施，不断完善。

（二）咨询实施要有专业化队伍

纺织企业选择了 ERP 软件之后，还必须有专业实施队伍才能保证项目的成功。纺织大中型企业中有的有信息管理部门，可以进行需求调研、方案设计、软件选型，甚至自行开发软件，但最近几年这部分人才流失严重；而大部分小企业很难有这样的 IT 专业人员，这是企业实施 ERP 必须解决的问题。

这一阶段，纺织行业有少数采用国外 ERP 软件的企业与专业咨询顾问公司合作；有的请了高校教授、业内专家做管理咨询顾问；大部分由软件厂家的技术人员承担管理咨询和实施工作。不管采取什么方式，对咨询和实施人员的素质要求较高，需要拥有行业背景、了解企业管理、熟悉软件技术，并且具备善于表达、善于沟通的职业素质。

专业化的管理咨询公司介入 ERP 实施是必要的，但是必须加强自身的咨询服务力量，提高咨询服务水平，形成科学、完善的 ERP 软件服务体系。对于知名的大型软件企业，咨询会逐步独立于软硬件产品，向企业的经营管理咨询拓展，本身就成为产品，成为品牌，成为新的盈利点。同样，与专业咨询顾问公司或行业中介组织合作也可以达到较好效果，而且成本更低。

第三节　商品化管理软件走进纺织行业

一、商品化软件进入应用阶段

在企业管理信息化的初期，纺织企业管理信息系统的建设全部采取自行开发或合作开发方式，是当时企业应用意识和软件技术水平的体现。这种有适应企业自身需求、定制开发的优势，也有开发周期长、重复工作多、水平难以提高的弊端。20世纪90年代中后期，商品化的ERP软件进入中国市场，一些国内外知名IT厂商注意规模相对较小但是数量巨大的纺织企业，为企业管理信息化提供了一个新的选择。

采用商品化ERP软件，系统有成型的总体管理模型，提供较为完善的软件功能结构，具有成熟的企业应用基础。用户个性化需求通过参数配置来解决，可以较快地在企业实施部署，符合管理软件发展的趋势。重要的是，在引进软件的同时，也引入了先进的管理理念和管理模式，企业可以根据自身情况进行业务流程的重组，尽管这样的重组存在着风险。另一种常见方式为主体采用商品化软件，或者以成熟的核心软件模块为原型，在其基础上再进行部分二次开发，以适应企业的一些个性化需求。

在上节提及的2007年对重点企业抽样中，大多数上ERP的企业采用了商品化软件。北京李宁、黑龙江龙涤采用了国外软件，选择的咨询实施单位不同，有的是软件供应商自己，有的是管理咨询公司；北京雪莲、保定天鹅、山东德棉采用了国内通用管理软件，有的又请科研院所进行二次开发，或增加了新的开发内容；江苏利泰、远纺织染则采用国内专业化的管理软件，二次开发量更大一些。

二、各类供应商适应不同企业需求

这一时期，应用于纺织企业ERP软件很多，软件供应商近百家，可谓百花齐放，为纺织行业管理信息化水平的较快发展做出了重要贡献。其中有国际知名软件商，有国内知名软件商，也有专门面向纺织企业的软件商。尽管规模不同，技术实力各异，但是各自擅长的领域，面对不同的用户群，适应不同企业的信息化需求。

（一）国外软件供应商

这一类供应商中，SAP、ORACLE、四班（FORTH SHIFT）等影响力较大的软件率先进入纺织行业。后来有英泰峡（INTENTIA）、数码纺（DATATEX）、INTEX等专门面向纺织服装企业的软件供应商相继进入，主要用户是大型化纤、棉纺和服装企业，约20多家。这些企业往往要求与国际化接轨，规范资金控制，全面提升现代化管理水平，有的实现了企业业务流程重组。用户数量虽然不多，但是在行业内造成的影响较大，示范作用较为明显。

（二）国内通用软件供应商

这一类供应商有金蝶、用友、浪潮、神州数码软件公司（简称神州数码）、新中大软件公司（简称新中大）、北京和佳软件公司（简称和佳）、利玛等。他们有的最早在国内开发财务软件，继而推出 ERP 产品；有的最早引入国外 MRPII 软件，后开发出自己的 ERP 软件。用户涉及棉纺、毛纺、化纤、针织、纺机、服装等企业，在三类供应商中用户量最多。他们的优势在于较早涉足管理软件，有多个行业的实施经验，有大量企业案例可供借鉴；有的大公司有遍布全国的销售和服务网络，可以及时有效地开展售前咨询和售后服务等工作。有的供应商如金蝶、浪潮等也通过并购、开发等方式形成自己的服装、棉纺织等企业的软件版本。

（三）国内专业化软件供应商

还有纺织行业内外的许多技术开发单位发挥各自特长，积极开发专门面向纺织企业的软件产品。有北京中纺达、北京希门信息技术公司（简称北京希门）、北京同灿软件公司（简称北京同灿）、北京维富友科技发展公司（简称北京维富友）、上海环思、上海百胜软件公司（简称上海百胜）、北京和创科希盟技术发展公司（简称北京和创科希盟）、北京银河泰克软件公司（简称北京银河泰克）、杭州开源、杭州爱科、浙江华瑞信息资讯公司（简称浙江华瑞）、常州企友软件公司（简称常州企友）、南京亿格软件公司（南京亿格）等。这一类供应商数量最多，熟悉行业情况，与企业有密切联系，能够在生产管理等方面投入开发力量，满足企业的一些个性化需求。有的与国外供应商合作，承担生产管理方面的二次开发工作。

三、行业版本有利于应用和推广

（一）行业版本受到企业欢迎

纺织行业管理信息化发展 20 多年，行业细分需求特点日益明显，棉纺织厂、印染厂、针织厂和服装厂之间差异很大。商品化 ERP 体现了先进的管理思想和理论，是一个符合科学标准的成熟的软件产品，但是也不可能覆盖所有细分行业，不能满足不同产品生产、不同工艺流程的行业化要求。因此，ERP 这种面向制造业企业、面向生产过程的软件应该形成自己的行业特点，行业化成为其发展的必然选择。只有树立行业化的概念，ERP才能更具有针对性、实用性，从而降低实施风险，提高成功率。

与大而全的通用系统相比，行业化软件系统具有开发周期较短、升级换代快、实施容易等特点；但由于是按特定行业、特定工业领域设计，具有非常贴切、细致、准确的管理功能，符合行业的管理需求和生产流程，因此功能利用率高，也更加受到企业的欢迎。

（二）软件供应商行业化战略见成效

一些国外ERP供应商已经开始行业化推广战略，如SAP公司于20世纪90年代末推出了服装鞋业解决方案AFS，国内企业有北京李宁、安莉芳集团（简称安莉芳）等采用；2006年，罗盛（LAWSON）公司（简称罗盛）完成了对英泰峡（INTENTIA）公司（简称英泰峡）的收购，将业务范围从保健、零售业延伸到了服装业。与国内专业化软件供应商合作，也是实现行业化的一种方式。

国内通用软件供应商也已经开始了行业化工作，如金蝶收购服装行业软件公司广州齐胜电子公司，将其行业经验与技术整合进入金蝶产品线，为服装行业提供财务和生产一体化的解决方案；浪潮提出了“631标准”，即60%是通用功能，30%是行业标准，依据不同的行业需求确定，10%是客户化内容；用友公司提出了基于标准化、行业化、个性化的“大规模个性化交付模式”。这些都是有远见的举措，有利于其软件在纺织行业应用。

而对于国内专业化供应商，往往专注于细分行业，如北京希门面向纺机企业，浙江华瑞面向化纤企业，上海百胜、北京维富友、银河泰克、杭州爱科面向服装企业，杭州开源面向印染企业，和创科希盟、常州企友面向棉纺企业，各自形成了独特的优势和自己的用户群。他们本身就具有深厚的行业基础，正在致力于采用更加先进的开发技术和管理方法，通过不断的案例积累，逐步形成具有行业特点的商品化软件，而不仅仅是对个案的开发。

第四节　技术改造推动信息化项目

在20世纪末大规模结构调整、扭亏解困的基础上，21世纪以来，纺织工业进行了大规模技术改造，进口国际先进技术装备，用国产成套设备淘汰了落后设备，纺织装备的自动化水平大大提高，大大缩小了与国际先进水平的差距，基本达到20世纪90年代国际水平，部分新设备达到当代先进水平。另一方面，纺织行业按照党中央科学发展观的要求，提出了纺织工业落实可持续发展，实施低碳纺织、绿色纺织的战略目标，对化纤、印染等行业的节能减排提出更高的要求，推动这些行业的信息化项目与技术改造密切结合，达到了新的高度。

一、化纤行业注重管控一体化

化纤行业为纺织工业提供工业化原料，生产设备自动化程度高，其产品对下游各个行业都造成很大影响。最关注的问题是保障生产的安全性，以及提高自动化水平，节约能源消耗，减少污水排放等方面，历年来对信息化投入较高。

随着化纤生产线的规模生产能力和生产效益的提高，化纤生产线向高速、大型化、连续化方向发展。吉林化纤集团（简称吉林化纤）、连云港钟山氨纶公司（简称连云港钟山）、新乡白鹭、宜宾丝丽雅化纤公司（简称宜宾丝丽雅）等企业实现了集中分布式控制（DCS），有的实施了管理信息系统。其发展趋势是全厂DCS系统组成控制网络，并与管理信息系统集成，形成一个管控一体化的综合信息网络。

（一）连云港钟山

连云港钟山是我国20世纪80年代末建设的第一批氨纶生产企业，生产能力由最初的数百吨发展到数千吨。为了达到新的工艺要求，提高氨纶生产系统自动化控制水平和生产过程的管理水平，公司于1999年开始对原有的控制系统进行改造创新，在四期工程采用日本横河公司最新的适用于中小规模控制的分布式控制系统（DCS）取代原有的控制系统。作为纺织行业的技术改造项目，得到了国家的资金支持。该项目于2000年立项并投入建设，并在2001年竣工，控制系统的建设工作也同期全部完成。

该系统为CENTUM CS1000型，结构简单紧凑，具有高可靠性，具有较强的数据采集、统计与处理功能，直观的图表显示方便了公司领导和技术人员及时了解生产情况并做出有效决策。此外还具有历史趋势记录显示和实时流程图显示功能。由于采用先进的模块化结构，降低了成本，增加了维修的方便性，同时拥有对外部计算机的开放性接口，与公司的管理系统进行连接。

（二）宜宾丝丽雅

宜宾丝丽雅是西部地区唯一生产黏胶长丝和棉浆粕的大型化纤企业，2000

年已形成年产38000吨黏胶长丝，35000吨棉浆粕的生产能力。其生产过程自动控制系统是国家倍增计划项目，于2002年12月完成，2003年8月通过全电办组织的验收。

该项目覆盖了公司黏胶产品生产的全部工序，包括黄化计算机自动控制系统、自动过滤控制系统、变频供胶控制系统、压洗在线检测和计算机自控系统、烘干温度计算机控制系统、精炼压洗、烘干DCS控制系统、原液DCS控制系统、动力锅炉DCS控制系统、纺丝电锭变频控制系统等系统。与国内其他化纤厂的自动控制系统相比，覆盖面广，功能多样，投资规模大。分别与多家开发商和供应商合作，取得了很好的效果。

该项目自投产以来，设备运转状况良好，对保证生产的长期、安全稳定、均衡起到了积极的促进作用。如原来丝丽雅产品在国内市场上仅处于三档水平，项目实施后，质量大幅跃升。公司产品整体从第三档提升到第二档，平均售价明显提升。另一方面，对提高公司整体技术装备水平，节能降耗，降低事故隐患，提高生产效率，增加经济效益等方面，都起到了重要作用。

二、印染行业解决绿色化技术

印染行业处于整个纺织产业链的中端，产品对于提高纺织品面料的质量、档次和附加值，提高我国纺织品国际竞争力起着关键作用，其清洁生产、绿色纺织品、环境保护等问题都格外引人注目，绿色化成为信息化的重要指标，印染生产过程自动检测和控制技术、印染行业清洁生产的自动化工业平台等是需要重点突破和急待解决推广的关键技术。

印染企业中，华纺股份有限公司（简称华纺股份）、青岛凤凰印染公司（简称青岛凤凰）、远纺织染、安徽中天印染股份公司（简称安徽中天）等企业应用了在线生产检测和控制系统、能源自动监控等系统，注重了与ERP系统的连接，为“十一五”印染行业信息化开了个好头。

（一）华纺股份

华纺股份是大型综合纺织印染企业，年生产能力2亿米，销售收入20亿元，自营出口创汇1亿美元。企业十几年来一直不断探索信息化在企业生产、营销和管理等方面的应用，特别是2007年提出“数字华纺”项目在印染行业有很大影响。

随着国际市场竞争不断加剧，华纺股份面临一系列的问题需要解决，而靠传统办法基本无法实现突破，只有依靠信息技术来解决。在生产设备普遍更新改造之后，提出了更高的要求，将重点放在提高生产线自动化水平，产品升级换代和企业管理现代化上。

"数字华纺"项目的主要目标是应用信息技术，建成覆盖整个公司的综合信息系统，实现企业生产过程控制、优化、调度、管理、经营决策一体化，不断提高企业的综合竞争能力。主要研究内容包括：产品设计数字化、企业管理信息化、生产自动化和营销网络化等内容，并开始了 ERP、在线生产检测控制系统、能源自动监控等系统的实施。其实施重点是印染企业生产制造过程自动监控、节能减排智能化、跨技术领域的集成控制等方面，热回收和热能的综合利用、自动配碱和淡碱回收系统技术上具有特点。

该项目的成功实施为企业在提高产品质量、降低制造成本、节能减排等方面带来显著经济效益，明显提高了企业的管理水平。信息化是推进企业进一步发展并实现突破的最有效手段，节能减排是企业新的经济增长点，潜力巨大。

（二）安徽中天

安徽中天是我国大型棉麻类服装和家纺面料印染加工企业，拥有具有国际先进水平的 5 条染色和 2 条印花生产线，具备年产 5000 万米棉麻服装和家纺面料的生产能力，2007 年产值达 3.25 亿元，实现利税 2150 万元，出口创汇 2100 万美元。

该公司 2006 年起实施国家"倍增计划"支持的综合信息系统项目，重点是 MES，主要内容包括 ERP 和生产线 DCS 之间的车间生产过程的数据采集、处理及生产作业计划的实施；生产过程的监视与优化分析。2008 年 3 月通过全电办组织的验收。

该项目根据纺织印染行业的生产特点，技术方案以信息集成为基础，以工艺控制为重点、以管控一体化为核心，工艺参数在线检测和模糊控制专家知识库两项关键技术的突破，初步解决了印染企业存在的在能消、污染、成本等方面的问题。通过实时信息技术和制造执行系统，达到了各控制单元的信息整合，实现了 ERP 系统对车间执行层进行适时动态管理，有效地提高了车间执行层的调度、协调、控制能力，实现了从订单下达到产品完成整个生产过程的优化管理和实时监控，提高了计划的实时性和准确性以及市场应变能力。该项日在节能降耗方面效益明显，其中包括节约用水、节约用电、节约标准煤、节约化学药剂用量等。

第五节　公共服务平台面向中小企业

一、纺织行业公共服务平台开始建设

纺织企业绝大多数是中小企业，人才匮乏、需求多样、信息滞后、资金不足、管理基础薄弱，自己建立信息系统存在困难。为他们提供公共的、专业化的信息技术服务，形成公共服务平台，是对资源的优化利用，也是他们变劣势为优势的有效途径，在纺织行业中尤为重要。

政府相关部门对服务于中小企业的公共服务平台十分重视，相继出台了一些支持的政策措施。2005 年信息产业部批准的行业化公共服务机构和软件企业中，纺织行业有中纺网络信息技术公司（简称中纺网络）、杭州开源、杭州爱科、浙江华瑞、绍兴轻纺、银川汇成科技公司（简称银川汇成）、天津市天纺科技公司（简称天纺科技）、南京亿格等多家企业上榜，比例最大。

行业组织在这方面投入了力量。中国纺织工业协会推进以发改委纺织专项资金项目——“纺织行业公共信息服务平台”建设为核心的行业公共信息服务体系建设，实现行业信息资源的有效整合与信息共享。2006 年，“纺织行业公共信息服务平台”项目建设按照计划进行，实现了“中国纺织经济信息网”与 10 余个产业集群地网络的互联，完成了主要应用系统的设计开发，实现了一定范围的信息共享。

二、服务平台在产业集群作用明显

在纺织工业发展迅速的浙江、江苏、广东等产业集群地区，中小企业密集，也是行业化信息技术服务机构活跃的地区。他们在细分行业拼杀了多年，积累了较为丰富的行业经验，为周边的中小企业提供的服务不仅是网络服务，还有大量的信息服务，如国内外的服装设计图库、织物花型库、专业市场的价格行情；软件产品服务，如 CAD 软件、管理软件；技术服务，如 ERP 实施、上门的定制开发；咨询服务，如信息化规划、可行性分析等，非常受欢迎。其成功主要是体现了行业化的特点，满足了企业的细化需求，比一般性的服务平台更有吸引力。

纺织产业集群中面向中小企业的服务平台具备了多种形式：一般性的跨行业

平台提供一些通用化的，共性的服务；差异性的行业化服务则必须依靠专业化公司，将网络平台服务、信息服务、技术服务和提供软件产品、提供整体解决方案结合到一起，才能切实满足中小企业的需求，推进信息化建设持续健康发展。

由于我国纺织产业集群和中小纺织企业数量众多，推广应用服务平台是中小企业尽快实现企业信息化应用的理想方式，能够有效地促进集聚辐射效应的提升，进而促进区域纺织经济的发展。

三、信息化服务有前景

广大纺织中小企业的信息化建设由于受到经费预算少，专业技术人员缺等问题的困扰，使得行业整体信息化的普及率一直比较低。面对 ERP 需求与日俱增的形势，在这种情况下，每个企业支付一大笔钱，引入单独的管理系统是不现实的，企业信息化服务平台可以有一定的发展空间。比如软件服务模式（SaaS）中，软件厂商和平台运营商将应用软件统一部署在服务平台上，而用户可以根据自己实际需求，以服务费的形式支付相应的软件使用费，并通过互联网获得相应的服务。

前一阶段这一类服务的推广效果没有达到预期，除了企业诚信、信息安全等问题外，从技术方面分析，若只能提供一般性的业务处理功能，不能满足中小企业行业化需求和差异化需求也是重要原因。

随着新一代信息技术的发展，云计算等技术的广泛应用，必将从基础设施层面提供强大支持；纺织工业的服务化转型，行业化生产性服务业的兴起，都会造就巨大的发展空间。信息化服务平台应用的不断扩大，与其他应用系统的融合日益密切，发展成为“云平台”，形成“云服务”，必将在纺织信息化建设过程中发挥越来越重要的作用，有着越来越乐观的前景。

第六节　电子商务开始起步

一、多家网站涉足纺织电子商务

在 2000 年前后，就有一些大型纺织进出口企业开通了电子商务网站，许多提供行业信息服务的网站也尝试开展了电子商务服务。据 2003 年的一次调查，国内涉足纺织的电子商务网站有一百多家，其中B2B是纺织行业电子商务的主流。企业通过内部信息网络和外部网站将面向上游供应商的采购业务和下游代理商的销售业务有机联系起来。它们有两种形式：一种是传统企业的B2B应用，如湖北美尔雅公司、北京铜牛针织集团（简称北京铜牛）、宁波杉杉等，企业网站上都有交易功能；另一种是建立统一的网络信息平台，为企业采购或销售牵线搭桥，进行调配，从而获取交易佣金和增值性服务收入。这些网站有数十家，如中纺网络、纺织在线、东方纺织网、浙江的全球纺织网、新天地纺织商务等，但是业务还没有进入成熟期，整体上还处于投入阶段。

这一阶段，纺织行业电子商务应用主要是B2B模式。从技术上看，一些电子商务平台具备了必要的功能，包括组建纺织产业的信息数据库，建立纺织品交易平台，实现会员网上认证（CA）、整理产品目录，处理交易订单，完成网上洽谈，实现货物配送，到货确认等。

如中纺网络2003年建立了企业电子商务平台，提供B2B交易服务。针对我国出口导向型纺织生产企业迫切需要现代营销手段的特点，具有发布销售信息和采购信息、自动撮合、在线询盘与还盘、网上拍卖、反向拍卖（竞价采购）、合作信息发布、贸易助手、市场分析等功能，并统一了各大类产品（纱线、面料、家纺、服装）属性，运用国际通用的海关HS编码唯一对应于每一种产品。为保证纺织行业电子商务系统的建设，有关的行业标准与规范也要进行制订，包括《纺织行业电子商务产品分类与编码》《产品属性描述标准》《纺织行业电子商务交易规则》等。

二、行业加大推进电子商务的力度

2005年是全面取消纺织品服装配额的第一年，我国纺织品服装贸易额快速增长。面对国际市场巨大的机会和挑战，纺织行业加大了推进电子商务的力度。

在中国纺织工业协会发布的《纺织工业科技发展纲要》中，将纺织品服装电子商务通用平台列为重点攻关的行业共性关键技术之一，要求结合纺织行业特点，以纤维、纱线、面料和服装等产品为对象，遵循流程简捷、技术可靠、操作合理、交易规范的要求进行纺织电子商务平台的开发和应用，建立并推广符合国际惯例和通用规则的电子商务编码体系，使纺织企业通过互联网进行信息发布、检索、在线交流、市场分析等，待发展成熟后在行业中推广。

2005年9月，中国纺织工业协会召开国际物流与电子商务推进大会，本着切实推进物流与电子商务等配套服务与产业需求紧密结合、共同发展的宗旨，提高对纺织业电子商务服务、物流服务、供应链管理的认识、理解与应用，促进电子商务服务、物流技术与产业的紧密结合与创新发展，建立多种形式的电子商务平台，建立渠道采购、网上交易、信息服务、社会化储存、商业配送、多式联运等为一体的高效、优质增值服务体系，提高纺织服装产业发展速度与协同发展水平。

在纺织产业集群地区，活跃着许多电子商务网站，如中国纺织网、全球纺织网、针织网、化纤网等，它们借助区域经济发展的优势，贴近像中国轻纺城这样的大市场，吸引了较为固定的用户群，也获得了经济收益。如在浙江、广东、江苏等地，许多企业在提供信息服务和技术服务的同时，开展了专业性电子商务平台建设，为广大纺织中小企业服务。如浙江华瑞的纺织电子商务项目，就被列为发改委电子商务专项，给以重点支持。这一类行业性服务平台，面向产业集群，完全市场化运作，有着很好的发展前景。

就总体而言，这一阶段的纺织电子商务仍然处于起步阶段，B2B业务开展范围有限，交易额都不大；服务型电子商务平台上企业用户数量有限，真正盈利的不多。而电子商务后来的发展出乎预期，是淘宝、京东这样的直接面向广大消费者的网购平台发展更快，带动了纺织电子商务的大发展。

第五章　两化融合阶段（2007—2012）

第一节　两化融合的行业落地

一、纺织信息化进入两化融合新阶段

2007年10月，胡锦涛同志在党的十七大报告中指出，要“全面认识工业化、信息化、城镇化、市场化、国际化深入发展的新形势新任务”，特别是首次提出了“信息化与工业化融合发展”的崭新命题，充分反映出十六大以来党中央对信息化的认识不断深化，对信息化重视程度不断提升。“五化并举，两化融合”对今后我国的信息化发展产生了重大而深远的影响。从此之后，纺织信息化进入了两化融合的新阶段。

我国纺织工业在保持多年的高速增长的同时，遇到了一系列新的挑战。2008年下半年以后，国际金融危机对我实体经济的影响显现，纺织业遭遇外需下降、内需减缓的双重压力，行业遭遇到较大的困难。2009年4月，国务院公布了《纺织调整振兴规划》，并出台了配套的扶持政策，极大地鼓舞了纺织行业战胜国际金融危机所带来困难和实现中长期可持续稳定发展的信心，对行业经济较快的企稳回升发挥了重要作用。

纺织工业在这一时期努力转变发展方式，加快结构调整和产业升级，大力推进科技攻关和科研成果产业化，加强自主品牌建设，注重行业的可持续发展，积极构建公共服务体系，培育新的经济增长点，从而推动提高纺织工业的创新能力。

《纺织调整振兴规划》明确指出：“大力推动企业信息化建设，推广适合化纤、纺织、印染和服装等重点行业特点的企业资源计划（ERP）管理系统、电子

商务系统等。”从国家层面明确支持行业化ERP和电子商务发展这是第一次，有着极其重要的意义。

二、信息化新技术体现两化融合发展趋势

中国纺织工业协会在《纺织工业科学技术发展纲要》28项关键技术和10项成套装备的基础上，于2007年制定了《“十一五”纺织行业科技攻关和产业化项目指南》，信息化自主创新的重点包括：适合纺织各个细分行业的ERP系统；纺织行业电子商务平台；服装企业集CAD、CAM、CAPP、PDM和管理营销网络为一体的通用系统平台；纺织工厂生产信息监测和管理系统等。在新型装备领域，还包括自动制网、数码印花、印染生产过程在线检测等技术。

随着“十二五”的临近，中国纺织工业协会于2010年11月发布了《纺织工业“十二五”科技进步纲要》，是指导“十二五”时期全行业科技进步的指导性文件。其中，与纺织行业相关的信息化技术的开发和应用，是纲要的重要部分。行业共性技术单独列为“纺织信息化技术”的大类，有5项研发技术和2项推广技术；子行业专用技术列在纺纱织造、印染、服装、纺机等大类中，有3项11子项研发技术和15项推广技术。这充分体现了“两化融合”的发展趋势。

研发攻关技术包括：面向生产制造层面的制造执行系统（MES）、以ERP为核心的企业信息系统综合集成、面向纺织专业市场的电子商务系统、面向行业宏观决策层面的宏观决策支持和知识库系统，以及物联网技术的应用。推广技术包括：适合纺织行业的ERP系统、纺织中小企业管理信息化服务平台。

第二节　信息技术与纺织装备紧密融合

一、纺织装备技术水平大大提高

自从国家提出了“工业化与信息化融合”的发展战略，信息技术发展迅速，应用日益广泛，纺织企业的信息化需求也逐步走向深入。在推进企业信息化的过程中，机械装备的自动化、数字化、网络化是基础，起着十分重要的作用。而各种信息技术与装备的融合日益紧密，在线监测、自动控制、信息网络等高新技术

广泛应用，大大地提高了装备的技术水平。《纺织调整振兴规划》以国家专项的形式，大力支持纺织工业的自主创新和技术改造，在纺织设备水平的提升方面有了明显的效果。

纺织装备在多年开发应用的基础上取得了一系列可喜的成果，如东华大学和浙江东方星月公司开发的数字化地毯簇绒系列成套设备、江南大学开发的数字化经编生产关键技术、北京华科拓公司开发的浆纱机上浆率在线智能检测与控制系统、上海和鹰机电科技股份有限公司（简称上海和鹰）开发的服装面料自动裁剪机都获得产业化推广，在保证产品质量，提升产品附加值方面发挥作用，从而加快行业实施技术改造的步伐。

二、细分行业应用更加深入

纺织装备及其控制系统、监测系统都发生了一些新变化，出现了一些新趋势。这些变化体现在信息技术日益深入地应用到生产工艺、生产过程和生产装备当中，细分行业的应用更加深入，尤其在棉纺、印染等领域。

在棉纺行业，青岛环球集团（简称青岛环球）的粗细联合智能全自动粗纱机系统，由全自动落纱粗纱机和粗细联输送线等配套设备组成，应用了 RFID 等技术，实现了从粗纱纺纱到自动落纱的全过程自动化和生产管理信息化，获得了很好的市场回报。

印花领域的数字化设备有了突出进展。浙江大学等高校与杭州宏华数码科技股份有限公司（简称杭州宏华）合作，开发了高速数码喷射印花机，解决了一般数码喷印机印花速度较慢的瓶颈问题。该设备可以对最大幅宽 3. 2 米的织物进行 8 色高精度喷射印花，速度每小时可以达到 1000 平方米，该项目 2012 年通过浙江省科技厅的验收，已经应用于国内外多家企业，取得了极为显著的效益。

产业用纺织品发展很快，但装备智能化水平还有待提高。杭州爱科开发了智能产业用纺织品切割设备，按设计要求进行优化排料和快速切割，适用于大跨度大幅面的工艺要求，应用于航空、航天、建筑、游艇、汽车等软性材料切割，节省了原材料，提高了产品质量和生产效率。

三、应用集成开始受到关注

纺织企业信息化应用除了企业管理信息系统之外，还包括产品设计和工艺系统、生产在线监测系统、生产过程控制系统等，涉及多种应用系统。但是这些应用系统大部分处于信息孤岛的状况。只有实现了集成，如ERP能够接收监测系统实时采集的数据，才能保证基础数据采集面，大幅度提高信息实时性和准确性，实现更大范围的信息共享，最终起到优化配置资源的作用，提高企业生产管理、绩效管理水平，这在“十一五”期间受到了重视。

设备生产商在应用集成方面有自身优势，其信息化系统可以与自己的设备无缝连接。但是国内纺织企业的同一生产车间要生产的产品不同，生产设备型号各异，新老设备并存，管理模式也有很大的差别，这就需要探讨如何增强系统的适应性，能够在不同企业和车间快速实施。因此，第三方的系统集成商正在发挥更大的作用，加大人力、物力的投入，重点研究不同机台设备的接口和数据标准，提供面向不同行业、不同需求企业的解决方案，提高系统的集成化水平。再加上在项目实施和后续服务方面的优势，显示出很大的发展空间。

第三节　MES突破生产制造管理瓶颈

一、MES的行业应用开始起步

ERP等应用是纺织企业管理信息化的重点，得到了较好推广。随着企业信息化的不断深入，纺织企业精细生产管理的要求越来越高。在ERP和底层设备控制系统之间的车间管理层，逐渐成为上下沟通的瓶颈。许多企业转而寻求专业化开发商，开发针对生产制造管理的专用软件，为制造执行系统（MES）的应用开辟了空间。

在21世纪之初，纺织行业的MES应用处于起步阶段。纺织企业多年来应用的棉纺织厂自动监测系统、服装厂车间生产物流系统、印染厂生产过程集中管理系统等都属于MES的内容。由于长期被看作不同的应用系统，不能做到综合集成，往往成为信息孤岛，作用没有得到充分发挥。

一些国外厂商，如比利时巴可（BARCO）公司、瑞士立达（RIETER）公司、瑞士乌斯特（USTER）公司、日本丰田（TOYOTA）公司、村田（MURATA）公司、印度普瑞美（PREMIER）公司的系统和技术已经开始瞄准国内市场。他们的技术相对成熟，产品商品化程度高，但对生产设备要求较为严格，有的只应用于本公司设备，而且产品和服务价格偏高，其实施服务能力也难以满足国内企业的个性化需求，国内市场推广一直进展缓慢。

国内专用监测系统厂商大多数起步晚，形成产品不多。其中北京经纬纺机新技术有限公司（简称经纬新技术）的棉纺监测和管理系统与经纬纺机的设备配套；江阴鼎峰网络通信公司（简称江阴鼎峰）在针织企业拥有较多用户；杭州开源、佛山航星科技公司（简称佛山航星）、佛山华高自动化设备公司的印染集中监控管理系统技术日渐成熟；厦门软通科技有限公司（简称厦门软通）、无锡华明自动化技术公司、陕西长岭纺织机电科技公司（简称陕西长岭）等公司着力开发棉纺织设备监测系统；惠州市天泽盈丰物联网科技股份有限公司（简称惠州天泽盈丰）的服装生产管理系统得到较好应用；北京铜牛将车间物流管理技术推广到服装企业。

车间生产调度系统是MES的一个重要方面，成功应用还不多。清华大学和北京华科拓智能科技公司合作开发的智能生产调度系统，具有生产数据实时采集、多层次作业计划的智能制定与实时智能动态调整、订单生产全过程跟踪/预测和控制等功能，在棉纺织企业开展了应用试点。

二、物联网渗透各个领域

物联网技术的应用是实现MES必不可少的基础条件，已经列入《纺织工业“十二五”科技进步纲要》，在多年相关技术应用的基础上，已经逐步渗透到纺织工业的各个应用领域，加强了在线实时采集和处理数据的能力，可以更加精细和以动态的方式管理生产和物流，扩大信息化系统的覆盖面，提高系统的使用效率和资源利用率，提升行业整体的信息化水平。

MES实施过程中大量使用物联网中RFID技术和其他传感技术。它在生产线各个环节的应用可以达到实时的信息管理，灵活的生产调度，准确的跟踪，实现对MES的有效支撑，从而避免人为失误造成的延误和损失，很大程度地提高产品质量和合格率，监测能源消耗和废弃物排放，提高生产的绿色化水平和车间的管理效率。

将物联网扩大应用到生产线之外的仓储和物流系统，可以大大加强ERP的效能，帮助企业减少短货现象，缩短交货期，实现差异化生产，准确跟踪物流信息，从而达到降低成本、提高效率的目的，达到精细化管理的目的。RFID的全面应用，更是从根本上改变了企业的管理模式。

广东溢达采用 RFID 技术，从棉花的采摘、加工、到包装检验，遍布全国多个省市的生产企业和原料基地通过互联网及时沟通信息，省去了人工检查、统计的时间，大大提高了效率；洛阳白马、无锡一棉纺织集团（简称无锡一棉）、天津纺织集团等棉纺织企业对纺纱、织造等设备实施了在线数据采集系统，提高了对生产过程的实时监控能力；华纺股份等印染企业建立了染色生产和能源系统的实时监测网络，为节能减排发挥了重要作用；福建劲霸时装公司（简称福建劲霸）在其成品仓库和专卖店采用了 RFID 技术，通过电子标签进行实时数据采集，与总部实现及时信息共享和沟通，解决了仓库管理和供应链管理中长期存在的问题；青岛红领集团有限公司（简称青岛红领）、雅戈尔、九牧王股份有限公司（简称九牧王）等服装企业这方面的应用都取得了很好效果；江阴启新纺织公司（简称江阴启新）、江苏丹毛纺织公司（简称江苏丹毛）等企业对针织设备进行网络化连接和实时监制，提高了生产效率。

三、相关开发商致力于应用推广

国内纺织企业对 MES 的理解和认识还有待提高，需求还需要引导和培育，类似 ERP 那样的应用普及和推广的过程必不可少。一旦他们意识到 MES 所能取得的经济效益，市场潜力会十分可观。一些开发商从“十五”后期开始致力于 MES 的应用推广，已经见到了一些成效。

（一）经纬新技术

该公司的棉纺设备网络监控与管理系统（e 系统）先在无锡马山工厂试点，在完善扩充功能的同时，主要致力于应用推广。2010 年已在江苏悦达集团（简称江苏悦达）的盐城纺织厂、天虹纺织集团的绥宁和越南分厂完成安装，有六家企业正在实施。

该系统应用于棉纺生产企业的车间设备的实时数据采集和处理，包括生产管理、电量管理、质量管理、车间管理、辅助设备（空调、空压、照明）管理等功能，覆盖了经纬纺机的成套设备组成的生产线，将清花设备、梳棉机、并条机、精梳机、粗纱机、细纱机联网。以在线采集的数据为基础，实时显示设备的状态，如按班组、员工、品种自动统计上百种报表；实时记录设备状态，包括细纱机的落纱次数、落纱时间、落纱长度；设备速度过高、CV 值过高的报警等。

除了对生产设备的监控外，还包括视频监控系统、电力监控系统、温湿度监控系统、辅助设备监控系统，将各种信息集成在一个平台上。

（二）厦门软通

该公司的织机联网监测系统较早开发成功，面向市场。该系统不仅适用于国产和进口的各种喷水、喷气、剑杆、片梭织机，还扩展到细纱机、络筒机等纺纱设备，以及化纤、印染等生产的数据实时监测。由于扩大了应用面，可以对不同品牌、不同型号的粗纱机、细纱机、浆纱机和织机信息进行综合分析。

该系统具有多种功能，能够直观地反映单台织机的停机状况，为调机提供有效的数据；即时反映整个车间的设备运转状况，反映档车及机修的能力表现；能随时查询或打印单机的累计班、日、月运转效率，并分析单机的性能；能随时打印单机的运转与停机记录，为调机提供参考；报表能分机组反映该机组档车工作的效率；能够客观地显示单机的转速，并与考核计划比较；可选择任意时间、任意机台打印各种报表；能够存储5年以上的数据供查核、分析；通过统计员对品种信息的录入，结合转速计算出生产产量；通过产量的计算，可计算出预测了机的时间；通过产量计算和消耗定额，可自动计算出每班、日、月的原料消耗；可自动扣除停水、停电时间，可人工输入了机、待料时间；可显示机台品种的各种信息；可查看品种、经纬纱批号、了机、待料、车位的分布情况等。

该系统在厦门东纶公司（简称厦门东纶）、山东鲁泰纺织股份有限公司（简称山东鲁泰）、福建百宏集团（简称福建百宏）、晋江向兴织造公司（简称晋江向兴）、万兴隆集团等企业取得应用，有的是老机改造，有的替代了原来的日本监控系统。

（三）惠州天泽盈丰

惠州天泽盈丰作为服装信息化技术服务商，开发了基于RFID技术的服装实时数据采集和生产管理系统（ETS），对生产进度、产品质量、半成品流向、操作工绩效进行有效管理，提升了企业信息化水平。

ETS通过RFID实时采集生产现场产品的数量、生产时间、品质、交收、非本位等数据，储存在中央数据库；实现了生产任务进度控制、生产物料追踪、生产品质监控以及生产核心环节实时监控调度等功能；同时对数据进行实时分析与处理，将生产现状与问题实时呈现在管理人员面前，并结合生产计划与货期提供预警与指引，以使工厂实现生产平衡、进度满意、品质提升、货物流向清晰的智能化管理。

到2010年，该系统已经推广到海内外100多家企业，主要包括针织、梭织、内衣等行业的企业，如香港晶苑集团、广东溢达集团、福田实业集团、临沂富士针织公司、常州艾贝服饰公司、中山霞湖世家公司等。

（四）江阴鼎峰

该公司原本从事环境监测系统等领域，2006年起涉足纺织行业，致力于针织大圆机MES与自动化控制、在线监测、自调匀整装置的开发，成功应用于江阴启新等企业。

该系统包括大圆机设备运行状态监控、订单排产与生产过程监控。其实现方式是：每个机台安装一个摄像机，以及一个数据采集器，采集转数、转速、停机时间、停机次数、累计停机时间、累计停机次数等原始数据，并根据ERP预先设定的参数计算出开机效率、较机效率，同时计算产量。连接摄像机的监控中心的每24个画面与24个数据采集器合用一台硬盘录像，联入公司内部计算机网络，在此基础上研制了相应的数据采集器和视频监控、数据采集分析软件。同时，每个车间都可以装有公共广播系统，监控人员可通过广播系统，及时通知操作人员。

（五）陕西长岭

该公司长期以来生产纺织仪器仪表，近年来开发了织机网络监测系统和清纱器监测系统等用于纺织企业的生产监测与管理系统，并应用于多家企业。

ZJW－1是针对喷气织机的专用监测系统，通过车间网络，可以实现的功能包括：织机状态实时监测；单班、单日及月产量汇总统计；分类信息查询、报表汇总；生产过程分析、织机故障统计。该系统以一台工控机作为上位机，采用Windows2000操作系统，SQL Server2000数据库，可与互联网连接。

清纱器监测系统收集电子清纱器的产品数据、质量管理数据和维修保养数据，对络筒工序的产量、质量进行管理。

四、MES体现行业特点

与ERP相比，MES尽管在纺织行业还比较陌生，但是行业特点更加鲜明。除了要求数据的实时性之外，MES必须与各行各业特有的工业生产设备紧密结合，必须体现特有的生产制造管理特点。国内钢铁、石化企业研究开展了MES应用，形成了一些商品化系统，但是纺织行业的情形有很大不同。

我国纺织工业的特点是细分为多个行业，产业链由原料到最终消费品，上下游衔接紧密，包括棉纺织、印染、针织、服装等行业，具体到每个行业的需求都存在差异性。因此，MES开始投入应用后，就体现了细分行业的特点。

（一）棉纺织行业深入现场监测管理

棉纺织厂自动监测系统在生产现场对生产过程中的产量、质量等信息进行在线采集和处理，对象主要为织机、细纱机、络筒机等，也包括实验设备仪器。近年来，如无锡一棉、五环集团、洛阳白马等企业建立了织机自动监测系统并投入应用；天津纺织集团以整体搬迁为契机，做出了监测系统的总体规划，确定了技术方案，使信息化上了一个新台阶。一些企业借建设新厂的机会，为全线的进口纺纱织布设备配置了数据在线采集装置，准备建立覆盖全厂的监测系统。国内一些高校和企业致力于这方面的产品开发，但大多数尚未实现产品化，更没有形成主导产品。

车间生产调度系统是MES在棉纺织行业的一个重要应用。国外软件未见有使用，而国内软件还处于开发和试点阶段，智能化生产调度模型的研究是关键技术。

以上技术都列入了《“十一五”纺织工业科技攻关和产业化技术指南》。

（二）服装行业侧重车间物流管理

车间物流管理系统在服装（包括针织）企业应用较多。像条形码系统加快发展的趋势明显，可以实现流程卡管理、在制品追踪管理、现场物料管理、仓库管理、出货管理、包装监督、售后服务等，并及时地向ERP提供数据，保证了基础数据采集面。由于自动测量和通信技术的快速发展，无线网络、RFID等技术走向实用，引起服装企业的关注。企业需要的是行业适用的、可靠的、达到产业化水平，且性价比较高的数据采集和处理技术。

在北京市科委支持下，中国科学院软件所、清华大学参与，北京雪莲、北京铜牛等企业开展了MES试点；福建劲霸、九牧王等企业也开展了这方面的应用，并取得了进展。

（三）印染行业关注生产过程集中管理

印染厂的生产过程集中管理系统用于染色机和定型机集中管理，可以实时监测染色机工作状态，包括启动、停机、参数更改、报警等；设定生成批次的参数，处理后下载到控制器；可显示和打印各种图表。还可以与其他控制系统如配料系统等连接，也可以与企业ERP联网上传数据。不仅稳定工艺过程，提高产品质量，还可以节能降耗，有利于清洁生产。

这一类应用企业较多，软硬件产品化水平相对较高，急需解决的是实现集成，达到管控一体化，重点突破过程自动检测和控制技术、印染企业清洁生产自动化工业平台等关键技术，杭州开源、山东大学等单位在这些方面做了许多工作。

第四节　信息化推动绿色化发展

一、印染行业是绿色化发展的重点

随着国家推进资源节约型和环境友好型社会建设进程的加快，对节能减排工作的推动和监管力度不断加大，环保排污要求日益严格，淘汰落后生产能力的力度不断加大。另一方面，企业原材料和能源成本大幅度上升，大大增强了企业开展节能降耗的内在动力。因此，生产装备和过程的自动监测、自动控制无疑是最直接的手段，尤其在印染、化纤等行业受到各界关注。

印染行业处于整个纺织产业链的中端，产品对于提高纺织品面料的质量、档次和附加值，提高我国纺织品国际竞争力起着关键作用，其清洁生产、绿色纺织品、环境保护等问题都格外引人注目，绿色化成为信息化的重要指标，印染生产过程自动检测和控制技术、印染行业清洁生产的自动化工业平台等是需要重点突破和急待解决推广的关键技术。从 2007 年起，历届纺机展览会上印染设备的空前繁荣也印证了这一点。

作为开发商，德国智达公司、杭州开源、常州宏大电气公司（简称常州宏大）、西安德高印染自动化工程公司（简称西安德高）、佛山航星、黄石宏翔机电科技公司的印染厂集中监控系统技术日渐成熟，用户有较大增长。比如印染在线采集系统，以节能降耗为主要目标，通过对不同布种在机台上水、电、汽等数据的采集，核算单位能耗成本，在解决印染厂普遍存在的高能耗问题方面取得初步成效，对印染行业技术进步和管理水平提高也有示范价值和促进作用。

二、关键技术走向产业化

一些绿色化关键技术一直是印染行业亟待解决的问题，对于提高纺织品质量和档次、节能降耗、治理污染至关重要，大部分能够直接为企业创造效益，在行业存在广泛需求，企业具有较强的投资意向。由于涉及各个细分行业的生产制造过程，行业特征明显，达到产业化水平的相关产品和服务还不多，但是有很大的市场提升空间。

（一）印染生产过程在线检测系统

在印染的前处理、丝光、染色、蒸化、定型的过程中，某些工艺参数（如温度，液位，丝光机和练漂联合机的双氧水浓度和碱浓度，染色机的色差，定型机的织物表面温度等）的在线检测转换和及时控制处理，是印染行业多年来攻关的关键技术，包括检测色差、碱浓度、双氧水浓度等参数的传感器件研制等。目的是改善面料的染整质量，降低染化料消耗和用水量，达到较高的工艺稳定性。

（二）印染生产过程集中监控和管理系统

印染厂的生产过程集中监控和管理系统用于染色机和定型机集中管理，可以实时监测染色机工作状态，包括启动、停机、参数更改、报警等；设定生成批次的参数，处理后下载到控制器；可显示和打印各种图表。还可以与其他控制系统如配料系统等连接，也可以与企业 ERP 联网上传数据。不仅稳定工艺过程，提高产品质量，还可以节能降耗，有利于绿色制造。

（三）印染自动化生产平台

根据影响印染产品品质的关键参数，开发染整专家系统，制定科学的染整工艺和配方，集成为自动化生产平台，对染色生产过程中各加工工艺的关键点和关键的工艺参数进行自动化控制。如研究坯布的种类和退浆浸渍槽的溶液的液面高度、碱液、双氧水、渗透剂、抗氧化剂等因素对坯布的毛效及白度的影响；研究布料特征、布料走动速度、处理液成分、处理液中各助剂浓度之间的关系，确定最优化补偿方法，使各助剂浓度维持均匀且状态稳定等。通过建立该平台，实现节能降耗和智能生产。

（四）数码喷液印花系统

省去了传统工艺描稿、制片、制网、雕刻等一系列工艺和设备，由计算机根据 CAD 系统提供的花型数据，直接控制喷射染液的设备给织物印花。能及时向客户提供小样，方便地组织小批量、甚至单件生产，花色随心所欲，又节省染化料，实现了绿色生产。目前需要突破的包括印花速度、专用染液、高速喷头等技术。

三、印染行业应用较多的信息化系统

（一）杭州开源的开源印染在线采集系统

通过加装各种传感器，对印染厂大部分设备，如染缸、轧染机、织机、印花机等，进行实时数据采集；通过对关键设备加装水、电、汽数字显示仪表和数控阀门，由计算机根据历史生产数据，按照产品种类和工艺要求，进行能耗优化计算，然后动态发送指令，对这些机台、设备进行能耗控制。

系统分为现场层和管理层（Web）：现场端有实时数据显示、动态曲线显示、异常报警和处理等功能；Web 端有生产作业管理、工艺设置、生产计划、数据操作、查询决策等功能。可生成机台产量、生产成本分析、车间生产日报、订单异常分析、生产能力分析、生产负荷分析、计件工资等报表。

该系统可以作为独立的生产监测和管理系统运行，也可以作为企业 ERP 的一部分。

（二）常州宏大的印染在线检测和生产过程管控系统

系统在公司各种在线检测系统的基础上，由数据采集模块和工业以太网组成，用于染整设备的集中管理。可以实时检测生产过程中的车速、产量、水电汽消耗、染料助剂消耗等参数，监控烧毛机、退煮漂设备、丝光机、染色机、定型机、预缩机和磨毛机等的工作状态，可以得到某一订单在各个机台处理的效率及能耗，并分析出此订单从坯布到成品的总成本，总结出同类订单所产生的成本差异。系统还具有参数集中显示、统计分析、历史数据存储和打印等功能。

该系统采用工业以太网，机台上装有操作显示终端，并可与 ERP 联网。

（三）西安德高的染整参数网络监控系统

系统由数据采集模块、现场总线网络和监控计算机组成，用于染整设备的集中管理。可以实时检测生产过程中的温度、速度、压力、pH 等参数，监测染色机工作状态，并具有参数集中显示、统计分析、历史数据存储和打印等功能。

该公司还开发了染整前处理过程烧碱浓度自动测量系统等。

第五节　服装信息化水平较快提升

一、《纺织工业“十二五”发展规划》突出服装信息化

服装行业是我国纺织工业中最具国际竞争力的行业，企业数量多，直接面向

消费市场，具有市场化程度高、集群经济活跃等鲜明特点，当前由于经济形势的变化，转型升级势在必行。在多年来推进两化融合的过程中，由于服装行业本身的一些特点，长期以来信息化基础薄弱，如缝制等生产环节的数字化、自动化一直是个难点，亟待有所突破。

《纺织工业"十二五"发展规划》中强调：加强服装企业信息化集成制造系统和大规模定制技术的开发与应用，推广服装和家纺企业自动化、数字化、信息化生产工艺技术。这是行业规划中第一次突出服装行业信息化应用。2007 年以来，人体三维测量、服装用人体数据库、服装自动裁剪、服装大规模定制、模板自动化等一系列新技术应用加快，成效显著；在服装设备自动化方面，开发出自动钉扣的自动化缝制单元、智能吊挂系统、自动整烫系统、全自动烘干系统、自动折叠包装系统；自动化仓储系统开始在企业应用，初步形成了现代服装制造和物流系统。信息技术在企业普及应用，信息化水平迅速提高，到 2012 年更是涌现了一批优秀成果。

服装电子商务是服装信息化的重要内容，由于淘宝、京东等交易平台的快速发展，更是成为热点，在 2012 年服装网上销售 3050 亿元左右，同比增长 49.9%，占当年全部网上销售的四分之一，大大高于实体店服装零售的增长。传统品牌企业的电子商务表现更加活跃，网络品牌企业线下服务和供应链管理能力进一步加强，电子商务正逐渐成为新型的服装营销模式。

二、信息技术得到推广应用

国际金融危机之后，由于国际服装贸易市场需求下降，服装加工企业的竞争日益加剧，从另一个方面促使我国服装企业加快了技术设备更新的步伐，加快了信息技术的推广应用。服装设计、生产制造信息化推动了我国的服装出口由单纯的 OEM 方式向 ODM 方式快速转变，提升了我国服装出口的国际竞争力，降低了企业因劳动力成本上升产生的经营风险，提高了企业产品质量，同时也为大规模定制等新型生产模式奠定了技术和应用基础。

（一）CAD 等技术得到应用普及

在 20 世纪 90 年代大面积推广的基础上，CAD、CAM、CAPP 及其相关设备得到更为广泛的应用，CAD 技术在规模以上企业的普及率接近了 100%，并形成多个具有自主知识产权的产品。这一期间，开展了《服装 CAD 电子数据交换格式：版样数据》《服装CAD电子数据交换格式：排料数据》等相关一系列标准和规范的制定，方便了不同CAD系统之间的数据交换；进行了CAD系统与其他设备、系统（如CAM、服装模板）接口的开发，注重了设计与生产系统的集成和整合。

（二）人体测量技术和数据库系统开发成果显著

实现自动化人体数据采集技术，是服装企业突破传统技术模式的一个瓶颈。针对我国服装企业的要求，开发了以人体数据库系统模块化设计与组合为重点的数字化三维人体测量设备，以规模型服装企业为主要用户。如苏州大学、上海和鹰合作推出了4分钟快速成衣系统，实现了从三维人体测量到服装CAD/CAM的无缝连接。2012年，由苏州大学主持并构建完成的《中国服装用人体信息数据库》项目，通过中国纺织工业联合会鉴定，对实现智能化人体信息数据的产业化应用提供了良好的技术支撑。

（三）专用装备自主开发能力提高

通过引进意大利、德国、美国、日本等国家的服装加工设备，经过消化吸收再创新，我国已经基本实现了缝制、整烫、吊挂、洗衣等关键设备的国产化，并在龙头企业推广应用；在与CAD配套的国产化输入输出设备方面，如全自动铺布机和系列化自动裁床（CAM系统）也实现了国产化，另外，在鬃毛垫工艺、裁割智能刀具控制系统及刀头行走控制精度、系统的元器件技术等方面达到国际水平。

（四）管理信息化水平不断提升

规模以上服装企业应用ERP的比例达到近10%，其中出口加工ODM方式的企业应用比例较高，行业排名前10位的骨干企业ERP应用已经达到较高水平，特别是供应链管理系统为服装上下游产业链的协调发展，起到越来越明显的作用。雅戈尔、上海美特斯邦威服饰公司、福建七匹狼集团（简称七匹狼）、九牧王等国内大型的品牌服装企业几乎全部启动了适合自身发展需求的ERP系统。国内从事ERP开发的企业既有专门从事纺织服装行业的软件开发的企业，如北京中纺达、上海环思、上海百胜、北京维富友，也有SAP、罗盛、金蝶、用友等大型软件开发商。

以RFID为核心的物联网技术在企业管理、企业仓储、物流配送、产品营销中的应用，受到不少企业的关注并开始技术储备，一些有实力企业RFID研发和应用取得一定突破。

三、设备和软件供应商不断推出新产品

（一）上海和鹰

上海和鹰在多年来开发服装自动裁床的基础上，研发了三维扫描、数控裁剪、智能吊挂、智能仓储系统；加上现场信息管理解决方案（MES）、制衣工艺分析系统等，可以为服装智能生产提供智能化、网络化生产解决方案，为服装的个性化定制、快速成衣、提高生产效率、提升产品质量、节省人力提供可靠的技术保障。

该公司推广的“衬衫快速成衣系统”通过快速的人体扫描和数据分析准确得出一系列尺寸，节约了时间、金钱，减少误差，测量结果可通过计算机直接输送到纸样设计和自动化裁剪系统，实现人体测量、纸样设计和排料裁剪的连续自动化。

（二）上海威士机械有限公司（简称上海威士）

上海威士一直生产自动熨烫机、吊挂系统等服装设备。新近开发的衬衫自动缝纫集成系统，由六个缝制工作站组成，分别是自动锁眼、自动钉扣、自动输扣、自动打褶过肩、袖口自动暗缝、自动贴袋。在原单头单机的基础上开发出了三垂直压紧装置、纽扣检测装置、纽扣平移旋转装置、袖口六工位旋转工作平台、智能裁刀控制系统、自动折袋机构、自动收料机构等辅助装置和控制机构，多道工序一次性完成，节省了大量的辅助时间，生产效率较传统做法提高了50%~300%。同时提高了缝纫品质，降低了对工人技能的要求和劳动强度。

（三）宁波圣瑞斯服装机械公司（简称宁波圣瑞斯）

圣瑞斯公司自成立以来，一直专注于服装生产悬挂系统的研究开发，另有半自动服装物流运输系统（手推线）、自动服装物流运输系统（电动线）、智能服装立体仓储系统、服装数字车间工位系统、托盘管理系统等。为客户实现从裁片到成衣生产过程自动化、信息化管理及运输、分拣、存储提供全方位服务。

该公司产品线涵盖工业生产数据实时采集系统、智能生产与后整吊挂系统、智能物料配送系统、智能生产分拣系统、智能仓储与物流系统、大数据集成系统、智能生产辅助机器人系统、缝制自动化专用设备八大系列。

（四）天津宝盈电脑机械有限公司（简称天津宝盈）

天津宝盈是一家专门从事服装生产设备和信息化系统的企业，其代表性产品

为全自动模板缝制系统，为服装设计师在缝制线迹方面提供了创新的空间。其功能实现是通过CAD软件与两台机械设备无缝对接完成的。它主要分为三个部分：

（1）模板CAD根据裁片数据可自动产生模板加工数据和模板缝制线迹数据，模板加工单元和自动模板缝制单元共享模板CAD的数据，完成利用模板功能的自动缝制任务。

（2）模板加工单元：突出了对机器本身及工作环境的保护，新产品通过对关键部件的防护以及改变原有激光切割机的材料，使机器使用寿命大大增加。

（3）模板缝制单元：机架结构从传统的单头创新为可多头同时缝制，缝纫面积由原来缝纫机弯臂内侧的单侧移框变成了前后的无制约移框，使理论上的缝制面积增大，最大可省去约60%左右的人工。

（五）上海嘉纳纺织品科技有限公司（简称上海嘉纳）

上海嘉纳开发了服装三维测体试穿系统，包括三维测量及人体数据处理、三维服装设计系统、三维虚拟试衣平台和虚拟服装走秀系统，可以使用移动智能终端，并已作为产品应用到多家服装企业和相关院校。

该系统包括以下功能：

（1）三维自动测量：三维人体自动测量系统TRIP能够将数据自动导入CAD系统。通过度身打板模块，自动生成样板。

（2）在线试穿：运用在网络商城，将消费者的身体数据输入形成虚拟化身，从而方便消费者进行服装搭配，而且可以直观看到服装穿着在身体上的效果，避免买到之后出现号型不合适的现象。

（3）移动智能终端应用：将JIANA CLO应用在智能终端，方便消费者随时随地进行操作。

（4）虚拟服装走秀：运用JIANA CLO系统将做好的虚拟服装穿着在虚拟化身上，制作一场虚拟的服装发布会。

（六）银川汇成

银川汇成是宁夏汇川服装公司的下属软件开发企业，有多年定制服装业信息化系统的经验，一直将服装企业大规模定制技术作为研发方向。

在大规模定制生产中，批次多、件数少，不同批次、不同款式的服装较难保持做工质量的一致性，而服装CAPP是进行服装生产工艺辅助设计的工具，它向生产过程发出了制造过程的工艺说明文件，用以明确表达加工方法，以确保制作工艺、做工质量的一致性。汇川公司以大规模定制生产模式为主，运用“归号”及CAD/CAM/CAPP等多项技术组合，对单量的西装、职业装的量体数据分类汇总，先达到较高的号型覆盖率，再对7%左右进行单裁处理，大大提高了效率，降低了成本。其团体大规模定制产品占到总产量的65%以上，产销率提高至93%，与其他企业相比形成了显著的竞争优势。

银川汇成的服装CAPP软件、服装归号系统等产品，在其他服装企业中得到了广泛应用，也被部分纺织大中专院校选为专业教程。

第六章　两化深度融合阶段（2013—2017）

第一节　信息化为行业转型升级提供新动力

一、纺织工业步入新常态

这一时期，随着外部宏观形势及内在发展方式发生重要变化，世界经济持续复苏乏力，我国宏观经济发展步入增速换挡、结构调整、动力转换的新常态，经济增长速度明显放缓，经济结构优化成为经济发展的最重要支撑。

与21世纪初期的高速增长相比较，纺织行业经济已逐步放缓至中速增长，多数经济指标由两位数降至一位数，纺织品服装出口在一段时间内出现了负增长。产业结构优化与发展质量提升对于行业经济增长的拉动作用则更加凸显，纺织行业转换发展阶段、加快转型升级的特征日益明显，步入了一个转型升级的关键时期。

要完成“十二五”“十三五”发展规划的任务，实现2020年建成纺织强国的目标，就是要坚持产业结构调整，转变发展方式，将创新的活力、管理的能力和市场的潜力相叠加，形成转型升级的新动力，打造纺织产业升级版。行业保持稳定增长的重要基础是在产业结构调整基础上的运行质效提升。加快行业信息化建设，提高生产自动化智能化水平，提升企业精细化管理能力，创新市场营销模式都是提升运行质效的重要途径。

二、国家层面推动两化深度融合

（一）中央做出两化深度融合的战略部署

2010年10月，十七届五中全会在制定第十二个五年规划的建议中提出：全面提高信息化水平，推动信息化和工业化深度融合，加快经济社会各领域信息化。这是两化深度融合概念的首次提出。2012年11月，党的十八大做出了坚持走中国特色新型工业化、信息化道路，推动信息化和工业化深度融合，工业化和城镇化良性互动、城镇化和农业现代化相互协调，促进工业化、信息化、城镇化、农业现代化同步发展等一系列战略部署。

2017年10月，习近平同志在党的十九大报告中，提出了分两个阶段建成富强民主文明和谐美丽的社会主义现代化强国的宏伟目标，其中重申了要推动新型工业化、信息化、城镇化、农业现代化同步发展，强调了要加快建设制造强国，加快发展先进制造业，推动互联网、大数据、人工智能和实体经济深度融合。

（二）《中国制造2025》突出两化深度融合主线

2015年5月，国务院发布《中国制造2025》，是中国政府实施制造强国战略第一个十年的行动纲领。该文件指出，要以加快新一代信息技术与制造业深度融合为主线，明确了两化融合在整个制造业转型升级中的重要地位，也是我国制造业所要占据的一个制高点。在两化深度融合的重点任务中，智能制造被定义为主攻方向，为制造业经济增长提供重要推动力；紧接着是“深化互联网在制造领域的应用”，推动互联网相关技术与制造技术融合发展。

（三）一系列政策文件出台

为了落实党中央提出的战略部署，相关党政部门密集地出台了一系列支持两化深度融合的政策。2013年8月，工业和信息化部（简称工信部）出台了《信息化和工业化深度融合专项行动计划（2013—2018年）》，明确提出了八项专项行动计划，其中标准体系建设、示范企业推广、中小企业服务、电子商务发展、智能生产制造、互联网创新等都与纺织行业密切相关，是今后几年纺织信息化发展的重点领域。2016年7月，中办、国办发布了《国家信息化发展战略纲要》（简称《战略纲要》），立足于我国信息化建设进程和新形势，明确了新的指导思想、战略目标、基本方针和重大任务，从增强信息化发展能力、提高信息化应用水平、优化信息化发展环境三个方面对未来信息化发展方向做了明确规划。其中，“提高信息化应用水平”的相关内容与纺织信息化最为密切。

与此密切相关的还有《积极推进“互联网+”行动的指导意见》《深化制造业与互联网融合发展的指导意见》《智能制造发展规划》《深化“互联网+先进制造业”发展工业互联网的指导意见》等一系列文件，从多方面对两化深度融合进行引导，也为纺织信息化建设提供了战略性的指导。

三、纺织信息化走向深入

2016 年 9 月，工信部印发《纺织工业发展规划 2016—2020 年》（简称《纺织“十三五”规划》），其中强调了要实现两化融合能力增强，成套智能纺织技术装备实现产业化应用，形成纺织各专业领域智能制造系统化解决方案；要推动互联网、大数据、云计算、物联网在纺织行业融合应用，促进要素资源优化配置，推动制造模式和商业模式创新。

在中国纺织工业联合会制定的《纺织工业“十三五”科技进步纲要》中，提出了要重点突破的信息化技术，包括数字化设计技术、智能化生产及管理技术、电子商务和物流信息化技术、互联网相关技术的应用，涵盖了“十三五”期间纺织行业从设计、生产、管理，到物流、营销等各个环节。

我国纺织工业具有创新发展的良好基础，具备产业链配套完整和成熟的竞争优势。在新常态的大环境下，要按照中央“十三五”规划建议的要求，进一步提高两化深度融合的水平，加快发展先进制造技术，使新产业新业态不断成长，迈向纺织产业的中高端水平，冲刺建设纺织强国的战略目标。

第二节　智能制造成为转型升级的突破口和重点

一、培育试点示范是实施智能制造的有效途径

智能制造是制造业转型升级的突破口和重点，各级政府也将其作为做强制造业的抓手，并继续给予专项支持。2016 年 12 月，工信部、财政部印发《智能制造发展规划（2016—2020 年）》，明确了“十三五”期间我国智能制造发展的指导思想、目标和十大重点任务。工信部从 2015 年开始，每年设立智能制造综合标准化与新模式应用专项，评选智能制造试点示范企业，山东康平纳集团有限公司（简称山东康平纳）、青岛红领、宁波慈星股份有限公司（简称宁波慈星）、浙江报喜鸟集团有限公司（简称浙江报喜鸟）、江苏大生集团有限公司（简称江苏大生）、安徽华茂等十几家纺织企业相继入选。

就纺织行业的现状而言，选择和培育试点示范是实施智能制造的有效途径。《纺织“十三五”规划》强调了推进纺织智能制造工程，在基础条件好的重点细分行业，选择需求迫切的骨干企业，围绕智能化生产线、智能化工厂（车间）等主题，开展不同模式和不同技术方案的试点示范，形成有效的经验，在全行业推广。

二、数字化、智能化装备取得进展

数字化、智能化装备是智能制造的基础，也是网络化连接的基本单元。这一阶段，纺织装备普遍采用了数字化控制技术，如PLC、数字信号处理芯片、工业控制计算机，变频器、伺服控制器也很普遍，许多配置了网络接口和在线监测装置。新近开发的如陕西华燕航空仪表公司（简称陕西华燕）的喷气涡流纺纱机、中国恒天立信国际有限公司（简称恒天立信）的高温气流染色机、杭州宏华的自适应数码印花机、宁波慈星的全成型织可穿电脑横机、杭州爱科的真皮智能裁剪机，以及常州五洋纺织机械公司的高速双针床经编机、江苏凯宫机械公司的高效精梳机、青岛环球的全自动落纱粗纱机等设备都达到很高的数字化、自动化水平，也具备了一些智能化功能。

（一）陕西华燕的喷气涡流纺纱机

陕西华燕研制出新型涡流纺纱机，配备了智能化控制系统，具有实时采集、统计分析、质量在线监测等功能，可以在线控制纱线张力，自动接头，自动落纱，自动清洁；可实时监控整机的运行状态，并具备远程监控的功能。该产品打破了国外公司对涡流纺技术的垄断，提高了国产化设备的自动化水平。

（二）恒天立信的高温气流染色机

在自动化、数字化基础上，有的染色设备具备了智能化功能。如公司的高温气流染色机采用智能化模型，精准地将温度控制在±0.3℃，并可以适应染缸内的温度偏差；安装了IIR智能水洗系统，应用在洗除浮色阶段。通过传感器采集生产数据，通过数学模型计算和分析各种颜色在水洗过程中的变化，建立水洗指数，达到要求即自动结束水洗，使设备具有优化的水洗功能，既节省用水，又提高了染色的重现性和稳定性，也有利于提高染色一次成功率。

（三）杭州宏华的自适应数码印花机

浙江大学、杭州宏华等在原有数码喷印机的基础上，开发了新型智能化的图像自适应精准印花机。可以在提花或绣花面料上，通过高精扫描、花型识别，获取面料的图案。再根据设计的花型，在面料上精准对位，进行叠印印花。其产品既有绣花提花织物的层次效果，又有印花的丰富色彩，形成了一种全新的纺织产品，并率先在十字绣行业推广应用，取得了极为显著的效益。

（四）宁波慈星的全成型织可穿电脑横机

该机型包含了复合针和储纱针等创新技术，可实现3D织可穿、嵌纱、同行超难结构及嵌花等复杂组织结构编织，一次成型织出无缝的针织产品。除橡胶罗拉、开放式机头及导纱器独立工作设计，还增加许多新功能结构，真正实现3D编织的所见即所得。其独特成圈质量可保证即使很脆弱纱线也可达到随意调节织物紧密度要求，能随季节变化实现不同针距编织。

（五）杭州爱科的真皮智能裁剪机

考虑到真皮面料形状不规则并有疵点的特点，开发了光源扫描摄像装置，先扫描面料，自动识别；建立了不规则真皮排料的数学模型，再按照形状进行优化排料，并避开疵点，选择切割的最佳路径，最后自动裁剪、收料，整个过程都在流水线上连续完成。该设备应用于航空航天、服装、交通运输、家居、鞋业等领域的柔性切割加工，已用于十几家企业，并出口多个国家。

三、智能化产品刚刚起步

纺织工业的产品大多数是最终消费品，智能服装是最典型的代表，“十二五”列为基础研究项目。随着高新技术的快速发展，智能服装作为智能穿戴产品的一部分，开始走入人们的视野，各种应用有望渗透到包括通讯、医疗、防护、运动、军事、娱乐等领域，有一定的发展潜力。当下仍然处于探索阶段，主要开展一些领域基础性研究，新产品的试用和宣传。下一步要加强产学研结合，开展关键技术攻关，加快科研成果的转化，使产品真正走向市场。

如北京创新爱尚家科技公司（简称爱家科技）的石墨烯材料智能服装。用多种纤维混纺而成的石墨烯织物具有可控发热的特点。该公司将石墨烯织物嵌入服装，着重开发了服装的智能模组与手机等智能终端的通讯与数据传输的硬件和软件，并建立了应用服务平台和大数据分析系统。该产品已经与恒源祥等服装企业合作，解决了电子器件植入服装的标准、工艺和质量检验问题，生产了保温、保健服装等试验性产品。

四、生产过程智能化的投入最大

生产过程智能化是纺织智能制造备受关注并且投入最大的领域，包括面向各道纺织工序的智能制造技术，在单机自动化、智能化的基础上，实现设备联网和在线监测；进而推进纺纱、织造、印染、服装生产制造在智能环境下的综合集成，形成纺织全流程的数字化智能化生产线，并在此基础上不断积累和完善相应的知识库和专家系统。

经过几年来的努力，在纺织工业的多个生产环节都取得了明显的进展和显著的成效。如山东华兴纺织集团有限公司（简称山东华兴）、江苏大生的全流程纺纱生产线，覆盖了从开清棉到并条、粗纱、细纱、络筒的纺纱生产全过程；杭州开源的印染 MES 系统，对染色生产工艺在线检测、自动控制及自动配送进行全方位管理；山东康平纳的全自动筒子纱染色生产线，包括染料助剂自动配料和筒子纱自动输送，实现了自动化、连续化生产；上海和鹰开发了从人体三维测量到服装 CAD、三维虚拟试衣、自动剪裁、吊挂缝纫的服装全过程生产系统。

（一）山东康平纳的全自动筒子纱染色生产线

该公司与中国机械科学总院合作，开发了中央控制的全自动筒子纱染色生产线。该生产线包括中央控制系统、物流系统、自动调湿机、染料自动称量加料系统、助剂计量输送系统、高温高压筒子纱自动染色机、全自动离心脱水机、微波烘干机、元明粉纯碱自动称量系统、热能回收系统等 10 部分，实现了筒子纱染色过程的集中控制和智能调度，提高设备利用率 10%～15%。其中的中央控制系统具有单机设备状态监控，参数设置、存储、修改和传输，生产线状态显示、远程监视和故障诊断、报表浏览打印等功能；物流系统由移载车、自动天车、机器人和无动力轨道组成，具有在线检测、工艺自动控制、机械手自动操作及远程诊断等功能，实现了纱卷、纱笼、托盘及元明粉、纯碱等物品的自动传输。

该系统可应用于 30～100 吨/日筒子纱自动化染色，生产工序间可做到无缝连接，实现生产现场无人化。目前，康平纳生产线已应用到 10 余种原料的纱线染色，在印染行业产生很大影响。已经应用于山东鲁泰等企业，2014 年获得国家科学技术进步一等奖，具有重大的示范作用。

（二）山东华兴的环锭纺全流程生产线

山东华兴的纺纱生产线规模为 5 万纱锭，粗纱、细纱及络筒组成粗细络联一体纺纱系统，年产各类高档新型生物材料混纺纱6000吨。

该项目实现了对国内外不同供应商设备和系统的全流程综合集成，建成了从原料投入到成品入库的自动化生产线，其中开发了在线监测信息系统、条筒AGV输送系统、细纱单锭检测机构、细纱接头智能导航系统、筒纱智能包装与输送系统等。还开发了环锭智能纺纱管理系统，实现了柔性化生产管理，生产质量在线检测和分析；建立了多维质量数据分析模型，采用逆向动态追踪技术实现产品的生产过程及进度追踪，对产品质量可进行追溯；通过综合数据分析进行决策支持。

该项成果已实现产业化应用，取得了十分显著的经济效益和社会效益，对棉纺行业的转型升级具有重大的示范作用。

五、管理和物流智能化齐头并进

随着智能制造的不断开展，企业数据的实时性、完整性、准确性不断提高，必然要求管理更加准精确、更加高效、更加科学，进而要求提高管理智能化水平。智能化物流系统是全流程智能化生产线的组成部分和连接各个环节的纽带，可以提升整条生产线的自动化、智能化水平；生产过程智能化要取得经济效益，必须与管理智能化系统集成，通过管理决策支持功能来实现。因此，纺织智能制造除了生产制造之外，包括了管理和物流的智能化。

纺织行业的企业管理信息化起步早，应用面宽，具有很好的基础。大中型企业ERP应用已经达到一定比例，综合集成应用也在“十二五”期间作为关键技术开展攻关。近期的主要进展是强化了与生产制造系统的集成，达到信息共享；另一方面，应用了像云计算、移动互联等新一代信息技术，开发了新模式、新功能，扩展了应用面。

物流信息化建设是《纺织工业“十三五”科技进步纲要》中4项共性关键信息化技术之一，且近年来发展迅速，受到多方面关注，是信息化领域最突出的亮点。

企业生产物流信息化系统位于各类生产线的后端，如自动落丝/落筒，识别与输送、堆垛拆垛、自动包装、出入库等，使用了自动传送带、机械手、AGV小车，自动化程度很高，某些环节具有智能化功能。应用于棉纺、化纤企业，大幅减少了用工，降低了劳动强度；便于对产品的跟踪管理，保证和提高了产品质量；应用立体仓库后节约了占地面积，提高了产品出入库效率和管理准确性。重要的是，作为将来纺纱、化纤长丝全流程智能化生产线的组成部分和连接各个环节的纽带，可以提升整条生产线的自动化、智能化水平。

北京机械工业自动化研究所（简称北自所）最早于2014年在化纤企业开发落丝和输送系统，近年来水平有了较大提升，用户企业已有十多家；经纬纺机、青岛环球等有实力的纺机企业很快介入，推出棉纺企业的筒纱输送包装物流系统，推广前景较为乐观；北京中丽制机工程技术有限公司（简称北京中丽）、济南领驭节能工程公司（简称济南领驭）、江阴华方新技术科研公司等也开展了这方面的工作。

（一）北自所的化纤全自动物流与仓储系统

北自所是国内知名的自动化领域研究开发单位，其化纤全自动物流与仓储系统包括全自动落丝系统、自动包装系统和自动仓储系统，多年来应用于化纤行业，如盛虹集团、桐昆集团、恒力集团、吴江佳力高纤公司（简称吴江佳力）、福建百宏集团等多家用户企业。

全自动落丝系统能适应多种生产状况，可完全替代人工落丝。目前单套系统最大可以满足每条线96个位、8个品种，95吨/小时（FDY）和150吨/小时（POY）的生产能力。近两年内又开发了悬挂式落丝系统，占地面积小，后期维护成本低，省去了机器人工序，适合于新厂建设。

化纤自动包装系统实现了DTY、FDY、POY丝卷从加弹机或卷绕机下线之后，到码垛完成的全自动化处理，主要工艺包括：丝卷上线、自动称重、外观检测、自动裹膜、自动分拣、分类装箱、封箱打包、分类码垛。

自动仓储系统适用于涤纶、锦纶等产品的仓库，实现了立体库存出入库和管理。

（二）青岛环球的筒纱自动包装物流系统

该公司在开发了粗细联合智能全自动粗纱机系统之后，又于2016年推出筒纱全自动包装物流系统，已经应用于魏桥纺织股份有限公司（简称魏桥纺织）、临清三和纺织集团（简称临清三和）、山东华兴等企业。

该系统包括筒纱的自动识别输送、堆垛、拆垛、视觉检测、称重筛重、多方式自动成包、自动装箱、整包（箱）称重贴标、打包、码垛、入库出库等功能。可以使用编织布、纸箱、热缩膜、缠绕膜等多种包装形式，也可以共线运行；可以对筒纱品种自动识别跟踪，追溯一对一；采用视觉识别技术全过程质量监控，能自动剔除不合格筒纱。

第三节　定制化服务逐步开展

一、电子商务拉动个性化定制

近年来随着电子商务的兴起，服装等消费品个性化定制业务逐步走向实际应用，纺织行业的定制化服务在多个领域逐步扩展，既是互联网从商业领域向制造领域的延伸，更是纺织工业实现服务型制造转型的重要途径和模式创新。其主要内容是基于信息化技术的服装、家纺、印花产品的个性化定制、依托互联网的新型制造模式，实现委托外包，远程控制，协同生产等。

制造企业依托基于互联网的个性化定制平台与用户实现深度交互，让客户更多地参与设计开发，达到产品充分个性化；企业的设计、生产、供应链管理、服务体系与个性化定制需求相匹配，有更加柔性化的生产设备和信息化系统支撑，以降低成本，提高效率。

二、制造企业纷纷涉足个性化定制

受蓬勃发展的网购市场吸引，国内许多服装企业集团开始探索个性化定制，有的已经取得了不错的进展，如青岛红领、宁波慈星、报喜鸟、泉州海天材料科技股份有限公司（简称泉州海天）、广东爱斯达智能科技有限公司（简称广东爱斯达）等企业。这些企业在开展定制化业务前已经具备稳定的面辅料供应关系，或者掌握较全的服装设计、生产和销售的供应链，积累了丰富的经验，具有自己的品牌，资金实力较为雄厚。它们在快速反应生产线和信息化系统上投入较高，大都创立了自己的互联网定制化平台。除了线上销售以外，线下体验店可以展示面料、工艺和成品，提升定制品牌的知名度和影响力。

（一）青岛红领

青岛红领是最早涉足个性化定制的服装制造企业，在行业内有很大影响。其网络化量身定制平台（MTM）多年来应用于男西装个性化定制，平台运用工业化手段制造个性化产品，将传统服装企业的效益提高 2 倍以上，经过升级改造，2014 年 8 月正式上线运营，并开拓了大量国际业务。消费者在青岛红领自己创立的“酷特魔幻工厂”APP上预约量体，量体师只用5分钟采集身体19个部位24个数据，自主选择面料、花型、刺绣等几十项细节，产品从西装、衬衫扩及大衣、马甲、鞋品和箱包。

在其后台，则有功能强大的信息化制造系统支撑。2015年又有新进展，依据大规模样板库，以订单信息流为核心，任务分配给计算机网络控制的多个柔性加工单元组成的分布式制造系统，实现了快速响应，而在其后台，则有功能较强的信息化系统支撑。

（二）宁波慈星

宁波慈星开发了“织可穿”针织毛衫定制平台，开发了智能化身体尺寸采集系统，使用专用扫描仪设备对消费者或者照片进行扫描，采集身体数据。消费者在定制平台上根据模板列表进行个性化选择，还可以通过平台配套的虚拟现实（VR）毛衫试穿系统，看到3D效果的预览定制结果。

该公司采用电脑横机一体成型、自动缝合、智能化熨烫等设备和技术实现快速定制，消费者可实时跟踪订单状态。通过互联网平台，加盟的织造工厂可以随时获取、按需使用的毛衫款式、制板软件、织造工艺单和设备改造等服务。并以此平台为中心，通过EC、ERP、SCM、MES等系统，整合加盟设计师、纱线等原料供应商、物流配送、经销商等资源，将设计、生产、营销以及供应商等各大系统进行连接，形成包括产品设计、订单受理、工艺制板、原料仓库、织造生产、半成品仓库、缝制生产、去污柔软、整烫定型、质量检测、成品仓库、物流等环节的产业链，实现众包设计、生产链供应管理、可追溯订单交付、个性化柔性定制的全流程服务。

（三）报喜鸟

2015年以来，报喜鸟建立了西装个性化定制系统，逐步部署“云翼互联”服务体系，包括MTM智能制造云工厂，私享定制云平台和分享大数据云平台。

MTM智能制造云工厂，通过CAPP、RFID、智能吊挂、MES、智能设计（ECAD）、自动裁床和智能仓库管理（EWMS）等系统建设，打造EMTM数字化工厂；私享定制云平台通过对Hybris电子商务平台的二次开发改造，与国内专业软件厂商合作开发虚拟现实仿真技术与3D渲染技术，构建PLM、CRM、SCM等系统，实现一单一流、一人一板、一衣一款的全品类模块化客户自主设计；分享大数据云平台实现对用户的个性化需求特征的挖掘和分析，通过样本数据采集分析，让西装剪裁更加符合国内消费者的要求。

（四）泉州海天

泉州海天是一家大型功能性面料生产企业，近年来投入力量建立了休闲服装个性化定制的“时尚梦工厂”。2015 年底完成了本企业印染全流程数字化中央控制系统、面料 X3 管理系统、拉式供应链管理系统、服装 JDE 管理系统、成衣打样中心、O2O 电子商务平台的建设，大大增强了定制化服务能力。

以此为基础，利用多年来面料开发生产的优势，打造了纺织服装产能协同等 6 个平台，形成了产业产能供应配置等 3 个网络，以及设计师创业孵化等 3 个基地，建立了一个供应链闭环体系，消费者、设计师、面辅料供应商、智能生产线、终端销售都可以实时共享数据。如设计师通过互联网设计师平台，激发创作构想，丰富定制品类；消费者依托平台进行 3D 模拟试衣，自动检测顾客服装参数；消费者根据自己的需求与设计师沟通，如何剪裁和改进，甚至可以把想法告诉设计师，让设计师为顾客度身定做，满足顾客的个性化需求。

（五）广东爱斯达

该公司是一家大型牛仔服加工制造企业，其牛仔服远程定制和快速制造平台系统 2014 年投入使用，将网购营销与生产制造相衔接，开发了 T 恤衫、牛仔服等服装单件定制的“智能裁缝”网络平台。定制化系统包括互联网平台、虚拟试衣、CAD 系统，从服装体形采集、版型预选、图案配饰、色彩搭配 DIY 设计、到互联网上传数据，最后加工成服装。消费者通过键盘输入有关数据，网上的虚拟试衣系统有画面显示；平台还提供大量的面料、色彩、图案、款式等，消费者根据喜好选择；最后完成确认后下单，提交到车间生产。其牛仔服装生产线，包括自行研制的智能激光雕刻裁剪一体机和自动化吊挂系统，由 MES 监控和管理，做到了个性定制产品快速批量生产，也实现了设计、生产以及销售的自动化对接。

三、专业平台提供定制化服务

这一阶段，有一些新兴的创业公司抓住服装等商品消费转型升级的机遇，利用自身优势，建立了开展定制化的专业服务平台。它们比较擅长迎合消费心理和提丌消费体验，掌握了消费者的需求信息，再寻求供应商、制造商等合作伙伴，着重做定制化服务的前端，把生产环节通过供应链体系外包出去。

（一）无锡吉姆兄弟服装公司

该公司一成立就建立了衬衫定制的移动网络平台，专门从事网络化男式衬衫定制。消费者可以通过网站和微店下单，选择衬衫款式、面料、颜色等，并上传本人正面和侧面的两张照片，或提供关键部位的尺寸，便可在两天内收到适合自己尺寸的衬衫。其特点是应用计算机技术和自主开发的软件建立人体数学模型，通过照片采集关键部位数据，与人体数据库进行比对，生成最合适的工艺参数，减少量体师的费用，也使定制变得简单，提升了消费体验。这样使得一件量身定制的衬衫在30分钟内完成生产，满足了当下消费者即时消费的心理。

（二）杭州贝嘟科技公司

该公司高级服装定制服务平台——“衣邦人”2016年正式上线，有APP、微信公众号和官网。通过平台与消费者对接，能做到单人单版，保证定制服装的质量，专注于提升定制服务体验，与高端面料和成衣制造商形成合作伙伴关系，能够做到量体后10天发货。其特色在于招聘有服装领域经验的年轻女性，经过统一培训，成为专业的量体师和着装顾问，并且要求工作时形象统一，可以在办公室、家中、机场等地方免费为消费者量体，提供衣着咨询服务。

（三）埃沃定制服饰公司

该公司建立了“店神”定制化平台，主要是面向白领阶层的男式西装定制。平台将收集到的消费者数据汇集成小批量订单，选择有生产空闲的厂商进行生产，使得衬衫可在1周、西服在2周内交货。由于一般是倒季节生产，可以用较低的价格与规模较大的生产厂商进行合作，同时保证了服装的质量和品质。公司通过系统根据订单选择合适的供应商，供应商可以通过系统看到定制订单的原料需求和模块的具体参数，同时也需要将生产进度上传到系统上，埃沃再将进度反馈给消费者，减少等待焦虑。

第四节　互联网技术的行业应用走向深化

2013年以来，新一代信息技术飞速发展，互联网空前普及，社会化的应用水平显著提高。在国家政策推动下，“互联网+”更是异军突起，成为产业界乃至全社会的关注点。纺织行业深化互联网应用，给传统产业模式带来深刻变革。

一、互联网注入纺织转型升级新动能

2015 年 7 月，国务院印发《积极推进“互联网 +”行动的指导意见》，明确我国“互联网 +”发展目标，提出包括电子商务、协同制造、绿色生态等 11 项重点行动，涉及的领域事关经济发展全局。2016 年 5 月，又发布《深化制造业与互联网融合发展的指导意见》，强调互联网与制造业的融合创新与相互促进，为我国制造业转型升级提供了具体可行的技术路径。

纺织工业与互联网的融合发展，覆盖设计、研发、生产、管理、物流、营销和服务等全产业链业务，涉及物联网、云计算、移动互联网、大数据等新一代信息技术，有利于形成叠加效应和倍增效应，为行业转型升级注入新动能，前景广阔、潜力巨大。

二、纺织电子商务发展迅速

（一）电子商务交易额大幅增长

纺织电子商务开展近 20 年来，从无到有，从小到大，从 B2B、B2C、C2C 到 O2O，从阿里巴巴、淘宝、京东到大小专业性网购平台，从大城市、中小城市到乡村，从国内市场到跨境营销，适应了消费者个性化、多元化、时尚化、便捷化的消费需求，有力推动了商品的市场销售，创新了一种商业新模式。

2013 年以来，纺织电子商务平台发展迅速，交易额大幅增长，尤其是淘宝、京东等面向广大消费者的 B2C 平台发展更是超出预期。2016 年，服装家纺产品网购 9850 亿元，增长 18.5%，占全国网购的 23.54%，成为当年消费的一大亮点。纺织服装专业市场电子商务交易额为 9780 亿元，同比增长 20.74%，占专业市场实体交易额的 46.35%，在专业市场实体交易额增长缓慢的情况下，互联网应用逐渐成为专业市场商户渠道拓展、提高销量和创新发展的重要方式。

（二）带动互联网应用向供应链延伸

电子商务是互联网与纺织最早融合的领域，是一个良好的开端，重要的是由线上向线下延伸，带动供应链的各个环节的联通和资源优化整合；由营销向设计研发和生产制造延伸，带动各类产品的个性化定制和协同开发，由商业新模式带出产业新形态。

纺织服装电子商务的高速增长，直接拉动物流信息化水平的提升，并通过

O2O等方式以线上带动线下，向供应链的上下游延伸，以保证电商产品质量和供给。如江苏红豆集团在成功开展红豆商城等终端产品电子商务业务的基础上，依托红豆电信和纺织材料交易中心的优势，向供应链的上游延伸，构建红豆集团与上下游供应链之间的原材料电子商务平台；无锡美尊公司推出了基于移动互联网的毛针织供应链协同平台“纱和尚”，联系毛针织企业的线上和线下的各个环节。

三、云服务平台发挥了作用

云计算技术日益成熟，在纺织行业的应用日益广泛，开发商利用云服务平台为广大客户提供资源优化共享、使用安全可靠的服务，提高信息化服务的水平。云计算模式可以成为生产性服务业新的增长点，在制造业服务化转型过程中发挥重要作用。

（一）云服务平台取得成效

2013年以来，广大小微纺织企业对公共服务平台的需求迅速增长。要进一步扩大公共服务能力，往往受限于自身的资源，必须获得新的技术和运营模式的支撑。云计算的兴起，相关基础设施的日益完善，必将会提供新型的运营平台和更多、更灵活的资源。云计算将大量IT资源整合在一起，提供各种服务，实现服务的开放协作、社会资源的高度共享，从而解决信息化发展不平衡的问题。

近年来，纺织行业建设了一批高质量的纺织云服务平台，实现各项资源的共享，包括开展分散设计、外包设计、个性化设计和互动式设计，开展行业化软件开发与服务，实现关键技术标准的开放共享等。如浙江绍兴、广东西樵等产业集群的服务平台获得云计算等新的技术和运营模式的支撑，业务发展快，在集群发挥了很好的辐射作用；如武汉纺织大学2014年建立了与“教育云”资源共享的“纺织云”，以微信和手机APP等多种形式向纺织产业链上的相关企业提供服务；地方性的有宁波纺织服装云，有企业库、资源库、软件下载、服装品牌、时尚社区、供应链等内容。

（二）行业化软件开发和推广有了新进展

满足不同细分行业的信息化需求一直是纺织信息化的难点问题。开发适合纺织行业应用、具有行业特点的各类软件成为许多行业“十二五”规划中需要攻关的关键技术，也是推进行业信息化的重要途径。近年来，软件服务模式SaaS在纺织行业开始出现。杭州爱科面向服装企业的综合服务平台，开发了服装行业专业软件，启用的“在线超级排料服务”，同类软件要15万元左右，而会员网上使用只要一次十几元，充分发挥了SaaS的优越性。

云计算的出现，为纺织行业软件服务供应商提供了新的选择。基于云计算架构进行开发，供应商可以不在服务器和带宽等基础设施上耗费自己的资源，而更加专注于软件开发和应用，为大量的用户群提供更为稳定、快速、安全的应用和服务，并逐步发展，形成行业化的云服务，即许多人所期望的“行业云”。

（三）运用互联网开展在线增值服务

一些企业建立了面向用户的远程服务平台，通过云端应用软件与现场装备产品实现深度交互，对全球客户的运行数据进行实时跟踪，提供在线监测、远程升级、故障诊断等后期维护增值服务。

宁波慈星以针织毛衫大规模柔性制造云平台为中心，通过全成型织可穿智能横机、毛衫自动对目缝合系统等自动化生产，并辅以信息化系统改造传统生产模式，实现个性化针织毛衫定制，并以此连接上下游企业，达到全产业链分工协同，打造面向国际针织毛衫市场的C2M、C2B2C系统。

福建睿能科技股份有限公司（简称福建睿能）开发的横机网络监控云平台，用户可以通过电脑、手机、平板电脑等终端访问监控管理软件，无需设置本地服务器。系统支持横机远程数据采集，运行维护数据实时跟踪等，便于设备厂商对出厂设备进行后期维护。还可以提供远程基站定位、远程锁机、远程解锁等服务。

郑纺机与武汉同力智能系统公司开发了浆纱机云服务平台，可以通过手机、电脑对浆纱机设备进行远程控制管理，包括随时对生产参数、工艺参数、设备运行参数监控，具备自动预警、自动报警、设备维修、保养及备件到期等信息提示功能。管理者还可以根据需求，对线上每台设备的各种能耗进行统计分析，并能根据统计分析结果对设备进行全方位优化，最终达到节能降耗，节约成本。

上海和鹰使用的裁剪机远程监控系统可以通过互联网监控遍布全球的自动裁剪机设备，实时跟踪设备运行状态，进行远程故障诊断，及时发现异常。如需现场服务，则可以灵活调配服务工程师，快速响应现场故障，实现更高的设备运行效率，还可以开展预防式服务，以延长设备生命周期。

四、大数据立足行业应用

大数据概念已经渗透到社会生活的方方面面，纺织行业近年来逐步开展了这方面的应用。已经用于纺织品服装的精准营销和需求定位，开始探索在生产制造中的应用，行业层面的大数据信息服务平台也在筹建中。

（一）广泛应用于纺织品服装的精准营销

时时刻刻都在发生的用户购物的搜索、浏览、产品应用、订阅、交易等行为被数据库不断积累，基于大数据技术和平台进行记录和分析，从而得出用户的清晰化属性标签，比如年龄、性别、城市、爱好、收入、品牌偏好等。以这些标签为依据，在广告投放和营销活动定制中，更加有效地开展各种精准营销，使市场活动更有针对性，更快、更便捷地挖掘新的用户，分析出优质用户，进而产生新的营销模式。

短短几年时间，这种精准营销和需求定位方式，已经普遍应用于各大互联网网站，数据来源也越来越广泛。许多大型服装家纺企业也开展了这一方面的数据积累，将会逐步见到成效。

在物联网技术广泛应用的基础上，商品带有条码或电子标签，再加上客户VIP卡等信息，以上营销方法逐渐应用到传统门店，可以发挥更大的作用。

（二）开始产品大规模定制的探索

服装的大规模定制生产是未来几年的发展趋势，也具备大数据时代智能制造的特征。

服装公司为大型集团企业定制职业装时，会得到大量的身体数据和个性化要求。随时通过移动互联网，传输到公司的云计算中心。通过大数据技术对人体数据库、服装数据库等多种类型数据的处理，可以迅速得出满足个性化需求的款式设计。有必要时还可以将模拟试穿样衣的照片或视频通过社交网络，直接发到客户手机征求反馈意见。确定设计后通过网络提交给制造中心的CAD、CAPP、CAM系统，进行排料、裁剪，最后缝制、整理成为成品。而重要的是，这些系统都能够采集各种生产数据，随时扩大数据的积累。青岛红领、报喜鸟等企业在服装个性化定制过程中，将个性化需求和生产工艺数据统一传输到后台数据库中，形成数字模型；上海和鹰的裁剪机远程监控系统就可以挖掘和分析服装裁剪数据，有自己的数据中心；爱家科技生产销售石墨烯智能服装，也建立了后台大数据分析系统。

在企业层面，ERP系统中积累了大量数据，与物联网、社交网络等其他来源数据形成庞大资源，经过大数据技术的处理，对企业的经营决策意义重大。

专题篇

以专题论述为主，分析和判断信息化相关行业背景、宏观发展环境和政策环境。

研究纺织信息化当前发展水平，梳理信息化建设进程中的经验和问题，比较国内外应用水平。

全面分析纺织信息化关键共性技术的需求和供给，着重描述当前纺织信息化的新领域。

第一章　纺织信息化的行业发展背景分析

第一节　纺织工业在国民经济中的地位

一、纺织工业新时期的新定位

在我国经济发展的不同历史阶段，纺织工业在经济发展、出口创汇、满足消费、解决就业等方面做出了突出贡献。2009 年的《纺织调整振兴规划》充分肯定了“纺织工业是我国传统支柱产业和重要的民生产业，也是国际竞争优势明显的产业，在繁荣市场，扩大出口，吸纳就业，增加农民收入，促进城镇化发展等方面发挥了重要作用”，在全社会得到广泛认同，在国际金融危机后对提振行业发展信心发挥了十分积极作用。

中国纺织工业联合会在开展“十三五”规划研究和编制工作中，将新时期如何对行业进行新的定位作为一个重要课题。随着全球经济增长及人口总量的增加，纤维需求稳中有进、逐渐扩大的基本面不会改变；国内纤维消费水平稳步提升，消费结构升级特征日益突出；我国在全球纺织品服装的竞争中充分利用自身良好的产业基础优势，以国内外市场为导向，通过科技创新驱动，优化纺织工业资源要素配置，实现纺织工业的转型升级。因此，在相当长时期内，纺织工业作为我国经济传统支柱产业和重要民生产业的地位不会变。同时必须认识到，纺织工业在比较成本层面的国际竞争优势正在进一步转换为产业链层面的国际化新优势，要体现我国纺织工业结构和布局优化的新特点，面向市场化配置资源的决定性作用，纺织工业要突出体现科技创新的支撑、时尚创意的引领、终端消费多元化的拉动，还要进一步认识新形势下纺织工业对国民经济与社会发展的重要作用。

因此，《纺织“十三五”规划》提出了一个与过去有所调整的行业定位表述：纺织工业是我国传统支柱产业、重要民生产业和创造国际化新优势的产业，是科技和时尚融合、生活消费与产业用并举的产业，在美化人民生活、增强文化自信、建设生态文明、带动相关产业发展、拉动内需增长、促进社会和谐等方面发挥着重要作用。

在新时代，广大人民群众对纺织工业的要求，是对美好生活需要的组成部分。在更高水平的小康社会，伴随生活水平日益提高，衣着消费不断升级，人们对良好的生态环境有更高的期待，对日常生活有更高审美化追求，对衣着消费有更加多元化体验，催生了越来越多的绿色化、时尚化、个性化要求。纺织工业面对这些新要求，要明确产业发展新定位，努力为美好人民生活，建设生态文明，增强文化自信，促进社会和谐做出重大贡献。

二、纺织工业在国民经济中发挥重要作用

纺织工业作为基础性消费品产业，在全面建成小康社会的进程中，始终处于支柱性地位，发挥重要的民生作用。在满足十几亿人口日益丰富的衣着需求的同时，还创造了2000万人左右的就业岗位。

就消费结构讲，纺织服装消费在我国社会消费中占据重要地位。按照城乡消费主体统计，2016年城镇居民家庭人均衣着消费支出为1739元，占城镇居民消费支出比重的7.5%；农村居民家庭人均衣着消费支出为442.9元，占农村居民消费支出比重的5.8%。按照线下线上消费渠道统计，2016年线下的限额以上服装针纺织品类零售额为14433亿元，占线下总消费品零售额的10%；服装家纺网络零售交易额9850亿元，占全国网络零售市场交易额的23.5%。尽管统计口径、统计方法不同，但最终的统计结果都反映出纺织工业在拉动消费、促进民生中的重要作用。

近年来，纺织工业仍然保持着平稳的发展态势，在国民经济中表现起伏不大，在保持稳定发展、抵御经济下行压力中起到积极作用。2016年，纺织规模以上企业实现主营业务收入73302.3亿元，占工业企业主营业务收入的6.37%；利润总额4003.6亿元，占工业企业利润总额的5.8%；行业固定资产投资总额为12838.8亿元，占第二产业投资的5.5%。2016年海关数据显示，我国纺织品服装出口2701.2亿美元，占全国出口贸易额的12.9%；研发投入占工业

的 3.68%。

三、中国纺织工业的规模在全球保持领先地位

当前，我国是世界纺织产业规模最大的国家，也是产业链最完整、门类最齐全的国家。21 世纪以来，中国纺织工业作为国际竞争优势明显的产业，在世界范围内的领先地位日渐突出，纤维加工总量持续保持世界第一。2000 年，中国纺织纤维加工总量 1360 万吨，占世界纤维加工总量的 24.7%；自 2009 年以来，世界占比超过了 50%；2016 年，纤维加工量为 5420 万吨，占世界纤维加工总量的 53.5%。

据世界贸易组织（WTO）统计，中国纺织品服装出口占全球比重不断增长。2000 年纺织品服装出口总额 530.4 亿美元，占全球出口比例为 14.8%；尽管其间出口额出现了两次负增长，但是占全球出口的比例仍然保持稳步上升，2016 年出口总额 2629.3 亿美元，占全球比例为 35.2%。

第二节　近期纺织工业经济运行状况

近年来，我国纺织行业在不断变化的国内外经济环境中，仍然保持了平稳、健康、可持续的发展态势，产业结构持续改善，行业竞争力不断提高，在国内繁荣市场、吸纳就业、加快城镇化进程、促进社会和谐发展等方面发挥了重要作用，在国际竞争力和行业影响力也不断增强。截取 2012—2016 年的统计数据可以看出，尽管近期纺织工业增长速度较 21 世纪前 10 年明显放缓，但是缓中趋稳，稳中向好，仍然是支撑国民经济发展的重要力量。

一、生产规模保持增长

为了满足国内外纺织品服装市场需求，近年来我国纺织行业的生产规模持续扩大。2012 年，我国纺织纤维加工量为 4540 万吨，到 2016 年，我国纺织纤维加工量为 5420 万吨，这五年间年均增速为 4.5%。

从我国纺织行业主要大类产品产量指标来看，也表现出规模不断扩大。据国家统计局数据显示，2012 年，我国全社会纱产量为 2984.0 万吨，布产量为

848.9亿米，化学纤维产量为3837.4万吨；至2016年，我国全社会纱产量达3732.6万吨，布产量达906.8亿米，化学纤维产量达4943.7万吨。这五年间，纱、布、化学纤维产量的复合年均增长率分别为5.8%、1.7%和6.5%。

二、出口保持竞争优势

我国是纺织品服装出口大国，在国际纺织品服装贸易舞台中一直发挥着举足轻重的作用，也是我国出口创汇的支柱性产业。近年来，我国纺织品服装出口规模虽受到国际市场低迷等因素影响出现波动，其间一度出现负增长，但仍在国际市场中占据重要地位，保持一定的国际竞争优势。2012年，我国纺织品服装出口2625.03亿美元，约占全国出口贸易额的12.8%；2016年，我国纺织品服装出口2701.2亿美元，约占全国出口贸易额的12.9%。这五年来，我国纺织品服装出口额复合年均增速为0.7%。

三、投资增长依然稳健

受行业发展环境平稳、行业结构调整加强等因素影响，我国纺织行业的投资信心持续增强，投资增长保持稳健。2012年，全行业实际完成固定资产投资总额为7793.02亿元，占同期全社会固定资产投资总额的2.08%；2016年，全行业实际完成固定资产投资总额达12838.75亿元，占同期全社会固定资产投资总额的2.12%。这五年间，我国纺织行业固定资产投资额复合年均增长率为13.29%，高于全社会固定资产投资额年均增长率0.5个百分点。

四、运行质量不断改善

近年来，我国纺织行业积极开展结构调整，加强企业市场反应能力，行业质量效益得到持续改善，占全国工业主营业务收入比重、利润比重持续提升。

2012年，我国规模以上纺织企业完成主营业务收入57361.31亿元；2016年，规模以上纺织企业完成主营业务收入73302.3亿元，年均复合增长率为6.3%。2016年规模以上纺织企业主营业务收入占工业的比重较2012年提升了0.2个百分点。

2012年，我国规模以上纺织企业实现利润总额3392.1亿元，2016年，实现利润总额4003.6亿元，复合年均增长率为4.2%，占全国工业利润比重也由

2012 年的 5.5% 提高到 2016 年的 5.8%。这五年间，行业的平均利润率为 5.72%，较之前有所提升，也显示出我国纺织企业盈利能力在稳步提升，运行质量在不断改善。

同时要清醒地认识到，纺织工业面对国际需求持续不足、国内经济增长放缓的外部压力，自身也面临诸多困难，如棉花体制市场化进程缓慢，产业综合成本持续上升，企业创新投入强度偏低，部分行业存在结构性、阶段性产能过剩，行业面临的环保形势严峻等。要实现建设纺织强国的目标，必须要加快改革调整和转型升级的步伐。

第三节　纺织行业加快转型升级的重要意义

近年来我国纺织行业发展面临的外部形势发生重要变化，宏观经济发展步入以速度变化、结构优化和动力转换为特征的新常态，纺织行业也由高速增长转换为高质量发展的新阶段。到 2020 年，是我国实现全面建成小康社会目标的决胜阶段，开启全面建设社会主义现代化国家新征程，也是我国纺织行业向纺织强国目标迈进的关键时期，进一步深化产业转型升级，推进行业提升发展，意义十分重大。

一、经济新常态提出纺织行业发展新要求

未来几年，我国国民经济将在新常态轨道上持续发展，经济增长速度将较以前有所放缓，经济结构优化成为经济发展的最重要支撑。纺织行业是我国国民经济的传统支柱产业，继续保持经济总量持续、稳定增长，对宏观经济的平稳发展发挥应有的基础支撑作用，是行业必然承担的发展任务。宏观经济增速放缓、结构优化，更加突显了强化创新驱动、形成经济新增长点的重要性，提出制造强国发展战略进一步强化了制造业创新的重要性。

纺织行业作为基础性消费品制造产业，加快向创新驱动转型的任务紧迫，急需通过广泛应用新材料、信息网络等高新技术，全面创新纤维材料、纺织加工及专用装备技术，不断提升终端产品的创意设计水平，在产业链、价值链上创建新的经济增长点，逐步转型发展成为具有高效技术广泛应用和时尚创意特点的现代

制造产业。经济发展空间格局优化调整，将在更高水平上构建全方位对外开放格局。纺织行业历来是我国国际竞争优势明显的产业，在新形势下，必然要加快创造参与国际经济合作与竞争的新优势，在新时期国际纺织产业分工布局体系中占据优势地位，为我国对外开放创造产业优势。

二、全面建成小康社会强化纺织行业民生作用

我国将在2020年实现全面建成小康社会的目标，推进新型城镇化发展、创造良好就业环境、提升城乡居民收入、提高生活品质、促进社会和谐稳定，是建成全面小康社会的必然需求。

纺织行业是重要的民生产业，承担着更好满足人民群众美好生活需要的天然使命，具有吸纳就业能力强的产业特性，具备通过县域、镇域新兴工业化发展推进城镇化建设的能力。在全面建成小康社会进程中，纺织行业必然要进一步加快产业转型升级，提供更加丰富多元的纺织服装产品，不断提升人民生活品质，满足绿色化、时尚化、个性化的新需求；通过延伸价值链和创新产业业态，提供更多更好的就业岗位，增加以转移劳动力为主的从业人员收入；促进产业集群发展升级，有效推动中西部地区城镇化进度，努力完成行业促进社会和谐稳定发展的重要民生保障任务。

三、纺织行业自身加快转型升级的需求迫切

纺织行业经过多年的发展，不仅稳定了世界第一纺织生产、出口和消费大国的地位，转型升级也已日渐走向深入，并取得了多方面的积极进展。但由于纺织行业规模较大，产业链条较长，企业主体多，不同产业链环节和企业主体间发展水平差异大，一些长期累积的内在结构性问题需要逐步加以解决。“十二五”以来，行业外部形势不断发生复杂变化，一些由外部因素引起的新矛盾、新问题也需要找到合理的解决方案。

在我国经济、社会发展对纺织行业提出高质量发展的新任务、新使命的同时，行业所面临的国内外宏观形势、国际产业形势也在发生重要改变，其中既有市场开拓、空间布局等难得的机遇，也存在着资源约束、生态要求、竞争加剧等诸多风险挑战。进一步转变发展方式，加快转型升级，积极应对国际国内新的机遇和挑战，解决自身存在的矛盾问题，把握机遇、化解风险，主动适应经济发展

新常态，成为中国纺织工业发展的根本任务。

纺织工业要站在新的历史起点上，按照党的十九大提出的新目标、新部署、新要求，用习近平新时代中国特色社会主义思想指导工作，准确把握新时代经济高质量发展的特征，充分发挥市场配置资源的决定性作用，落实《中国制造2025》《纺织“十三五”规划》和《建设纺织强国纲要》，把供给侧结构性改革作为主线，以提高发展质量和效益为中心，以增品种、提品质、创品牌的“三品战略”为重点，坚持创新驱动发展战略，加快结构调整和产业升级步伐，促进两化深度融合，推进智能制造和绿色制造，创造“互联网+”时代国际化发展的纺织新优势，建设成为科技、品牌、可持续发展和人才实力都不断增强的世界纺织强国。

第二章　面临的发展环境分析

进入“十三五”以来，新常态下我国纺织工业面临的发展环境和经济形势不断发生深刻而复杂的变化，其中既有我国全面建成小康社会提供的难得发展机遇，也有国际环境错综复杂所带来的诸多风险挑战。一系列机遇为纺织行业升级发展提供了有利条件，也提出了更高的发展要求；各种风险挑战既是压力，也是加快调整提升的动力。机遇和挑战相互交织，进一步推进供给侧结构性改革，全面加快转型升级，是外部形势发展变化的必然要求，更是中国纺织提升在国际产业链及价值链分工地位的内在需要。

总体上看，我国纺织工业在当前以及未来几年时间里面临的发展环境主要呈现产业格局、消费市场、宏观经济等方面的变化，以及科技革命对纺织产业的影响。

第一节　国际纺织产业格局发生新调整

“十二五”以来，随着全球经济呈现多元复苏的新发展格局，全球纺织产业也呈现出新的格局分布特征，世界各国在纺织制造体系和价值体系中的分工作用不断调整。发达国家重振实体经济，对制造产业链高端和高附加值环节加强再造。新兴经济体加速崛起，东南亚、南亚等国家依托要素成本及资源优势，加速承接纺织制造环节转移，在国际分工布局中的作用不断增强。

“十三五”时期，全球纺织产业布局优化调整将继续深化，各国仍将继续发挥自身资源环境和要素比较优势，在全球纺织产业链、价值链上获取更好的分工地位，促进国际分工合作进一步深化。同时，部分发展中国家纺织业在产业结构、发展阶段等方面的相似性，也造成对市场份额、技术、人才等产业资源的争夺更为激烈，客观上使得国际竞争压力进一步加大。

一、纤维消费需求保持稳步增加

全球纤维消费需求总量仍将稳步扩大，人口自然增长、经济持续发展以及纤维应用领域扩展，都将成为纤维需求增长的驱动力。从2000年到2016年，在人口、经济及应用领域因素的带动下，全球人均纤维消费量从9.5公斤增加到13公斤，纤维消费总量从约5500万吨增加到约9526万吨。

未来，全球纤维消费需求仍将继续增加，纺织产业发展仍存在较强需求动力。到2020年，全球人口将突破76亿，2050年突破90亿。人口增长对于纤维需求总量扩大的贡献作用仍然不会明显减弱。技术进步将促进新型产业用纺织品在结构增强、环保过大等领域越来越多地替代传统材料，在医疗卫生、土工建筑、道路交通等现有应用领域的需求也仍将稳步增加。全球经济尽管面临较多风险，但总体仍将继续发展，其中新兴市场纤维需求均仍有较大提升空间。在全球GDP保持年均3%~4%（按购买力平价衡量）增长情况下，考虑应用领域扩大因素，预计全球人均纤维消费到2020年可达到约14.5公斤，2050年达到20公斤以上。再考虑人口增长因素，到2020年，全球纤维需求总量将达到1.1亿吨，到2050年总量则可达到1.8亿吨以上。

二、国际贸易环境有利和不利因素同时存在

在经济全球化继续深入发展的趋势不会改变，全球的纤维需求保持增长的大环境下，纺织品服装国际贸易的规模总体将继续扩大，我国纺织行业在参与国际市场竞争方面仍有机遇，在加强对外投资、参与全球产业布局体系调整和跨国配置资源方面总体面临有利环境。

就近期的国际市场而言，国际金融危机深层次影响在相当长时期依然存在，人口增长和经济复苏虽然保持了纤维消费需求的增长，但随着总量基数增大，增速将明显放缓。从主要出口市场来看，美国经济将在加大基建投资、降税等新政刺激下加快增长，居民收入增长和消费信心有所好转，库存压力会进一步减轻，能为行业出口增长提供积极支撑；欧元区经济继续温和复苏，纺织品服装欧盟内贸易较为稳定，但是自欧盟外进口需求回升空间不大；日本经济增长依然乏力，居民消费及投资意愿不强，进口需求无明显恢复动力；由于外需拉动力量有限，东盟进口纺织品需求增长也受到限制。未来几年纺织行业出口增速将在有利因素

支撑下有所提高，但是诸多不确定因素依然存在，出口增速明显提高的压力较大。

因此，面临这种有利和不利因素并存的形势，为纺织行业加强创新发展方式、提升发展质量、保持贸易增长，有效突破世界经济低增长制约提出了更高的要求，倒逼行业积极行动，加快转型升级，积极抢占产业科技发展新战略制高点。

三、国际市场、技术竞争日益激烈

面对日益复杂的市场环境，各国纺织产业在产业结构、发展阶段、发展策略等方面的交叉，将使国际竞争更加激烈。特别是，由于世界经济长期处于危机后的缓慢复苏阶段，国际市场需求增长速度较危机前明显放缓，各国对于市场、技术等各种资源的争夺更趋激烈。

发达国家继续深化对制造业的改造，不仅将继续控制纤维、装备的产业链高端领域，充分发挥其全新工业基础设施体系优势，广泛利用先进制造技术，有效冲抵高成本劣势，也将带动部分自动化程度高或需要贴近消费市场的生产环节向本土回流。

发展中国家在国际制造产业链中的比重继续加大，在全球纤维需求扩大、资源要素分布结构改变、发达国家商业采购战略调整等因素影响下，东南亚、南亚等亚洲地区仍是重要的投资目的地，具有天然纤维原料和劳动力资源优势的非洲等地也将逐步进入全球纺织产业体系；越南、孟加拉国等发展中国家，依托低廉的劳动力等要素价格，以明显的成本比较优势参与国际竞争，使得中低档服装产品的国际市场价格竞争将更趋激烈，形成了更加多元化的全球制造格局。

需求增长放缓及竞争加剧引发了贸易保护主义抬头，化学品安全控制、碳排放等产业升级新方向成为贸易保护主义的新表现形式，技术性贸易壁垒变相增加，使得国际竞争环境更趋严峻。

四、全球产业分工合作进一步深化

多年来，经济全球化始终不断发展深入，促进国际纺织产业的分工合作走向深化。在国际竞争日益加剧的同时，纺织产业的技术、人才等高端要素外溢流动加快，促进全球产业提升。我国在全球纺织产业制造体系中的作用不断增加，国际分工地位逐步提升，为全球产业平稳发展提供支撑；印度、越南等新兴国家日益深入地融入全球产业分工格局，促进全球产业组织与发展效率优化。

全球区域经贸合作关系发展加速，跨太平洋战略经济伙伴协定（TPP）、跨大西洋贸易与投资伙伴协定（TTIP）、区域全面经济伙伴关系框架协定（RCEP）等重大区域经贸合作协议将逐步付诸实践，发达国家给予区域自贸伙伴市场准入优惠，对纺织产业投资流向会产生相应的影响，促进国际产业布局呈现调整新趋向。

未来，国际纺织产业的分工合作将进一步深化，产业布局将在市场调节下继续优化调整。发达国家将更加关注纺织新材料及其应用产品开发、纤维再生利用等高端产业技术，也仍需通过跨国采购及跨国投资布局满足国内常规消费需求。全球制造环节将继续向具备要素比较优势的地区转移，发展中国家的加工制造能力将逐步扩大，与纺织服装原材料生产国之间的产业链合作及与发达国家之间的市场合作均将继续发展，纺织品服装国际贸易往来总体仍将稳步增加。我国作为世界纺织大国，向纺织强国提升的内在需求增强，将促进纺织行业与发达国家加强在产业高端技术、品牌等方面的合作；同时也将加强跨国产业布局，弥补国内资源供给的薄弱环节，进一步提高我国纺织工业在国际产业链、价值链上分工的地位。

第二节　国内纺织消费市场蕴含新动力

从国内市场看，内需增长和消费升级将是纺织工业发展的最大动力，随着城乡居民收入增长、城镇化率提高、城乡差距缩小，纺织品服装消费的升级将有较大增长空间。随着我国国民经济和社会持续发展，全面建成小康社会任务推进，人民群众对美好生活的要求逐步提高，我国多元化、多层次、多领域的内需潜力将进一步释放，市场消费结构升级的趋势愈加明显，将为纺织行业的持续发展和转型升级提供根本的和有力的市场动力。

一、内需增长将创造良好的市场机遇

随着全面建成小康社会任务推进，我国国民经济总体将保持平稳发展，GDP将以年均6%~7%的速度保持新常态发展，总人口突破14亿。尽管增速略有放缓，但增长结构更加良性、可持续，有条件支撑城乡居民收入稳步增加，支撑实

施充分就业，终端消费在经济总量中的占比持续提升，将为服装内需扩大提供更为坚实的经济基础。

中国将保持较快的纤维消费增长。到2020年我国全面建成小康社会，实现人均收入十年倍增；预计到2020年，我国城乡居民衣着消费支出总额可达到2.3万亿左右，内需纤维消费量达到约3800万吨，人均纤维消费量超过25公斤；产业用纺织品产量将达到2000万吨，占纤维加工量的比重达到33%。

新型城镇化建设稳步推进，具有较高消费水平的消费群体规模扩大。到2020年我国城镇化率达到60%，近1亿农村人口转移至城市，人均衣着消费将提高4倍以上，达到城镇平均水平。

农业现代化及社会保障体系发展完善，促进农村居民收入及消费水平加快增长，城乡差距逐步缩小，促进低收入群体消费潜力释放。如到2020年农村居民人均衣着支出达到目前城镇居民的50%左右，则可带动衣着消费支出扩大近3000亿元。

居民消费意愿日益提高，消费在支出结构中比重是值得注意的因素。随着我国社会基本保障体系完善，居民消费积极性提升，将带动内需消费逐步扩大。预计到2020年我国衣着类内需消费总额可达2.8万~3万亿元，年均增长7%~8%。

二、消费结构升级特征更加明显

近年来，我国居民消费进入整体升级阶段，市场消费特征呈现新的特点。与纺织行业密切相关的特点包括：衣着消费个性化、多元化、快时尚特征明显，带动纺织企业生产制造模式趋于小品种、多批量，品牌企业设计及销售周期不断缩短；基于互联网的电子商务渠道伴随着快时尚、便捷化消费需求快速发展，2016年服装、家纺产品网络零售额已经达到9850亿元，较2013年翻了近一番；生活品质提升带动产品品质性能需求增加，户外旅游、健康保健等越来越流行，使得消费者对衣着及家纺产品的舒适性、生态安全性、功能性等品质属性更加关注，纺织行业对各种高仿真、差别化、功能性纤维的供给也明显增加；居住环境改善促进家用纺织品升级，我国住房销售在2011—2013年保持年均两位数的增长，居民对居住环境的要求提升，使得家用装饰纺织品需求稳步扩大等。

未来几年，我国居民消费结构升级将成为趋势，一方面为纺织行业创造了更好、更多的需求空间，另一方面也将驱动行业加快供给侧结构性改革，改善发展中不平衡不充分的问题，以更好满足我国居民更高水平的消费需求。具体的内容包括：随着消费者生活水平日益提高，生活方式出现改变，催生对衣着功能品质细分和更高的审美化追求，时尚化要求越来越明显；人们对良好的生态环境有更高的期待，对纺织品服装安全性、绿色化要求更加严格，纺织工业要对节约资源能源和环境友好有新的突破；消费者个性化需求日益突出，单件、低成本定制要求将不断增加，必须加快转变制造模式，实现以工业化生产线满足市场个体需求；在舒适、生态、功能等性能需求继续扩大的同时，着眼于养老、保健等需求的智能化纺织服装产品消费将逐步进入日常生活，对于纺织材料技术及信息化应用技术创新提出更高要求；零售渠道创新需求升级，消费者对于网络零售模式的需求突破单纯的展示、交易平台功能，要求发展到个性化定制、虚拟试衣等更高水平，这将推动纺织行业的服务化转型。

第三节 国内宏观经济对行业转型升级提出更高要求

“十二五”以来，我国国民经济总体保持平稳、健康发展，为纺织行业提供了整体有利的外部环境。未来几年，国民经济将坚持稳中求进的总基调，延续稳中向好的总趋势，深化供给侧结构性改革，在为纺织行业创造更好宏观环境的同时，也对行业加快转型升级提出了更高要求。

一、国家对生态文明建设的要求更加严格

当前我国经济持续发展与资源环境约束之间的矛盾仍然突出，国家对于生态文明建设的要求更加紧迫而严格，对纺织行业加强节能减排，提升可持续发展水平提出更高要求。

作为国家整体发展战略，生态文明建设任务在“十三五”时期将得到进一步的加强，“美丽中国”成为建设现代化社会主义强国的宏伟目标之一。国家将继续加强对能源、资源节约和污染总量减排的强制任务要求，对于水体、大气等污染物排放的控制标准更趋严格，对于生态文明与区域布局之间的互动关系更加重视，都将使纺织行业面临更为艰巨的生态文明建设任务。纺织行业中小微企业居多，其适应能力和资本、技术条件与国家各种标准要求和强制性任务之间客观

存在差距，顺利完成国家强制任务的形势严峻，加快推进转型升级，提升生态化发展能力，已经成为纺织行业面临的最紧迫任务。

二、生产要素供给矛盾更加明显

近年来，随着经济社会发展，我国自然资源、生产要素供给趋紧态势将进一步增强，要素成本呈现刚性上涨趋势，与纺织产业持续发展需求之间的矛盾将更加明显。我国纺织行业发展面临的国内制约因素不断增多，各种生产要素资源紧缺，引发制造成本持续上升，特别是我国人口结构及新生代工人就业理念、趋向和技能素质发生新变化，使得人力资源供给形势日趋严峻。

未来几年，我国劳动人口总量减少，经济结构调整带动就业人口偏好改变，都将使得纺织行业劳动用工形势更趋紧张，高素质、专业化人才严重短缺和人均工作快速上涨的常态化趋势更为明显。受种植、养殖规模限制，天然纤维供给缺口将逐步加大，与我国内需消费偏好形成矛盾；“十二五”时期棉花政策的后续影响，仍将增加原料市场的波动性；我国石油资源对外依存度将达到近70%，增加化纤纤维原料风险，一系列因素都在考验纺织行业的原料保障能力。各种自然资源、能源的稀缺性进一步加强，全社会劳动收入水平提升，客观上使得水、电等生产要素以及包装、物流等各种配套投入成本全方位增加。纺织行业在“十二五”时期已经面临成本比较优势全面流失的情况，这一趋势仍将延续，进一步挑战纺织行业构建国际竞争新优势的综合能力。

三、“一带一路”倡议创造发展机遇

国家全面实施“一带一路”，即丝绸之路经济带和21世纪海上丝绸之路，为纺织行业跨国优化配置资源，更好进行国际布局，实现国际化发展提供了前所未有的机遇。

丝绸之路经济带扩大向西开放，将缩短我国与欧洲市场的距离，为我国深入拓展欧洲市场，加强利用欧洲高端、优势产业资源创造有利条件。经济带沿线中亚、西亚、南亚国家不仅是具有发展空间的潜在新兴市场，在资源、要素结构上也与我国具有一定的互补关系，随着区域间互联互通加强，将对纺织行业推进国际产能合作进程发挥积极促进作用。新疆地处丝绸之路经济带要塞区域，是我国向西开放重要门户，丝绸之路经济带发展战略将创造市场驱动力和基础条件支持，促进纺织行业更好利用新疆优质棉花原料及闲散劳动力等要素资源及文化融合特色，建立西部纺织产业新兴基地，带动行业区域布局结构优化。

21世纪海上丝绸之路经济带以纺织产业高度集聚的东南沿海为起点，联通东南亚、南亚直至欧洲、南太平洋。我国与沿线国家深化经济贸易合作，加强基础设施互联互通建设，一方面将进一步提升东部沿海开放水平，创造更好的海外市场开拓机遇，提供吸收利用欧洲等国际高端产业资源的有利条件，促进沿海纺织产业加快转型升级，加强国际化发展，更好参与国际竞争。另一方面，也将搭建“走出去”的良好平台，促进纺织行业利用东南亚、南亚优势原料、人力资源，扩大对外投资，逐步建设形成与国内产业互补、互动的跨国布局体系。

四、区域发展新战略拓宽发展空间

“十三五”期间，我国加快优化经济发展空间格局，除了丝绸之路经济带和21世纪海上丝绸之路之外，还提出京津冀协同发展、长江经济带发展战略，将进一步拓展纺织行业的区域发展空间，也全面开启了行业区域结构调整和全球化布局的升级版。

这些区域布局战略的统筹实施，将加快形成沿海开放、沿边开放、内陆开放、向西开放的全方位开放的新格局。不同区域对外开放所带来的差异化市场空间和国际资源条件，将驱动纺织行业区域布局体系优化，促进各地区发展，形成各具特色、差别化分工的纺织产业体系，增强传统产业集聚地的升级动力和中部内陆与西部沿边地区的后发动力。国内区域间联通互动，使国际市场动力及国际优势资源通过产业链、价值链相互传递，将促进各地区进一步优化产业分工布局，加强相互间的协调性和互补性，在国内形成更为合理、高效的纺织产业区域布局体系。

第四节　互联网启动新一轮工业革命进程

当今世界，新技术更新换代周期越来越短，创新成果层出不穷，社会经济发展的需求动力远远超出以往的想象。以互联网为代表的新一代信息技术与生物技术、新能源技术、新材料技术等交叉融合，引发了新一轮科技革命，也启动了新一轮工业革命的进程。这将给当代工业发展带来新的机遇。

一、各国提出新的工业革命战略

近年来，世界科技创新进度加快，新一代信息技术持续发展，应用平台和应用模式不断创新，深刻改变了现代生产与生活方式，从而推动全球科技发展进入新的重大周期。互联网与工业化发展深度融合，促进包括工业设计、开发、生产、供应、销售、服务等环节在内的全产业体系整合重塑，发展出具有自适应、自组织、柔性化等特点的智能化工业体系，从而推动工业发达国家提出各自的新一轮工业革命战略。

2011 年 6 月和 2012 年 2 月美国相继启动《先进制造业伙伴计划》和《先进制造业国家战略计划》，意图通过积极的工业政策，大力发展国内制造业和促进出口，达到振兴美国国内工业。通用电气公司 2012 年提出工业互联网（Industrial Internet）概念，提出全球工业系统与高级计算、分析、感应技术以及互联网连接融合的发展战略。它通过智能机器间的连接并最终将人机连接，结合工业软件和大数据分析，以重构全球工业的格局，激发新的生产力。

2013 年 4 月，在汉诺威工业博览会上，“德国工业 4.0 战略计划实施建议”被正式推出。“工业 4.0”是德国政府高技术发展战略项目，核心内容是以实体物理系统（Cyber Physical System，简称 CPS）为平台，将物联网与服务应用到现代制造业，建立起智能工厂，从根本上改善包括制造、工程、材料使用、供应链和生命周期管理的工业过程，形成从制造产业链纵向到价值链横向的整合连接。“工业 4.0”一经推出，引起了全世界对基于互联网的工业智能化与协同化发展新趋势的关注，带动了各种工业智能化技术创新与互联网应用开发，进一步加快了工业发展新变革的进程。

二、全球制造业产生一系列变革

制造业是工业的重要组成部分，也是推动工业化进程和提升国家综合实力的重要因素。在新一轮工业革命中，制造业与互联网加深融合，呈现出一系列新的变革发展趋势。

一是制造过程智能化。数字化、网络化、智能化技术与生产装备、管控系统相结合，支持制造业全线实现自动化、数字化生产；在线生产监测系统通过对生产过程实时信息的在线采集、处理和分析，发出生产执行指令，实现了生产制造的自组织、自决策、自执行，制造过程更加柔性化、精细化。新的智能制造模式是对机械化、自动化制造模式的升级，也是对传统批量化制造模式的重大变革。它有效实现了人工替代，保证了制造质量，使生产效率大大提高；通过流程优化和精准管控，减少了各种能源、资源和物料消耗，更加符合生态环保要求，有助于制造业突破资源瓶颈制约；提升了制造过程的柔性化水平，改进了制造企业对市场的适应性和快速反应能力，促进制造水平的整体升级。

二是生产组织协同化。信息化、网络化管理技术以及各种网络平台的应用，在广泛的范围内有效整合、共享海量产业资源，使得制造业生产组织更加有机协同，发展效率大幅提升。在企业内部，设计、开发、生产、管理、物流等环节通过信息化、网络化系统连接，提高了企业运转的内在协调性。在外部，通过电子商务、云制造等平台，企业能够整合生产原辅料的供应、加工制造能力、销售渠道等资源，使得供应链、产业链运转效率大幅提升。制造业通过组织研发创新，网络设计众包、设计云等新模式重塑了创新体系，将制造业引入创新发展新轨道。此外，随着服务业与互联网融合发展，各种信息流、资金流、物流等服务资源将通过网络交汇整合，为制造业提供丰富协作资源。

三是业态模式服务化。通过多种终端的网络交互平台，制造企业能够直接了解产品使用者的个性化需求，并与其有机互动，形成有针对性的整体解决方案，实现定制化服务。依托智能制造技术，制造业能够以工业化的低成本生产方式，生产出个性化的产品，并依托物联网等技术，使用户全流程参与生产全过程。大数据技术的应用为制造企业精准掌握用户产品和服务需求提供支持，使得企业营销、售后服务能力大幅提升。互联网彻底改变了通过实体批发、零售渠道连接生产方与应用方的传统模式，使制造业与单个应用方零距离互动，实现从单纯创造产品价值向同时创造产品和服务双重价值转型，价值链条得到延伸和提升。

第五节　纺织行业应用新一代信息技术呈现新特征

纺织行业是制造业的重要组成部分，在互联网与制造业深度融合的背景下，纺织行业也呈现出了上一节所归纳的变革新趋势。与此同时，纺织行业属于消费品制造产业，产业链条较长，直接面向终端消费者，纺织行业在逐步推广应用新一代信息技术的过程中呈现出了一些行业性的特征。

一、国际纺织产业分工体系出现变化

根据经济发展规律，传统纺织制造业，如纺织、印染、服装加工等，是工业化早期的重要产业。而随着工业化中后期出现制造成本上升、资源环境承载有限等情况，创新空间更大的新型纤维材料、产业用纺织品、纺织装备等高新技术研发，以及附加值更高的品牌及营销渠道，将成为纺织产业的主体，传统制造环节规模将逐步缩小或演变。因此，在相当长一段时间里，国际纺织产业的分工布局体系都是发达国家控制价值链两端——科技研发和品牌渠道，发展中国家以要素成本优势为基础承担加工制造能力。

随着新一代信息技术与制造业融合发展，国际纺织产业的传统分工格局正在发生改变。智能制造模式应运而生，有效实现了人工替代，大大提高生产效率，缓解了劳动力短缺及成本过高等问题，相当于延长了纺织在工业化过程中的生命周期。另一方面，以页岩气为代表的低成本新能源以及智慧能源体系的开发和建设，使得发达国家获取了比发展中国家更明显的能源优势，为发展实体制造业创造有利条件。国际金融危机以来，发达国家为重振实体经济开始了“制造业回归”进程，以美国为代表的发达国家重新加强了对纺织制造产业链的控制，依托高新科技研发与先进制造优势，在纤维材料、面料、纺织装备乃至纺纱、服装等领域的制造能力仍在增长，在全球贸易格局中也仍占有重要地位，意大利、德国、美国等国家的纺织品服装出口额较2010年仍然有所增长。国际纺织制造体系由发展中国家为主体，逐步转变为多极同步发展格局。

二、产业升级发展空间得以拓展

前一阶段，纺织行业创新和升级发展的重点领域主要是新型纤维材料、产业用纺织品、高端纺织装备。新一代信息技术与制造业的融合大大拓宽了纺织行业的创新视野，行业升级发展迎来更为广阔的空间，也获取了新的发展活力。纺织产业链长，价值链体系较为庞杂，因此较之其他工业行业的发展空间更具潜力，产业转型升级成效将更为显著。

纺织制造产业链起始于农畜业及化工原材料加工，终点直至市场个体消费者以及国民经济中的众多应用领域。由于纤维原料种类较多、产业链流程较长、加工工艺多样、产品品种繁多，纺织行业生产效率提升客观上存在较多限制。智能制造模式和协同制造生产组织方式将破解供应链组织烦琐、生产效率相对偏低等传统问题，对于提升纺织行业发展质量与效率意义十分突出。

纺织终端产品不仅要具有基础实用性，满足使用者的各种功能需求，服装和家用纺织品还要融合时尚、文化元素，满足消费者的心理需求，价值链可延伸空间十分广泛。新一代信息技术与纺织行业相融合，使得纺织行业有条件全面贯通从创意设计、个性化定制到全过程服务的整条价值链，从而突破只获取制造产业链价值的传统模式，不断延伸和创新价值链空间，不仅获取更多的价值增值，改善价值链分工地位，而且为品牌建设提供重要支持，促进产业提升软实力。

三、市场消费需求潜力受到激发

纺织行业是终端消费品制造产业，不断扩大升级的市场需求是行业发展的根本驱动力。国际金融危机以来，受经济复苏缓慢及发达国家消费意愿趋于理性等因素影响，纺织品服装消费增长速度放缓。“十三五”时期，世界纤维消费总量预计将突破 1.1 亿吨，较“十二五”末期增长 16% 左右，仍有近 1500 万吨的扩容空间，但需求潜力能否转化为现实生产力，一方面取决于宏观经济环境，另一方面也有赖于纺织行业提升激发市场消费活力的能力。以互联网为代表的新一代信息技术改变了纺织行业与消费市场的互动模式，为纺织行业引领消费潮流，激发潜在消费力，主动获取更为充分的市场动力提供了有利条件。

通过互联网，纺织生产企业能够与市场上的个体消费者直接互动，提供完全满足消费者微观个性化需求的纺织服装产品，新的消费模式使得消费者选择更加多样，加上各种创意资源和服务资源的整合，消费体验也将大大增强。而且，基于智能制造、协同制造和互联网零售渠道扁平化，个性化定制的成本不升反降，消费者全程直接跟踪了解制造过程，能够很好迎合物美价廉、品质安全等消费心理。互联网使得纺织制造业获得了更多的主动创新空间，从而更好满足市场、激发需求潜力，形成更为强有力的产业内生发展动力。

第三章 国家推动信息化的政策环境

走新型工业化道路一直是国家的重要战略举措，核心是科技含量高、经济效益好、资源消耗低、环境污染少、人力资源优势得到充分发挥。这为纺织工业开展信息化建设指明了方向。从20世纪80年代开始，国家科委、电子工业部就给予工业企业信息化项目立项和资金支持；20世纪90年代，相继启动了以金关、金卡和金税为代表的重大信息化应用工程。

进入21世纪以来，国家对信息化建设的支持政策不断出台，传统产业开展信息化改造的政策环境不断优化。2000年10月，党的十五届五中全会把信息化提到了国家战略的高度；2002年11月，党的十六大提出以"信息化带动工业化，以工业化促进信息化"的大政方针；2007年10月，党的十七大报告正式将信息化列入"五化"，提出"两化融合"的概念。"十五"到"十二五"期间，国家对信息化发展重点进行了全面部署，做出了改造提升传统产业、推行电子政务、振兴软件产业、加强信息安全保障、加强信息资源开发利用、加快发展电子商务等一系列重要决策。

近年来，我国经济发展步入新常态，处于转型升级的关键时期。新一代信息技术飞速发展极大地改变了信息化的大环境。针对新形势，国家发布了一系列指导性政策，提出了建设制造强国和网络强国的构想。进一步强调信息化是新时期实现工业化、现代化的主要推动力，也是新常态下转型升级的主要推动力。新技术的发展，新应用的普及，必将带给信息化新的内涵，新的活力，形成了一些信息化新的领域，使信息化发展进入新的阶段。

第一节 十七大提出大力推进两化融合

党的十七大报告指出，要"全面认识工业化、信息化、城镇化、市场化、国际化深入发展的新形势新任务，深刻把握我国发展面临的新课题新矛盾，更加自觉地走科学发展道路”。提出要“发展现代产业体系，大力推进信息化与工业化融合，促进工业由大变强”。这是在十六大做出“以信息化带动工业化、以工业化促进信息化、走新型工业化道路”的基础上，对信息化与工业化关系更深刻的表述，充分反映出十六大以来党中央对信息化的认识不断深化，对信息化重视程度不断提升，也为这一阶段推进两化融合战略定下了基调。

一、利用信息技术改造和提升传统产业

为更加有序地推进信息化工作，2006 年 5 月国务院公布了《2006—2020 年国家信息化发展战略》（简称《信息化发展战略》），指出“信息化是当今世界发展的大趋势，是推动经济社会变革的重要力量。大力推进信息化，是覆盖我国现代化建设全局的战略举措，是贯彻落实科学发展观、全面建设小康社会、构建社会主义和谐社会和建设创新型国家的迫切需要和必然选择”。

《信息化发展战略》制定了我国 2006—2020 年国家信息化总体发展思路：“到 2020 年，综合信息基础设施基本普及，信息技术自主创新能力显著增强，信息产业结构全面优化，国家信息安全保障水平大幅提高，国民经济和社会信息化取得明显成效，新型工业化发展模式初步确立，国家信息化发展的制度环境和政策体系基本完善，国民信息技术应用能力显著提高，为迈向信息社会奠定坚实基础”。

《信息化发展战略》详细归纳了国家信息化发展的战略重点，信息化的战略行动，信息化发展的保障措施，提出利用信息技术改造和提升传统产业，推进传统产业设计研发信息化、生产装备数字化、生产过程智能化和经营管理网络化；充分运用信息技术推动高能耗、高物耗和高污染行业的改造；推动供应链管理和客户关系管理，大力扶持中小企业信息化。

二、大力推进制造业信息化

2006 年 2 月，国务院发布了《国家中长期科学和技术发展规划纲要》，旨在促进我国科学技术的全面创新发展。该纲要在涉及制造业科技创新的部分提出：经过 15 年的努力，掌握一批事关国家竞争力的装备制造业和信息产业核心技术，制造业和信息产业技术水平进入世界先进行列。大力推进制造业信息化，积极发

展基础原材料，大幅度提高产品档次、技术含量和附加值，全面提升制造业整体技术水平。

在传统产业方面，建议“重点研究数字化设计制造集成技术，建立若干行业的产品数字化和智能化设计制造平台。开发面向产品全生命周期的、网络环境下的数字化、智能化创新设计方法及技术，计算机辅助工程分析与工艺设计技术，设计、制造和管理的集成技术”。

三、落实信息技术改造提升传统产业的重点

为了落实国务院相关政策，2007 年 11 月，国家信息产业部发布了《信息技术改造提升传统产业“十一五”专项规划》，分析了我国传统产业应用信息技术的市场形势、技术需求趋势和面临的环境，明确“十一五”期间信息技术改造提升传统产业的思路和重点，促进信息产业和传统产业的互动与融合，提高信息技术和信息产业为传统产业改造的服务能力，加速推进新型农业、先进制造业和现代服务业的发展。

在“发展目标和思路”中明确强调要用“信息技术大幅提升轻工、纺织等传统加工工业的竞争能力，促进形成更多的知名品牌和优势企业”。

四、加快推进纺织企业信息化建设

为加快行业的结构调整和产业升级，解决纺织行业在国际金融危机后的困难，2009 年 4 月，国务院制定了《纺织调整振兴规划》，信息化也是推进技术创新的重要内容之一。

《纺织调整振兴规划》中要求“大力推动纺织企业信息化建设，推广适合化纤、纺织、印染和服装等重点行业特点的企业资源计划（ERP）管理系统、电子商务系统，提高信息化管理水平和市场快速反应能力”等。从国家层面明确支持行业化 ERP 和电子商务发展这是第一次，有着极其重要的意义。

五、加大信息技术在纺织行业的应用力度

2006 年 6 月，国家发改委和中国纺织工业协会发布《纺织工业“十一五”发展纲要》。其中指出，“以电子信息、生物工程和新材料等为核心的高新技术的发展，将成为纺织工业发展的主流。信息化技术将在企业生产、流通和管理等

领域广泛应用，形成一套完整的快速反应和消费导向体系”。要求加大信息技术在行业中的应用力度，列举出“十一五”期间纺织信息化和快速反应技术领域主要包括：适合纺织行业的企业资源计划（ERP）系统的开发研究；纺织行业电子商务平台；各类企业计算机集成制造系统（CIMS）开发及应用；纺织工厂生产信息监测和管理系统等。

六、提升纺织行业信息化应用水平

2011 年 11 月，工信部制定《纺织工业“十二五”发展规划》。规划中强调，要整体提升纺织行业的信息化应用水平。在重点任务中提出，要推广应用面向生产制造层面的制造执行系统（MES）、自动监测和动态精细化管理系统，以企业资源计划系统（ERP）为核心的信息系统的集成应用；利用新一代信息通信技术，特别是物联网技术在纺织生产制造环节的应用；初步建立面向国内主要纺织专业市场的电子商务公共服务平台体系，面向供应链和行业宏观决策层面的纺织宏观经济决策支持和知识库系统。

第二节　十八大以来明确建设制造强国、网络强国目标

党的十八大报告指出，“坚持走中国特色新型工业化、信息化、城镇化、农业现代化道路，推动信息化和工业化深度融合、工业化和城镇化良性互动、城镇化和农业现代化相互协调，促进工业化、信息化、城镇化、农业现代化同步发展”，为中国特色新型工业化道路指明了方向。十八届五中全会讨论了国民经济和社会发展第十三个五年规划，提出了构建产业新体系，加快建设制造强国；实施网络强国战略，加快构建高速、移动、安全、泛在的新一代信息基础设施。

在党的十九大报告中，提出了分两个阶段建成富强民主文明和谐美丽的社会主义现代化强国的宏伟目标，其中重申了要推动新型工业化、信息化、城镇化、农业现代化同步发展，强调了要加快建设制造强国，加快发展先进制造业，推动互联网、大数据、人工智能和实体经济深度融合，明确了加快建设制造强国和网络强国的方向。

一、加快建设制造强国

2015年5月，国务院发布《中国制造2025》，提出加快建设制造强国的战略，力争通过三个十年的努力，到中华人民共和国成立一百年时，把我国建设成为引领世界制造业发展的制造强国。《中国制造2025》是我国第一个实施制造强国战略的十年中长期行动纲领，制定了制造强国发展“三步走”目标，提出了以新一代信息技术与制造业深度融合为主线，以推进智能制造为主攻方向，实现制造业由大变强的历史性跨越。

《中国制造2025》开宗明义，以加快新一代信息技术与制造业深度融合为主线，明确了两化融合在整个制造业转型升级中的重要地位，也是我国制造业所要占据的一个制高点。

在两化深度融合的重点任务中，智能制造被定义为主攻方向，也是政府部门推进《中国制造2025》的抓手和突破口。其中重点提出要加快发展机械、汽车、轻工、纺织等行业生产设备的智能化改造，提高精准制造、敏捷制造能力；在重大领域试点建设智能化工厂，实现智能管控，加快食品、印染等重点行业智能检测监管体系建设，对纺织行业加快发展智能制造体系发挥重要指导作用。

在智能制造之后，紧接着是“深化互联网在制造领域的应用”，涉及发展基于互联网的个性化定制等新型制造模式，推动形成基于消费需求动态感知的研发、制造和产业组织方式；加快开展物联网技术研发和应用示范，培育工业互联网新应用；实施工业云及工业大数据创新应用试点，建设一批高质量的工业云服务和工业大数据平台等内容，都与纺织行业密切相关。

二、积极推进“互联网+”发展

2015年7月，国务院发布《关于积极推进“互联网+”行动的指导意见》（简称《“互联网+”指导意见》），着重把握好新一轮科技革命与产业革新所带来的重大战略机遇，积极引导国民经济各领域与互联网实现有机融合发展，实现经济提质增效和走向世界强国的发展目标。这是我国在新时期做出的实施“互联网+”发展战略的重要部署。

《“互联网+”指导意见》权威阐释了“互联网+”的含义和对适应、引领经济发展新常态的重要意义，提出顺应“互联网+”发展趋势，推动互联网由消费领域向生产领域拓展，构筑经济社会发展新优势和新动能的总体发展思路。

针对纺织工业这样的制造业，《“互联网 +” 指导意见》提出了“互联网 +” 协同制造的重点行动任务，并细化为四个方面：大力发展智能制造，以智能工厂为发展方向，推进生产装备智能化升级、工艺流程改造和基础数据共享；发展大规模个性化定制，开展基于个性化产品的服务模式和商业模式创新；提升网络化协同制造水平，鼓励制造业骨干企业通过互联网与产业链各环节紧密协同，有实力的互联网企业构建网络化协同制造公共服务平台；加速制造业服务化转型，整合产品全生命周期数据，形成面向生产组织全过程的决策服务信息，鼓励企业基于互联网开展在线增值服务。

三、实施网络强国战略

2016 年 7 月，中共中央办公厅、国务院办公厅发布了《国家信息化发展战略纲要》（简称《信息化纲要》），立足于我国信息化建设进程和新形势，明确了新的指导思想、战略目标、基本方针和重大任务，成为规范和指导未来十年国家信息化发展的纲领性文件。

首先，《信息化纲要》明确了以信息化驱动现代化，建设网络强国的目标，着力增强国家信息化发展能力，着力提高信息化应用水平，着力优化信息化发展环境。对构建泛在高效的信息网络做出规划布局，为推进“互联网 +” 提供基础设施支持。提出推动“中国制造 + 互联网” 发展要求，深度广泛应用互联网，培养推广新型智能化制造模式，推动生产方式向柔性、智能、精细化转变。

《信息化纲要》给纺织信息化赋予了新的内容。在“着力提升经济社会信息化水平”部分明确提出要“以智能制造为突破口，加快信息技术与制造技术、产品、装备融合创新，推广智能工厂和智能制造模式，全面提升企业研发、生产、管理和服务的智能化水平”；要“深化互联网在制造领域的应用，积极培育众创设计、网络众包、个性化定制、服务型制造等新模式，完善产业链，打造新型制造体系”。这些措施再次强化了实施“中国制造 + 互联网” 行动计划战略部署，并与制造强国战略形成有机结合。

四、制造业与互联网融合发展

2016 年 5 月，国务院印发《关于深化制造业与互联网融合发展的指导意见》

（简称《融合发展指导意见》），明确提出制造业是实施“互联网+”的主战场，要协同推进“中国制造2025”和“互联网+”行动，加快制造强国建设。其目标是到2018年底，初步形成跨境融合的制造业新业态，制造业数字化、网络化、智能化取得明显进展；到2025年，制造业与互联网融合发展迈上新台阶，融合“双创”体系基本完备，融合发展新模式广泛普及，新型制造体系基本形成，制造业综合竞争实力大幅提升。

《融合发展指导意见》提出了制造企业应用互联网加强“双创”及制造升级、互联网企业构建相关服务体系以及制造业与互联网行业加强跨界融合、培育制造业与互联网融合新模式、强化融合发展基础支撑、提升融合发展系统解决方案能力、提高工业信息系统安全水平重点与措施，进一步明确了制造业与互联网融合发展的路径方法，并提供了更为有利的政策保障条件。

对于纺织行业来说，《融合发展指导意见》制定的技术路线都有着普遍的现实意义。比如面向生产制造全过程、全产业链、产品全生命周期，实施智能制造等重大工程；支持企业深化质量管理与互联网的融合，推动在线检测等全产业链质量控制；大力发展网络化协同制造新模式、开展基于个性化产品的研发、生产、服务和商业模式创新，推动企业运用互联网开展在线增值服务；鼓励发展面向智能产品和智能装备的产品全生命周期管理和服务，实现从制造向“制造+服务”转型升级；积极培育工业电子商务等新业态，推动建设一批第三方电子商务服务平台等。

五、全面增强信息化发展能力

为了贯彻落实《信息化纲要》，国务院于2016年12月印发了《“十三五”国家信息化规划》，强调了“十三五”期间要全面增强信息化发展能力，着力发挥信息化对经济社会发展的驱动引领作用，培育发展新动能，拓展网络经济空间，壮大网络信息等新兴消费，全面提升信息化应用水平。

在制造业信息化的相关应用与推广工程中，提出了要推动工业云、工业大数据、工业电子商务等技术的集成应用，培育众包研发、协同制造、精益管理、远程服务等新模式，发展面向制造环节的分享经济，促进供给与需求的精准匹配；加强两化融合管理体系标准制定和应用推广，推动业务流程再造和组织方式变革等。

六、努力打造国际领先的工业互联网

2017年11月，国务院印发《关于深化“互联网+先进制造业”发展工业互联网的指导意见》，着重指出工业互联网通过系统构建网络、平台、安全三大功能体系，打造人、机、物全面互联的新型网络基础设施，形成智能化发展的新兴业态和应用模式，是推进制造强国和网络强国建设的重要基础。在发展目标中，提出分三个阶段，到21世纪中叶，我国工业互联网综合实力进入世界前列。

国家加强工业互联网基础设施建设，对纺织信息化是重大发展机遇。要面向重点领域打造与行业特点紧密结合的工业互联网整体解决方案，如加快工业互联网在纺织企业的应用，实现企业各层级数据资源的端到端集成；依托工业互联网平台开展数据集成应用，实现企业生产与运营管理的智能决策和深度优化；鼓励企业通过工业互联网平台整合资源，构建设计、生产与供应链资源有效组织的协同制造体系等。

七、促进制造业服务化转型

为了贯彻落实《中国制造2025》，2016年7月，工信部、发改委和中国工程院印发《发展服务型制造专项行动指南》，其目标是通过三年的发展，使得我国制造业服务型制造水平明显提升，对企业提质增效和转型升级的促进作用进一步增强。制造与服务全方位、宽领域、深层次融合，基本实现与制造强国战略进程相适应的服务型制造发展格局。

在设计服务提升、制造效能提升、客户价值提升、服务模式创新等四个主要行动中，从服务化转型的角度出发，有许多与纺织行业密切相关的阐述，比如开展定制化服务，增强定制设计和柔性制造能力；推广供应链管理等先进管理理念和组织方式，强化制造业企业在供应链中的主导地位；支持建设以制造业企业为中心的网络化协同制造服务体系，实现企业间协同和社会制造资源广泛共享与集成；支持软件和信息技术服务企业面向制造业提供信息化解决方案，开发低成本、高可靠的信息化软件系统；加大应用推广力度；大力推动云制造服务；支持制造业企业、互联网企业、信息技术服务企业跨界联合，实现制造资源、制造能力和物流配送开放共享等。

八、进一步提高两化融合发展水平

为贯彻落实国务院发布的《中国制造2025》和《融合发展指导意见》，2016年11月工信部编制了《信息化和工业化融合发展规划（2016—2020年）》（简称《两化融合规划》），明确了到“十三五”末，我国信息化和工业化融合发展水平进一步提高，提升制造业创新发展能力的“双创”体系更加健全，支撑融合发展的基础设施和产业生态日趋完善，制造业数字化、网络化、智能化取得明显进展，新产品、新技术、新模式、新业态不断催生新的增长点等一系列目标。

具体到制造业企业，《两化融合规划》在“推广网络化生产新模式，引领生产方式持续变革”的主要任务中，强调了大力发展智能工厂、推进网络协同制造、推广个性化定制、发展服务型制造等方面的重要内容，是下一步纺织工业两化融合的发展方向。

九、大力开展智能制造

2016年12月，工信部、财政部印发《智能制造发展规划（2016—2020年）》（简称《智能制造规划》），是实施国务院《中国制造2025》和《融合发展指导意见》的具体规划。提出了我国推进智能制造发展“两步走”战略：第一步，到2020年，智能制造发展基础和支撑能力明显增强，传统制造业重点领域基本实现数字化制造，有条件、有基础的重点产业智能转型取得明显进展；第二步，到2025年，智能制造支撑体系基本建立，重点产业初步实现智能转型。

《智能制造规划》提出了10项重点任务，其中加快智能制造装备发展、加强关键共性技术创新、建设智能制造标准体系、构筑工业互联网基础、加大智能制造试点示范推广力度、促进中小企业智能化改造、培育智能制造生态体系等任务相关政府部门正在推动实施，使得纺织行业开展智能制造有了更加明确的方向和有力的支持。

十、增强纺织行业两化融合能力

2016年9月，工信部印发《纺织“十三五”规划》，其中强调了要实现两化融合能力增强，成套智能纺织技术装备实现产业化应用，形成纺织各专业领域智能制造系统化解决方案；要推动互联网、大数据、云计算、物联网在纺织行业融合应用，促进要素资源优化配置，推动制造模式和商业模式创新。

在其重点任务中，推进智能制造处于突出位置。具体内容包括自动化、数字化、智能化纺织装备开发、推进智能工厂（车间）建设、培育发展大规模个性化定制等领域，涵盖化纤、棉纺织、印染、针织、服装、家纺等行业。

第四章　纺织行业信息化的发展水平

第一节　总体发展水平

一、有广泛的应用基础和较高的应用水平

纺织行业信息化在20世纪70年代末国家改革开放的新形势下开始起步，与我国纺织工业的发展同步前行。40年来，经历了起步、推广、实现转变、较快发展、两化融合和深度融合等发展阶段，由点到面，由局部到全局，覆盖领域宽，信息技术有广泛的应用基础和较高的应用水平，对行业的长期平稳快速发展发挥了重要作用，对纺织工业改革开放以来的历史性发展做出了重要贡献。其间随着国内外经济形势、市场环境、行业运行、企业效益的变化有过起伏，既有值得总结的经验，也有需要汲取的教训。

近年来，随着外部宏观形势及行业内在发展方式发生重要变化，我国经济发展步入增速换挡、结构调整、动力转换的新常态。纺织工业遇到了一系列新矛盾、新问题，经济增速逐步放缓，发展动力转换的特征日益明显，步入了一个转型升级的关键时期。这一时期的纺织行业信息化，在新一代信息技术快速发展带动全球科技创新的大环境下，出于纺织行业转型升级对于信息化的迫切需求，得到十八大以来国家一系列重大政策的引导和支持，取得了较之以往更快的发展。两化融合走向深入，关键技术攻关取得突破性进展，与先进制造技术的结合日益密切，互联网的行业应用逐步深化，新模式新业态不断成长，行业信息化水平显著提升，已经成为引领行业创新、驱动转型升级、实现强国目标的重要动力。

二、在我国制造业中处于中等水平

就纺织行业信息化的整体状况进行分析，大体上在我国制造业中处于中等水平，是我国制造业信息化的重要组成部分，并将在建设制造强国的进程中发挥作用。

纺织行业在制造业各个行业中应用信息技术早，行业推广早，取得实效早；纺织企业，如棉纺织企业有较好的传统管理基础，管理信息化系统得以较为顺利地落地，取得实际的效益；纺织设备企业与纺织企业联系密切，有利于自动化、数字化设备和生产线的推广应用，并根据用户意见不断改进；纺织产业集群辐射特征明显，十分有利于信息技术的推广，有利于信息化服务平台发挥作用；更重要的是，纺织工业是上下游密切衔接的产业链，各个细分行业的信息化可以整体规划，相互沟通，取长补短，加快推进。另一方面，纺织行业集中度较低，中小企业占绝大多数，对信息化投入不足；与钢铁、石化等流程型企业相比，纺织企业生产制造的自动化水平较低，也影响到生产制造管理系统的全面应用；与机械装备等行业相比，缺乏国家支持的大型项目作为支撑，信息化项目的规模、水平和影响力受到限制；与电子信息等新兴行业相比，对新技术的敏感度，对新趋势的把握存在差距等。

由于我国纺织行业存在地域、行业、企业的差异性、发展不平衡性，从而决定了信息化目标需求的多样性、推进步骤的渐进性和实施过程的艰巨性。21 世纪以来，随着企业信息化需求的日益增长，有关技术飞速发展，各种应用软件日渐成熟，纺织企业对信息化的认识已经逐渐统一，服装、家纺、产业用纺织品等终端行业信息化水平提升迅速，各个细分行业的发展日趋平衡，与一些先进行业的差距正在逐渐缩小。在当前新形势下，智能制造、“互联网 +” 开始推进，新一代信息技术加快应用，纺织行业的新一轮信息化浪潮已经启动，与其他制造业行业都处于同一起跑线上。

第二节　应用领域发展水平

纺织行业信息化的重点主要集中在产品设计、生产设备、生产管控、企业管理以及营销渠道等领域。40 年来，通过加大信息化技术应用开发与推广，纺织行业信息化取得积极进展，设计开发能力明显增强，技术装备水平得到提升，管理水平不断改善，公共服务持续扩大。各个领域起步有先有后，特点有所不同，普及面存在差异，但是总体发展比较平衡，经济效益和社会效益逐步显现，处于较高的应用水平。这不仅有力地支撑了纺织行业实现持续、平稳发展，推动了转型升级进程，也为新一轮信息化建设的发展和纺织强国目标的实现奠定了重要基础。

一、产品设计信息化推广面广

CAD、CAM 等技术的应用体现了鲜明的纺织行业特点，广泛应用于印花图案、织物组织、提花纹织设计以及服装设计及排料、电子配色等环节，具有我国自主版权的软件占大多数，在 20 世纪末就得到大面积推广，普遍投资不大，但经济效益显著。国内多种软件产品占有很大市场份额，有的已经到达国际先进水平，而价格远低于国外同类产品，在国际市场上具有竞争力。

以服装行业为例，相关设备和技术得到广泛应用，规模以上企业 CAD 普及率达到 100%，CAM 达到 15% 以上；三维 CAD 技术进入商业化阶段，三维人体测量系统应用日益广泛；在三维人体测量、服装人体数据库、虚拟试衣等技术支持下，基于互联网环境、面向个性化定制的服装设计逐步推广；CAD 与 CAM 的接口技术及相关标准取得进展。

纺织品颜色及相关工艺的数字化管理进一步深入，对色织物精准测配色、面料结构的 CAD 高仿真、面料及颜色的影像化及影像检索、数字化色织面料云平台及跨区域在线传输等技术进行了研究与开发，大大提高纱线、面料样品测色一次成功率。

织物花型设计与服装款式设计有了结合的尝试，如对服装款式、板型和独花图案三者进行整体设计和面料定位织造，解决了服装因裁剪、省道等原因造成的图案衔接问题，使得织物花型、色彩、结构、材质以及服装缝制工艺都能满足服装整体设计的要求。

PLM 得到应用，一些软件供应商的产品技术上趋于成熟，实现了与 CAD、CAM，以及 ERP 的集成。PLM 系统基于互联网，支持服装企业业务流程（包括款式设计、尺码表生成、CAD 制板/排板、裁剪/车缝、样品评估等）中追踪产品开发周期中所有的信息；对于纺织机械企业，能够科学合理地规划研发流程，促进部门协同，提高设计效率，降低设计差错，缩短产品交货周期。

二、自动控制经济效益明显

自动控制应用包括化纤生产过程控制、纺织品印染过程控制，以及老设备改造、锅炉空调风机的节能控制等。采用各种自动控制技术，明显提高生产效率和经济效益，十几年来一直在稳步开展。

化纤企业应用自动控制系统一直具有很好的基础和较高的水平，近年来突出的是大型PTA、聚酯、涤纶长丝企业，设备更新快，新上的生产线全部具有高度自动化、数字化水平，基本与石化企业持平；大多数黏胶企业进行了老设备改造，基本实现从自动投料开始，经浸渍、老成、黄化、溶解、熟成、过滤直至纺丝的全工艺过程自动化控制，有效地减少工人的劳动强度，大幅提高产品生产工艺的稳定性。

印染企业随着国家推进资源节约型和环境友好型社会建设进程的加快，环保排污要求日益严格，加快了自动控制技术的应用。染整装备高效化、连续化水平明显提升，全流程自动化生产线比重扩大，并向智能化方向发展；高精度平网圆网印花性能明显提高，网络化功能得到加强；数码印花一方面提高喷印速度，一方面开发智能化功能，出现了自适应的机型；自动调浆系统、自动配料系统、新型整花整纬等技术有效推广；突出的是筒子纱自动染色技术实现了全流程自动化生产，得到产业化应用。

三、生产制造管理信息化近期发展快

MES是生产制造管理的主要内容，其中棉纺在线监测系统在20世纪80年代初就有应用，但是多年来进展不大。21世纪以来我国纺织业的高速发展带动了设备改造，为MES应用带来契机；劳动力成本的提高，职工绩效考核的严格，加大了企业对MES的需求；近几年由于智能制造的全面推进，更加快了MES的应用推广，较之其他应用领域有后来居上之势。

棉纺在线监测系统、织机在线监测系统、印染监控系统、针织网络管理系统、服装ETS系统全面铺开，都取得了很好的效果。印染生产过程监控系统近年来推广最快，有多种解决方案可供用户选择，对于印染企业稳定产品质量、提高生产效率、优化生产工艺、促进节能减排发挥了重要作用；棉纺生产线在线监测和管理系统的集成化水平明显提高，适应性增强，一般不局限于特定供应商，可以连接多种型号设备，还可以与ERP对接；服装ETS系统应用RFID技术，实现了生产任务进度控制、生产物料追踪、生产品质监控以及生产核心环节实时监控调度等功能；基于互联网的针织网络管理系统，具备生产绩效分析、生产质量追溯和生产智能排产等功能。越来越多的供应商推出了MES与ERP集成的整体解决方案，应用水平和技术水平显著进步。

越来越多的MES中加入能源管理功能，独立的能源管理系统也有许多投入应用。系统以节能降耗为主要目标，通过对不同机台上水、电、汽等数据的采集，核算单位能耗成本，具有自动采集、运算、分析、管理、优化和诊断功能，对企业节能减排和管理水平提高具有促进作用。

在构建智能化生产线过程中，要实现全流程信息的互联互通，必须构建整条生产线的车间层面的集中监控和远程监控系统，并在此基础上，研究"云制造"概念，构建高效的网络共享平台，逐步积累和整合各种设计、制造资源，将纺织行业的生产制造管理提升到一个新水平。

四、管理信息化走向深化

MIS、ERP等管理系统一直是纺织行业信息化的主要领域。尽管在20世纪90年代中后期遭遇发展瓶颈，但由于企业面临内部经营机制转换和外部市场竞争，自己投资，自主实施，能确实从需求出发，减少了盲目性，在实施中更加注重实效，仍然取得了一批扎实的成果。21世纪以来，随着纺织工业的快速发展，迎来了信息化的高潮，企业对信息化管理达成了共识，争相实施ERP，应用面显著扩大。纺织行业规模以上企业管理信息化的应用综合覆盖率达到75%以上，不同程度地覆盖了财务、成本核算、销售、采购、仓储、研发设计、生产、设备、能源等业务管理环节。

纺织ERP在多年的发展过程中形成了一些特点：商品化ERP软件具有通用性强，技术成熟的特点，产品化程度高，应用的企业越来越多，明显提高了系统实施的成功率，减少了开发工作量，提高了企业的现代化管理水平；ERP的行业化取得重大进展，诸多软件供应商推出了针对纺织不同细分行业的系统，功能更加贴近用户需求，分行业形成有特点的示范应用，普遍受到企业的欢迎；与不同应用系统的综合集成能力在加强，向下可以与生产设备自动化系统、MES连接，横向可以与产品设计系统（如CAD、PDM、PLM）、工艺设计系统（CAPP、配棉系统、配色配料系统）、各种实验室系统连接，最后要解决与本行业的电子商务系统、供应链管理系统、社交网络的结合，具有更强大的协同能力。

纺织行业ERP等管理软件的应用已经常态化，功能日臻完善，并采取了一些新的应用模式，更大程度上融入云计算、移动互联、大数据等新技术。另外，CRM、SCM等在互联网环境下更好地发挥了作用，企业管理信息化开始步入集成应用新阶段。

五、公共服务平台建设见成效

纺织行业中小微型企业众多，第三次经济普查统计到的23.5万户纺织企业中，大中型企业占比仅为3.4%。由于信息化基础薄弱、信息滞后、需求多样、信息系统实施复杂，急需得到信息化方面的公共服务。纺织行业中小企业具有集聚化分布的特征，产业集群为推进中小微企业两化融合提供了有利条件。

因此，纺织产业集群地区面向中小企业的网络化公共服务平台建设从2003年开始，已经明显见到成效。建设成功的服务平台整合分散在各产业集群间的网站和信息资源孤岛，形成产业链上、下游企业统一的服务和协作平台；如纺织业发达的浙江省，形成了面向服装、印染、针织等许多细分行业的专业化服务平台；而在中西部，如重庆、宁夏等地的服务平台结合当地产业特点，也发挥了很好的辐射作用。当前，信息化服务平台服务面增大，获得云计算等新技术和运营模式的支撑，行业化软件通过云平台推广，形成了一些“纺织云”。

中国纺织工业联合会一直在推进“中国纺织产业网联盟建设”等纺织行业公共信息服务平台项目，得到了发改委、工信部等政府部门的支持。这些服务平台项目发挥各自优势，整合服务资源，实现信息共享，为中小微型企业提供在线设计、信息、软件、技术开发、培训、产品推广等服务，与其他制造业行业相比，形成了具有行业特色的公共服务体系。

六、电子商务蓬勃发展

纺织电子商务在2000年前后开始起步，一直平稳发展。在“十二五”期间明显加速，交易规模持续扩大。2016年，纺织服装B2B电子商务交易额达到

3.45万亿元，比2011年增长了约2.1倍，实现了纺织原料、辅料、包装等供应链资源的在线整合，初步搭建起纺织行业协同制造体系；尤其是淘宝、京东等面向广大消费者的B2C电子商务交易平台发展更是超出预期，服装家纺产品网络销售额达到9850亿元，比2011年增长了约3.4倍，占全部网络销售额的20%以上，正在改变广大消费者的消费习惯和模式。

一些产业集群和专业市场积极整合资源，搭建起区域性、行业性电子商务平台，并积极优化仓储、物流、培训等配套设施和服务体系，提高平台利用效率。2016年，全国850户万平方米以上专业市场电子商务交易额为9780亿元，占专业市场实体交易额的近40%。电子商务公共平台为集群企业和市场商户进入纺织协同制造体系提供了重要途径和基础支撑，也推进了产业集群和专业市场的转型升级。

第三节　细分行业发展水平

我国纺织工业细分为多个行业，形成一条完整的产业链。纺织产业链由原料到最终消费品，上下游衔接紧密，包括化纤、棉纺织、毛纺织、麻纺织、丝绸、长丝织造、印染、针织、服装、家纺、产业用纺织品等行业，以及作为装备支撑的纺机行业。

对于信息化建设，每一个行业特点不同，行业的需求差异性明显。如上游的化纤行业，面向纺织企业，客户相对固定，而更多地受制于国际原料市场；而下游的服装业则直接面向消费市场，产品种类越来越多，使用周期越来越短，市场变化越来越快。纺织行业信息化的开展注意到了这些差别，适应了各个行业的特点，使得细分行业的发展日趋平衡。

一、化纤行业

化纤行业为纺织工业提供了80%以上的工业化原料，生产流程与化工行业类似，其产品对下游各个行业都造成很大影响。以前，信息化的主要目标局限于简化操作、提高生产效率和自动化水平。21世纪以来，基于党中央提出的转变经济增长方式，建设节约型社会的战略目标，则必须注重节能、降耗、安全、环保，稳定和提升产品质量，减少原料浪费，降低能源消耗和污水排放，保证安全生产，保障职工健康，实现清洁生产。其中安全生产绝不容忽视。因此，近年来信息化建设中的重点向这一领域倾斜，需求明显增长。

生产过程自动化一直是化纤企业信息化的主要领域，随着化纤生产线的规模生产能力和生产效益的提高，化纤生产线向高速、大型化、连续化方向发展，实现 DCS 是主要需求。恒逸集团、荣盛集团、恒力集团等企业结合设备更新改造，实施了全流程的 DSC 控制系统，成效显著；江苏盛虹、江苏桐昆等企业在生产线末端，实施了自动落丝、包装和入库系统，节省了人工，提高了效率；仪征化纤等大型化纤企业以自身的资金实力和生产自动化的基础，较早实现了整个企业的管理信息化系统，普及率在各个行业中名列前茅。宜宾丝丽雅、新乡白鹭、吉林化纤等黏胶企业进行了老设备改造，基本实现了全工艺过程自动化控制。化纤信息化的发展趋势是全厂 DCS 系统组成控制网络，并与管理信息系统集成，形成一个管控一体化的综合信息网络。

二、棉纺织行业

棉纺织行业在纺织工业中处于基础地位，也是规模最大的一个行业，其运行状况直接影响上下游产业，主要产品棉纱、棉布产量多年来居世界第一位。由于大中型企业多，管理基础好，管理信息化一直走在前列。

棉纺织企业历史上一直以管理严格规范著称，上海第二十八棉纺织厂和京棉一厂分别在纺织行业最早应用了在线监测系统和管理信息系统，起到了很好的带头作用。在 21 世纪初管理信息化的高潮中，棉纺织企业实施 ERP 最多，如山东鲁泰、安徽华茂、无锡一棉、广东溢达、广东北江纺织公司（简称广东北江）、江苏悦达、江苏联发纺织股份有限公司（简称江苏联发）、福建嘉达纺织股份有限公司等企业，运行效果好于其他行业，多年来一直在企业精细管理中发挥不可或缺的作用；配棉系统的应用，提高了产品质量，减少了库存，在一段时期内作用十分明显；纺部和织部实验室的管理系统与测试仪器联网，自动采集数据，进行智能化分析和处理，提高了质量管控水平。

我国棉纺织企业的装备水平已经大幅度提高，自动化、数字化装备快速发展，新型设备都配置信号采集接口，一些设备供应商就可以提供联网的解决方案，建立车间自动监测系统成为趋势。纺纱在线监测系统技术发展快，覆盖了清花、梳棉、并条、精梳、粗纱、细纱和落筒各个工序，同时突出了集成化。国内，有的系统可以连接多家供应商的设备；织机在线监测系统应用比较多，覆盖了喷水、喷气、剑杆、片梭织机等多种织机；在线疵点检测技术研究多年，在一些技术上有了突破，应用有所扩大，整体解决方案尚有待完善。

在近期智能制造推进过程中，山东华兴、江苏大生等企业建成了全流程自动化生产线，覆盖了从原料投入到成品入库的各个工序，包括在线监测信息系统、条筒 AGV 输送系统、细纱单锭检测机构、细纱接头智能导航系统、筒纱智能包装与输送系统和 MES 等，具有先进的技术水平和应用水平，在同行业中有很好的示范作用。

三、毛纺织行业

我国毛纺织行业包括毛纺织企业、毛针织企业，生产规模、行业结构、产品品种质量、技术进步、市场拓展等方面有长足发展，已步入世界毛纺大国的行列。江苏阳光、山东如意科技集团（简称山东如意）、山东南山纺织服饰有限公司（简称山东南山）、鄂尔多斯羊绒集团（简称鄂尔多斯）等大型企业的管理信息化一直走在整个纺织工业前列。

由于产品附加值较高，工艺和质量管理一直是信息化重要内容。山东如意集团应用人工智能技术，实现了面向精梳毛纺织的工艺参数优化和质量监控系统，目的是解决毛纺织产品开发周期长，质量不易控制等长期存在的问题，并在今后继续深入开发，拓展行业应用。同时，由于企业近期的快速发展，形成了包含上下游产业的企业集团，与西安工程大学、东华大学等高校密切合作，在国家科技部的支持下，开展面向纺织产品全生命周期的协同管理、具有纺织特点的先进制造集成方案等项目。

四、印染行业

印染行业处于整个纺织产业链的中端，产品对于提高纺织品面料的质量、档次和附加值，提高我国纺织品国际竞争力起着关键作用。随着国家对节能减排工作的推动和监管力度不断加大，环保排污要求日益严格，淘汰落后印染生产能力的力度不断加大，印染企业技术改造的需求十分迫切，其清洁生产、绿色纺织品、环境保护等问题都格外引人注目，绿色化成为信息化的重要指标。印染生产过程在线检测和控制技术、印染行业清洁生产的自动化工业平台等是需要重点突破和急待解决推广的关键技术。

近年来，印染行业成功地开发了印染在线采集系统、自动电脑调浆系统、染缸集中控制系统、自动配料系统、轧余率在线检测系统、智能整花整纬机系统、能源管理系统等，并能够与MES、ERP等系统集成，在华纺股份、青岛凤凰、浙江美欣达印染集团、宜兴乐祺纺织集团（简称宜兴乐祺）、远纺染织、互太（番禺）纺织印染公司、安徽中天等许多企业得到应用。山东康平纳在全自动筒子纱染色生产线的基础上，又推出了全自动染料助剂配送系统、自动经轴装卸机、装卸纱机械手、全自动脱水机等自动化染整系列设备。

数码印花近年来发展很快，应用面明显扩大。如杭州宏华的高速数码印花设备，喷头矩阵为48×48个，最高可以达到1000平方米/小时的速度；新型智能化的自适应数码印花机，还可以在有花型的织物上印花，先通过扫描、花型识别，再根据设计的花型，在面料上精准对位，进行叠印印花。数码印花技术省去了传统工艺的描稿、制片、制网、雕刻等一系列过程，能及时向客户提供所需产品，方便组织小批量生产、甚至个性化定制，花色随心所欲，又节省染化料，实现了绿色生产，是印染行业有代表性的信息化技术。

五、服装行业

服装行业企业数最多，传统上属劳动密集型产业，处于产业链的末端，直接面向消费市场，也是我国在国际市场上最具竞争力的产业。当前由于经济形势的变化，向品牌化、时尚化、个性化的方向发展，加快了转型升级。尽管长期以来信息化基础薄弱，但是近年来发展速度快，大有后来居上之势。

服装企业绝大多数是中小企业，区域化集中的产业集群现象明显，21世纪以来信息化公共服务平台得以普及推广，尤其在服装业发达的浙江、江苏、广东、福建等地区，取得了更为明显的辐射效果。如浙江湖州童装服务平台成功运营，面向周边区域的开展服装综合服务，开发服装行业专业软件，进行网上租用服务，充分发挥了SaaS的优越性。

生产制造环节设备自动化水平低，需要工人人数多，历来是制约服装信息化水平提高的瓶颈，近年来得到很大改善。通过引进国外服装加工设备，经过消化吸收再创新，我国已经基本实现了缝制、整烫、吊挂、洗衣等关键设备的国产化，一些设备达到了自动化或半自动化；在与CAD配套的国产化输入输出设备方面，如全自动铺布机和系列化自动裁床应用推广很快，裁割智能刀具控制系统及刀头行走控制精度、系统的元器件技术等方面达到国际水平；难度较大的缝制自动化系统和设备开始应用，自动连续缝制、自动锁眼、自动钉扣、自动开袋等单元机应用不断增加；自动化吊挂线、套件自动分拣、智能物流仓储等生产管理信息系统在一些大型服装企业成功运行。

一些信息化基础较好的大型服装企业，如雅戈尔、海澜集团、福建七匹狼、九牧王、上海美邦等，几乎在前几年全部实施了适合自身发展需求的ERP系统。近年来继续深化应用，对内注重车间物流管理，对外注重网络营销，包括对无线网络平台的利用；青岛红领、报喜鸟、宁夏汇川等企业以信息系统为支撑，实现由传统大规模生产模式向个性化定制生产模式的转移，是当前发展最快的一个领域。

由于服装产品的季节性和时尚性，产品设计信息化一直是重要领域，CAD等技术经过多年推广，普及率达到很高水平；CAD与自动裁床等生产制造设备集成配套，形成CAD/CAM系统，大大提高了效率；三维CAD量身定做系统、模拟试衣系统，可以满足客户的个性化需求。

六、针织行业

针织行业是21世纪纺织工业中发展最快的行业，呈现出多样化的特点，在出口中占有较大比例。针织生产覆盖纺织、染色、印花、缝制等多个环节，生产流程集中度高，但是制造类型差异大，行业特点极为鲜明。

北京三针、天津针织厂等针织企业在20世纪80年代就开始了管理信息化系统的建设。近年来，北京铜牛、晋江凤竹、江苏启新等企业相继实施了ERP、MES系统，有助于行业制造和管理水平的提高。当前，宁波申洲针织公司、青岛即发集团、安莉芳等大型企业，管理信息化都达到了较高的综合水平。

由于新产品新技术的普遍应用，针织生产流程短的特点日益显现，针织设备自动化和网络化水平迅速提高。经编设备已开发出具有高动态响应的经编集成控制系统，并具备质量在线监测功能；针织横机全自动控制系统应用普及，大大提高了横机的生产效率；电脑控制双面无缝内衣编织技术开始应用，促进纬编一体化编织设备发展。国内外制造商在推出新型针织机的同时，都同时推出了可以管理上千台设备的网络化监测和管理系统，体现了当前互联网等新一代信息技术的发展趋势；制造商可以方便地通过网络监控云平台对设备进行远程监测和跟踪，开展远程维护和服务。

七、纺机行业

我国的纺织机械制造业是为纺织工业提供生产装备的行业，从20世纪50年代起就归属纺织工业部，与纺织行业结合密切，对产业升级起着重要作用。纺机信息化一直走在行业前列，尤其国家提出“振兴装备制造业”战略之后，对纺机信息化发展是一个强有力的推动。

在自身企业信息化方面，经纬纺机从20世纪80年代起就走在行业前列，其管理信息化在实施MRPII、国内供应商的ERP的应用础上，近期实施了SAP的ERP系统，包括榆次、青岛、沈阳、天津、咸阳、宜昌、常德等纺机厂，加强了集团管控，对管理的要求更加严格；郑纺机实施了PLM系统，实现了与原有CAPP和ERP系统的集成，能够科学合理地规划研发流程，促进部门协同，提高设计效率，降低设计差错，缩短产品交货周期。

在产品设计开发方面，随着纺织企业产品结构的调整，对纺织机械的需求也更加个性化。青岛环球、连云港鹰游纺机集团等企业能针对不同客户的不同需求量身定制相应产品，如根据客户企业的工厂场地、用工情况以及产品要求进行整体设计，通过工艺设计、设备合理布局等帮助客户节约空间、减少用工、实现节能，尽可能地减少用水、用电、原料及成品运输等方面的能耗。不少纺机企业的个性化定制已经从小批量逐渐走向批量化。

第四节　信息化建设的经验总结

一、企业信息化建设的经验

企业作为信息化项目的投资主体和实施主体，其成功的经验有以下六条：

（一）领导重视，对应用切实支持

信息化项目与一般基本建设和技术改造项目不同，它是一项系统工程，涉及企业的方方面面，工作量大，实施周期长，投资大，见效益慢，所遇到的问题远

非信息部门或技术部门所能解决，必须有企业主要领导，特别是一把手要亲自参与和领导。如“一把手原则”等说法，已成为共识。

（二）选择适合企业需求的项目

企业成为项目的投资主体和实施主体，对信息化建设都已加深了理解，达成了共识。当前的纺织企业都能够根据自身的切实需求和投资能力，自主选择项目，详细论证其可行性，克服了盲目性，不搞面子工程，不搞一哄而上。

（三）有一支应用开发队伍，保持合理的人员结构

实施信息化项目必须有本企业的各级管理人员和技术人员积极参与和配合，单靠外面请来的专家，即使水平再高，也很难奏效。有些项目验收后不能正常运行，或者几年后寿终正寝，人才流失是一个重要原因。拥有一支应用开发队伍是企业系统正常运行的保证。成功企业在多年的应用开发中培养了计算机应用专业技术骨干，形成了一定的基础力量。他们熟悉本企业的情况，有责任心，又掌握了计算机知识，积累了技术开发和维护的经验，是一批宝贵的人才资源。有的企业信息部门在承担本企业信息化任务之外，又对外开展信息化开发和服务，独立成为软件开发公司，在行业信息化中发挥了更大的作用。

（四）保证一定的资金投入

信息化建设需要资金投入作为保证。纺织企业贷款不多，国家对行业信息化主要是政策引导，项目主要靠企业自有资金解决。这些企业的资金投入不仅用于购置计算机设备，还包括系统规划和咨询、软件开发、人员培训等费用。在开发完成后，还有系统运行和维护费用，都列入企业每年的财务计划。

（五）选择适当的开发方式和好的合作开发单位

用户企业与软件开发商采用合作开发的方式，与企业自行开发、交钥匙式的委托开发等方式相比，更加有利于企业人员熟悉和维护系统，减少实施风险，也能借助开发单位的经验，减少重复劳动，提高系统水平。这种方式在纺织行业的信息化系统开发中采用最为普遍。

合作开发的主要问题是企业选择合适的开发伙伴，它应该有技术实力，有成熟技术和产品，能提供整体解决方案。近期，企业更加注重有同行业企业的开发经历，熟悉行业特点。不少企业采取招标的方式进行选择，也有的请咨询机构介入。

（六）采用先进适用的技术和产品

许多企业以务实的态度，在着眼系统技术先进性的同时，关注其适用性和成

熟度，尤其是应用软件的选择最为关键。采用商品化软件是一个趋势，不仅是CAD、财务管理软件，也包括用于企业全面管理的ERP大型软件。对于各种新一代信息技术，纺织企业都给予了极大关注，并开始了在一些领域的应用。

二、行业推进信息化建设的经验

作为行业组织的协会等机构，在信息化建设中主要发挥积极的项目组织和咨询导向作用，为企业服务。

（一）配合政府部门培育示范项目

多年来，政府各级部门对行业信息化一直有政策引导和项目支持。行业组织积极配合政府部门，选择重点细分行业和有条件的企业，组织重点信息化项目实施，培育示范项目和示范企业。同时开展项目水平和企业应用水平的评估，积累典型案例，取得经验，在同行业或纺织产业集群地区推广，调动广大企业投入信息化建设的积极性，带动整个行业信息化建设的发展。

（二）制定信息化规划，提供信息化服务

利用熟悉行业的优势，协助政府部门制定行业发展规划，制定行业科技和信息化发展规划，在不同的历史时期推动信息化建设持续发展；另一方面，提供企业信息化战略规划、管理业务咨询、整体解决方案、关键技术支持、信息系统实施等服务，和IT厂商、咨询公司、高等院校合作，建设专业的咨询服务网络，推进新型纺织信息产业和服务业的发展。

（三）开展行业调查和发展战略研究

以问卷调查、实地调研等形式，定期开展面向全国纺织行业信息化的调查研究，及时了解企业诉求，加深对行业信息化形势的全面认识；开展行业信息化状况、需求和发展战略等软科学研究，向全社会发布需求信息，沟通供求市场，提供信息服务，有利于各界对纺织行业的了解。

第五节　存在的主要问题

一、企业对信息化的资金投入严重不足

在国内外市场竞争日益激烈的形势下，纺织企业分化加剧，融资难、融资贵

问题长期得不到有效解决，市场需求持续低迷造成企业库存上升和货款回收缓慢，使得资金周转压力更加明显，资金短缺是普遍现象，以致造成某些行业和地区长期对信息化投入不足。如2012年对河南、天津两地的纺织企业实地调查反映，若干家老企业几年来不仅无力更新系统，以致十五、六年前开发的微机管理系统仍然在使用。据历次抽样调查分析，纺织企业信息化投入最多的企业每年资金投入约占销售收入的2%，与钢铁、石化、装备等行业存在较大差距；中小企业平均投入仅占其销售收入的0.1%左右，投入严重不足的问题十分明显，制约了行业两化融合的推进。

另一方面，也存在企业领导信息化意识相对淡薄，资金投向主要是产品开发、生产设备添置，对信息化建设投入较少；即使在有限的投入中，往往偏重于计算机网络设备的购置，对软件开发、运行维护、咨询服务的投入不足。

二、企业信息化人才严重短缺

在现阶段，纺织企业各个环节人才短缺的问题均较为明显，信息化相关人才短缺问题最为突出。

纺织企业在多年的信息化建设过程中形成了一支专业队伍，是一批宝贵的人才资源，但从20世纪90年代中期以来流失严重。据调查，即使在信息化较好的企业，IT人员只占职工总数的0.5%以下，有这样的情况，一旦信息系统开发完成，企业参加开发和实施的人员大部分都跳槽到IT公司，尤其在经济发达地区。留下的状况也不稳定，使一些开发很好的系统验收后不能正常运行，应用日渐萎缩。另外，企业也缺乏引进和培养信息化人才的措施和计划。

近年来，我国的就业取向发生较大变化，从高等院校毕业生到普通工人，普遍愿意进入高新技术产业、服务业等，具有较强技术能力的一线工人结构性短缺已是行业常态，具备IT专业知识的技术人员普遍缺乏，既懂IT技术又懂业务流程和企业管理的复合型骨干人才更难寻觅，严重制约着当前纺织信息化的发展。

三、信息化行业创新体系亟待形成

信息化是纺织行业融合跨行业创新资源，实现企业、行业内部多种环节、多方资源整合应用的过程，加强创新和应用过程的协作十分关键。但现阶段，纺织行业信息化应用仍以企业自主推进为主，缺少对于相关资源的协同整合，纺织行业中没有建立起有效的产业协同创新体系，创新资源分散，企业信息化应用及自主创新效率偏低。

尽管纺织行业内外有着大量参与信息化建设的高校、科研院所、软硬件开发商、服务商等，但是由于缺少统一的行业性创新体系与创新成果示范及推广平台，产学研结合还不够充分，供需双方的沟通还不够顺畅；相关的产业联盟刚刚起步，数量很少，开展的业务有限，远远不能满足企业的需求；纺织行业信息化标准体系尚不完善，很多设计、管理信息系统及数字化装备等缺少统一标准和规范，一些企业开发的产品缺少进行产业化推广的条件；企业及行业信息化缺少统筹部署和系统规划，多种应用系统处于“信息孤岛”状态，最终不能实现集成应用和信息共享，目前很多企业中三分之二的系统之间不能互联互通。

四、应用软件水平存在差距

行业信息化的总体技术水平主要体现在应用软件方面，针对纺织行业的应用软件的产品化水平存在差距。

多年来，纺织行业的软件开发表现为“定制开发多，可推广的产品少”。系统开发多为定制，缺少统一的标准和规范。一些企业自行开发是低水平重复劳动，开发周期长，水平也难以提高，影响了应用效果。这种状况近来有了改善，但是没有得到完全扭转。

目前，许多 ERP 开发商仍然不能提供适合纺织各个行业应用的软件版本；许多应用软件没有形成技术成熟的软件产品，难以推广；先后开发的应用系统未采用统一标准和平台，难以进行综合集成；大多数管理软件缺乏面向企业决策层的综合分析和决策支持系统。

五、专业信息化服务机构难以满足需要

在信息化的专业领域中，企业自身要全面了解有关知识很困难，需要较高成本，因此需要大量的专业服务支撑，借助“外脑”的丰富知识和经验，顺利推进信息化建设。例如为企业提供信息化整体设计方案的咨询服务，信息化系统应用培训和人才培训服务，配合纺织企业的信息系统开发技术支持服务等。

但总体上看，由于纺织企业产业体系复杂，细分行业差异大，需求多样、分散，信息产业的服务机构难以准确掌握纺织行业的特点，能够为纺织企业提供有

效服务的机构很少。比如熟悉纺织行业的咨询顾问公司很少，评测、监理制度也未形成。另一方面，行业内的服务机构总体水平不高，适用面较窄，也很难适应企业的复杂应用需求。这些都造成了纺织企业在选择合作伙伴、产品技术等方面比较盲目，实施进度、质量难于把握，这是纺织行业，特别是中小企业信息化水平难以提高的重要原因。

第六节　与国外纺织企业的比较

与发达国家的纺织企业相比，我国纺织企业信息化起步晚，在相当长时期存在较大差距。21世纪以来，我国纺织工业快速增长带动信息化快速发展，各方面的差距逐渐缩小，在某些领域已经达到国际先进水平。在当前新一代信息技术应用方面，我国纺织企业与世界各国的纺织企业处于同一起跑线上，有实现超越式发展的机遇和可能性。

一、发达国家纺织企业的信息化水平

（一）生产制造管理方面

发达国家由于劳动力成本高，用工较少，生产设备在20世纪90年代就达到了较高的自动化水平，实现了大多数生产数据和工艺参数的自动监测、自动控制。像立达公司、丰田公司、村田公司等厂商的棉纺织生产线在线监测和管理系统，可以联网各种类型的生产设备，突出了网络化、集成化技术。在此基础上，向连续化方向发展，实现了全自动纺纱车间，一万纺纱锭用工仅为30人。

在线监测系统达到了较高水平，如细纱机在线监测系统可以对细纱机每个单锭的生产和质量进行在线监控；开发了工序电动代步车，可双向移动，与单锭监测系统同步，在细纱机之间按优化路线进行巡回；配置了移动手机终端，支持苹果和安卓系统，用于管理及维护应用。织机在线监测系统在采集和管理织机数据的基础上配置了可视化订单排产功能，通过计划看板软件计算每个工单所需的生产时间、每个经轴的剩余生产时间等实时生产信息，对计划排产进行更新。

印染监测和管理系统经过多年应用，技术成熟。如染色设备监测系统用于染

色机、水洗机、漂白机、烘干机、丝光机和定型机集中管理，具有工艺创建和计划排产功能，计算批次生产时间，优化排产序列，并与 ERP 连接，生成各种图表。还可以与工艺管理系统、染料助剂称重系统、能源管理系统、染液控制系统连接，有很好的集成性。

服装企业在 21 世纪初就应用自动吊挂系统，以提高生产效率和快速反应能力。较为先进的吊挂系统覆盖从裁剪、前道、缝制、后整、分检和储存的服装生产全流程，可以跨越车间或楼层之间，每个吊架带有 RFID 标签，提供计算机全程追踪，适合于小批量多品种的生产。

（二）企业管理方面

发达国家和地区的纺织服装企业有贸易型和生产型，对信息化的要求有区别。生产企业管理信息化程度较高的主要在美国、欧盟、日本、韩国以及我国台湾和香港地区，规模一般较小，联合式企业不多。20 世纪 90 年代以来，棉纺织和毛纺织企业信息技术得到广泛应用，大多数建立了计算机管理系统。

如德国的 Otten 毛纺织厂是一个中等规模的毛纺织企业，包括纺、织、印染、后整理等全套工序。该厂使用 TEXIS 管理软件，包括合同订单、生产过程、成品原材料库存、采购计划、成本核算、成品发货等模块等。织机上都装有电子监测装置，输送机台的产量和停台数据给计算机；在车间的墙壁上挂有大型电子显示屏，详细显示每个机台、每个操作工的进度数据。该厂主要按照合同订单安排生产，是典型的“以销定产”。系统根据生产计划，制定相应的原材料需求计划和采购计划，合理调整原材料库存量，使其既保证供应生产，又不占用过多资金。在制定生产计划和作业计划之后，系统对从纺纱一直到后整理的生产全过程进行监测，大大提高了工作效率。使用后利润提高了 5%，效益十分可观。

近年来，纺织厂注重各个应用系统的集成和信息共享。瑞士 ZETA DATATEC 公司的纺织厂解决方案包括了设备层的检测和显示硬件、现场层的网络监测（MDA）、车间层的 MES 和企业层的 ERP，可用于各种类型的纺织企业，覆盖纺纱、织布、整理、检测等领域。其中 ERP 包括销售管理、采购管理、库存管理、财务管理等功能；MES 包括车间计划调度、质量跟踪等。

在大型服装企业，ERP 的应用已经非常成熟。像意大利贝纳通集团实施了 SAP AFS 系统，美国 GAP 公司采用了 TIM 系统，澳大利亚时装公司 RM Williams 应用了 Movex 时装系统。这些成熟的商品化 ERP 能够为企业提供全方位的集成管理，能够覆盖业务流程的所有方面，从分销、出口业务、制造、产品研发到终端销售及零售。

如西班牙ZARA公司是超大型时装连锁集团，在全球40多个国家已拥有近千家直营专卖店，建设了具有快速反应能力的供应链管理系统。除了ERP对企业供、产、销各个环节实施有效管理与控制之外，还配置有远程网络量身定制CAD、CAM系统，具有全流程条码识别功能的生产管理系统，拥有机器人的立体仓库管理系统，具有路径优化能力的物流配送系统和电子商务系统，直到零售门店的终端销售管理系统。信息技术已经贯穿了ZARA企业运营的每一个环节，成为其业务的有力支撑，每年可以提供12000种不同款式的服装，从设计理念到成品上架仅需10天左右，能够在15天内将成衣配送到全球850多家门店。

（三）其他方面

近年来，许多发达国家纺织企业以互联网为依托，形成快速反应系统（QR），纤维、纺纱、织造、染整、服装和设计、制造、销售形成一套完整的生产营销体系，使传统纺织工业生产经营方式发生深刻变革。由于云计算、物联网、大数据、机器人、协同技术的快速发展和应用，在以前自动化水平低的服装缝制环节，出现了应用机器人技术的自动化设备；ERP等企业信息化管理系统出现了日新月异的变化，主要表现在越来越多的信息系统使用云平台，移动应用逐渐普及；企业内部的生产物流系统发展较快，成为生产线的重要组成部分和连接各个环节的纽带，提高了生产线的自动化程度；互联网环境下的服装定制趋于流行，各种个性化定制网站功能不断加强，消费者日益增多；基于大数据的分析使得对ERP数据的挖掘越来越深入，提升了BI和智能决策的功能；各类基于物联网的物理信息系统（CPS）逐步应用，加快了各种应用系统的集成与整合；企业供应链协同需求上升，上下游行业加强联动，进一步整合资源。

二、某些领域存在的差距分析

我国纺织信息化的发展与发达国家相比，具有产业规模大，技术更新快，企业需求广泛，政府大力支持等优势，也存在着差距和问题。除了信息产业和创新体系基础薄弱，关键核心器件和技术仍需进口，信息化技术基础研究相对滞后等问题之外，下面主要就我国纺织信息化在某些领域信息技术应用水平的差距进行初步的分析。

（一）自动监测系统

对于自动在线监测系统，国外应用较早，技术普遍比较成熟。如纺织行业有比利时巴科（BARCO）公司、瑞士乌斯特（ZELLWEGER USTER）公司、意大利洛菲（LOEPFE）公司、印度普莱米（PREMIER）公司等的产品，印染行业有德国智达（SETEX）公司、德国色都（SEDO）公司等的产品，针织行业有意大利圣东尼（SANTONI）公司、意大利鑫来尔（SIGNAL）公司、日本岛（SHIMA SEIKI）公司、德国斯托尔（STOLL）公司等的产品，具有较高技术水平，性能可靠，在国外有较大用户群，形成针对不同用户的配套设备和系列产品。丰田、村田、立达都有与本公司设备配套的网络监测系统。

国内厂商前一阶段大多数搞监测装置，有些研制了监测系统，但形成产品的不多。近年来经纬新技术、厦门软通、陕西长岭、杭州开源、佛山南海天富科技公司（简称佛山南海天富）、佛山航星、福建睿能等公司致力于自动监测系统的开发和推广，其优势在于熟悉国内企业状况，能够提供及时的技术服务等方面，差距在逐渐缩小。

自动控制技术也是这样，许多应用系统采用国外的检测装置和控制装置，国内厂商的优势在于控制软件。

（二）企业管理信息系统

国外 ERP 软件成熟度高，包含完整的管理思想，功能齐全，标准化程度高，都已经实现了商品化，像 SAP、ORACLE、英泰峡（已被罗盛收购）、DATATEX、INTEX 等在世界上拥有较大的用户群，在中国也成功应用于一些大型企业。但是要适应中国纺织企业的规模、适合行业的应用特点、满足不同企业的差异性需求，符合国内的管理规范和使用习惯，在本地化方面还要做大量的工作。

国内通用软件供应商如用友、金蝶、浪潮、神州数码等通过并购、开发等方式形成自己的纺织企业的软件版本，拥有大量的用户；专业化软件供应商如北京中纺达、北京维富友、上海环思、上海百胜等发挥各自特长，积极开发专门面向纺织企业的软件产品，也形成了自己的用户群。因此，国内外管理软件在高端产品上有差距，中低端各有特点，国内软件产品在二次开发和实施服务等方面有优势。

（三）设计信息化系统

在 CAD 领域，国内产品有很强的竞争力，国外在某些新技术方面领先。如

CAD系统中近年来开发出多种有关服装悬垂性能的模拟方法，借以预测服装由二维设计图样变化到着装后的三维真实形状。虽然这些目前还没有达到完全商品化程度，但是领先于我国生产的服装CAD系统。云纹处理在印花CAD系统中技术难度较大，国外产品的云纹处理能形成规范化操作处理，最终的云纹效果不受操作人员对印花工艺熟悉程度的影响。国外的织物组织CAD系统能够根据用户提供的样品，经过扫描和处理分析，设计出完全与来样相同的织物，而不必通过人工分析，反复对比。

最后要强调的是，信息化建设不能仅仅着眼于信息技术本身，而是一项系统工程，需要政府积极推进、企业积极响应、配套的应用基础环境积极跟上。发达国家企业信息化的经验充分地说明了这一点。

就企业而言，加强管理，提高企业现代化管理水平是企业生存与发展的关键。20世纪90年代以来，与我国经济体制转轨及世界信息技术发展相适应，我国纺织企业现代化管理在市场化与信息化方面已取得较大进展；但是与国外企业现代化管理水平还存在一定的差距，主要表现在理念、组织、方法、手段、人才及技术等方面。

与发达国家先工业化、后信息化的发展历程和模式不同，我国工业化和信息化两个历史进程交汇发展，信息化进程具有鲜明的中国特色，要引入和学习国外先进的相关技术和理念，而不是简单的模仿，需要进行长期的实践和创新。

第五章 纺织行业信息技术的需求分析

第一节 纺织行业的特点及信息化需求

一、行业相关特点分析

作为传统制造业，我国纺织工业存在地域、行业、企业的差异性，发展特点鲜明，从而决定了信息化目标需求的多样性。

（一）细分行业多

我国纺织工业细分为多个行业，形成一条完整的产业链。纺织产业链由原料到最终消费品，上下游衔接紧密，包括化纤、棉纺织、毛纺织、麻纺织、丝绸、长丝织造、印染、针织、服装、家纺、产业用纺织品、纺织机械等行业，形成了一条完整的产业链，相互关联，但每个行业的管理特点不同，生产流程差异更大。

（二）中小微企业多

由于行业的特点，纺织服装行业中小微企业占比达到99%。这些企业拥有机制灵活、决策迅速、市场反应灵敏等“船小好掉头”的独特优势，也面临技术落后、融资困难、管理薄弱、人才缺乏等难题，更加迫切地需要借助信息技术应用，加快改造和创新，实现信息共享，需要公共服务平台和多样化的软件服务、咨询服务。

（三）民营企业多

改革开放以来，纺织工业中民营经济发展迅速，占比达到90%以上。民营企业市场化程度高，经营活力强，早已成为纺织工业的主力军。尽管信息化起步较晚，基础较差，但是近年来发展远快于国有企业。他们投资决策果断，更加注重实效，设备更新快，现代化管理水平有较大提升，对自动化、信息化的要求更为迫切。但是与国有企业在管理体制和运营模式上存在差异，对管理信息系统的需求有所不同。

（四）产业集群现象突出

我国纺织产业集群经济占行业经济总量的60%以上，在广东、浙江、江苏、福建、山东等地，围绕着专业市场或出口基地形成了较为齐全的产业链，提升了产业的综合竞争力。产业集群的形成与发展使我国纺织行业整体配套能力不断增强，企业的创新环境日益优化，企业间的学习和信息传导机制逐步完善，为信息技术的区域推广提供了优越条件，有利于信息化服务平台辐射作用的发挥，从而促进了行业的区域性资源整合，带动了集群内外的合作竞争。

二、需求对象分析

（一）企业需求对象的差异

纺织行业信息化的主体是企业，因此，企业是信息技术的主要需求对象，要根据各自的应用目标、规模、管理水平和业务流程，选择不同的信息化解决方案和信息技术。其中企业规模是需要考虑的重要因素，2016年，纺织行业规模以上企业38480家。另一个因素是效益，纺织企业2016年有10.5%亏损，这部分企业首要是解决自身机制、产品销路、生产经营成本问题，实现扭亏为盈。

企业的性质、地域等其他因素有一定的影响。如外资企业往往选择国外管理软件，已与国外总部的管理系统保持一致；国有企业对争取政府信息化项目更有积极性；不少纺织企业愿意与同一产业集群内或同一区域内供应商开展合作，尤其在沿海纺织工业发达地区等。

（二）不同规模企业的需求

国际化大企业和上市公司要求与国际化接轨，规范集团资金管控，实现企业重组和全面现代化管理的目标，往往选择国外知名管理软件。如仪征化纤、经纬纺机公司与知名管理咨询公司合作，实施SAP的ERP系统。尽管比例不大，但在行业中有很大影响

有较好管理基础的大中型企业，以优化资源配置，提高管理水平和效率，加快市场反应为目标，管理信息化大多数选择市场份额较大的国内知名软件，也包括部分在纺织行业较有特点和影响的软件。与此同时注重生产制造管理，采用在

线监测系统等 MES 应用，向综合集成应用发展。近年来，许多棉纺、化纤、服装和针织等企业这样做了，取得了很好的效果。

近期发展较快的小型企业，如大多数服装行业的民营企业，产品有竞争力，但管理不规范，可先以严格制度、堵塞漏洞、强化库存管理、规范业务流程、加快资金周转为目标，一般实施财务和进销存系统，连接电子商务平台，或将一些业务系统建设在云服务平台上。

这三类企业数量上呈金字塔形，所需软件大致对应于一般意义的高、中、低端产品。其中第二类需求是主要的。

三、需求特点分析

（一）需求特点主要体现为行业特点

随着信息化的普及和发展，行业细分需求特点日益明显，企业用户对信息技术的需求逐步走向深入。

在设计开发信息化和生产制造信息化方面，信息化系统都是针对不同行业的不同工艺开发，具有专属性质，如 CAD 分为服装 CAD、印花 CAD、纹制 CAD、织物组织 CAD 等不同系统，在线监测系统针对纺纱、织造、染色、针织等不同工序。

在管理信息化方面，信息化系统具有通用性，对应企业的一般化需求，同时以模块选择、二次开发等方式满足企业的行业化、个性化需求。当前，许多用户企业已经不仅仅满足于财务管理、进销存管理，更要求对生产制造、物流、分销等进行精细管理，以提高核心竞争力。更有一些优势企业已经要求 ERP 等管理信息化系统能与设计信息化系统、生产制造信息化系统连接，实现覆盖全企业以致上下游企业的综合集成系统。因此，选择适合行业应用的、具有集成能力的 ERP 产品化软件是管理信息化的关键。

（二）生产过程特点突出

纺织工业属于制造业，制造业离不开生产。生产是一个过程，它贯穿于市场营销、产品设计、制造工艺、生产计划、物资供应、生产作业与控制、仓储管理和财务成本等环节。生产管理是企业管理的重要内容，体现了主要的行业特点，自然是企业对 ERP 等管理信息化系统的基本要求。其特点可以从四方面分析：

（1）一般 ERP 厂商将生产过程分为离散方式和连续方式两大类，纺织制造归于连续方式。但这样分类过于简单，需要具体分析。化纤生产类似于化工，是典型的连续流程式，可以套用这一模式；棉纺织（类似的有毛纺织、麻纺织）则有区别，生产工序从清花、梳棉、梳条到纺纱、织布各有其自身的生产规律，不仅表现为连续化，更有多机台、多手工操作的特点，对产品质量影响的因素更多；印染工序有前处理、染色（或印花）、后整理、检验，其特点是原料、染化料品种繁多，产品订单千差万别；服装制造不属于流程式生产，从裁剪、缝纫到烫洗整理，涉及面料、里料、辅料，成品有款式、颜色、尺码等众多属性，物料编码特殊，具有一定的离散特点；而针织则是染色、编织、缝制、整理，具有以上的多种特点。

（2）按生产类型，纺织企业绝大多数属于小批量多品种和少品种重复生产两种，前者越来越多，尤其是印染和服装生产，新近出现了个性化定制的新模式，快速反应是发展趋势。

（3）按制造方式，企业既面向库存，又面向订单，兼有备货生产和订货生产方式。如服装企业，既有OEM，要求保证质量，按时交货；又有自有品牌生产，则注重营销渠道管理，其中个性化定制更需要与设计、工艺、物流配送等衔接。

（4）纺织工业的十几个行业与轻工行业不同，化纤、纺织、印染、服装形成上下游衔接紧密的产业链。如上游的化纤业，面向纺织企业，客户相对固定，产品价格主要随着原料波动；而下游的服装业则直接面向消费市场，产品种类越来越多，使用周期越来越短，市场变化越来越快是其特点，这势必影响整个产业链。

第二节　技术和软件产品需求分析

纺织行业的技术需求涉及信息技术、自动控制技术、现代管理技术与制造技术的诸多方面，本节着重讨论需求较为集中且应用面较广的技术，以应用软件产品为主，重点分析技术的供给方。

一、设计与产品开发技术

（一）CAD

（1）服装CAD技术比较成熟，国内外数十种产品能够基本满足不同企业的要求。国外如美国格柏（GERBER）公司、法国力克（LECTRA）公司、西班牙艾维（INVESTRONICA）公司、加拿大派特（PAD）公司等；国内如原航天部710所、北京日升天辰、杭州爱科、深圳华怡、广州龙渊电脑科技公司等。国内软件在二维功能上与国外的CAD系统大体相当，而价格较低。

三维服装CAD正引起人们的广泛注意，它主要解决人体三维尺寸模型的建立及局部修改，三维服装原型设计、三维服装覆盖及浓淡处理，三维服装效果显示特别是动态显示和三维服装与二维及片的可逆转换等。国外有格柏公司等技术，国内也处于开发和商品化阶段。

面对服装CAD产品较多的状况，中国服装协会组织制定了行业标准《服装CAD电子数据交换格式》，包括样板数据和排料数据两部分，将对之后服装CAD的推广应用发挥十分积极的作用。

（2）印花CAD技术获得了较好推广，在20世纪，绍兴轻纺、杭州开源、浙江大学光学仪器厂的分色描稿软件就占有一定市场。

（3）行业主管部门曾对提花织物纹制CAD的10余家纹制CAD系统进行了一次认真的测评，测评细目有100余项，测后向用户发布，起到了较好的引导和推动的作用。一些产品受到用户的欢迎，如浙江大学光学仪器厂、杭州恒天科技信息公司、山东宝铃公司的纹制CAD系统在丝绸、毛巾、地毯、商标等行业推广一百多套。深圳华怡公司的绣花CAD/CAM系统更是销售了上千套。

（4）织物组织CAD绝大部分为国内产品，最早有纺织研究院的织物组织CAD系统，在毛纺、色织等行业推广二百多套，大部分使用良好。同类软件近年来发展很快，有多家高校、研究院所和企业都有产品推出。

（5）我国印染企业“六五”期间就开始引进国外配色系统，主要有瑞士DATACOLOR公司、美国HUNTEX LAB公司和意大利ORITEX公司的产品。21世纪以来，随着国产配色软件推出，大约有数百套在企业使用。其中沈阳化工研究院思维士公司较早推出配色软件，并结合使用企业的实际情况解决了国产染料不稳定的问题，目前有多家公司可以提供相关技术。国产配色系统的测色用光谱光度计多为国外引进，目前也有国内公司可以生产。

（二）CAM

CAM在服装企业应用较多的有自动拉布机和自动裁床等计算机控制设备，还包括对制造活动中与物流有关过程（加工、缝纫、检验、存储、输送）的监视、控制和管理。典型的服装自动裁剪系统除了排料优化功能之外，已经解决了与多种CAD系统的数据交换，近年来着重开发多品类单层至极厚系列自动裁剪机系统等新产品。如国外的格柏公司、力克公司和国内的上海和鹰、杭州爱科、上海威士等都推出了相关产品。

在印花CAM技术方面，国外有瑞士LUESCHER公司、德国CST公司的喷蜡制网和喷墨制网技术，荷兰STORK公司20世纪90年代研制的激光制网系统等；国内绍兴轻纺研制的激光制网系统，杭州开源研制的喷蜡制网系统也达到较高的技术水平。

（三）PDM

PDM将所有与产品相关的信息和所有与产品有关的过程集成在一起，包括任何属于产品的数据，如CAD/CAM的文件、物料清单（BOM）、产品配置、事务文件、产品订单、电子表格、生产成本、供应商状况等。与产品有关的过程包括任何有关的加工工序、加工指南和有关批准、使用权、安全、工作标准和方法、工作流程、机构关系等所有过程处理的程序。应用面较宽，纺织各个行业都有需求，较多用于机械和服装企业。

如纺织机械方面的PDM主要产品有武汉开目信息技术公司的开目PDM、武汉天喻软件公司的天喻PDM、北京清软英泰信息技术公司的英泰PDM等，先是侧重于CAD图纸的管理，后来扩展到工艺规程文件和各种更改单汇总表管理，逐步覆盖产品生命周期的数据管理。

（四）PLM

PLM对产品的整个生命周期（包括培育期、成长期，成熟期、衰退期、结束期）的产品数据信息进行管理，是产品数据管理PDM概念的延伸，不仅针对设计研发过程中的产品数据进行管理，同时也包括产品数据在生产、营销、采购、服务、维修等部门的应用。

如服装PLM是CAD、CAM、PDM的集成应用，分解物料清单，对繁多的产品数据进行有效的综合管理，帮助企业缩短产品开发周期，快速推出新产品。与ERP结合，更可以降低成本，提高效率。市场占有率较高的有美国PTC公司的Flex-PLM、格柏公司的YuniquePLM、力克公司的FashionPLM等，国内从事相关技术开发的有上海伯俊软件科技公司、杭州爱科、广州润东信息科技公司等。

随着计算机技术在企业应用中不断深入发展，CAD、CAPP、CAM、PDM在企业中也得到了广泛应用。要发挥出计算机技术应用的综合效力，采用 PLM 技术会越来越多，相应的软件产品也会越来越成熟。

二、生产制造控制和管理技术

（一）DCS

DCS 是一种为满足工业生产和日益复杂的过程控制的要求，按功能分散、危险分散、管理集中等原则设计，要求高可靠性，又便于维修与更新。它以微处理机技术为核心，与数据通信技术、CRT 显示、人机接口技术、输入输出技术相结合，用于数据采集、过程控制、生产管理。

化纤企业中，如对黄化过程、自动过滤、供胶、精炼压洗、烘干、原液、动力锅炉等计算机控制系统。国外以美国霍尼威尔公司、德国西门子公司技术较多；国内 DCS 技术功能大体相当，其价格仅相当于进口 DCS 系统的三分之二。如北京和利时集团、浙大中控信息技术公司、浙江威盛自动化公司、上海太平洋机电公司的系统均已售出近百套。

印染企业 DCS 也有应用，许多是对常温常压、高温高压的卷染机、绳状染色机、溢流染色机等进行集散式控制。意大利 INTES 公司、德国 THEN 公司、恒天立信等的产品带有计算机控制单元公司，实现所有控制功能。既可以分别操作，也可以集中控制。如恒天立信对高温高压溢流染色机的分布式控制系统、INTES 公司卷/轧染联合机计算机控制系统、比利时巴科（BARCO）公司的漂染网络控制系统等。

目前 DCS 系统中较多应用了可编程序控制器（PLC）技术，应用现场总线（ProfiBus）技术也有很大需求。另一方面，需求集中在使全厂 DCS 系统组成控制网络，并与管理信息网络连接，形成一个管控一体化的综合信息网络。

（二）MES

纺织工厂多年来应用的自动监测系统、车间生产物流系统、生产过程管理系统等都属于 MES 范畴。由于长期被看作不同的应用系统，不能做到综合集成，往往成为信息孤岛，作用没有得到充分发挥。而随着企业用户需求的不断深入，在 ERP 或设备控制系统设计实施时都涉及中间的车间管理层的需求，为了提高企业生产管理、绩效管理水平，对 MES 的需求增长最快，这也是制造业企业管理信息化的趋势。

1. 棉纺织厂在线监测系统

自动监测技术应用于老设备改造时，需求集中在织机监测，约占80%，关键技术是传感器等装置。20世纪80年代初就开始普及推广，现在仍有企业在坚持使用。还有细纱机、络筒机的监测，主要集中在棉纺行业。近年我国棉纺织业的高速发展带动了设备改造，从而为监测系统应用带来转机，有上百家棉纺织企业建立了在线自动监测系统并投入应用；天津纺织集团以整体搬迁为契机，做出了监测系统的总体规划，实施前纺设备和织机的自动监测，使信息化上了一个新台阶。

国外有一些成熟技术，如比利时巴科（BARCO）公司（现为BMS Vision公司）的WeaveMaster织机监测系统、意大利法尼（FA. NI）公司的Archimede Jspin纺纱监测系统、意大利洛菲（LOEPFE）公司的Mill MasterNT综合质量监测系统、印度普莱米（Premier）公司的Premier Mill Eye等。西班牙品特开普（Pinter. CAIPO）公司近期开发了棉纺单锭监测系统Effispin、毛纺单锭监测系统BIUMIS。一些设备厂商也提供配套的在线监测系统。

国内经纬新技术的经纬e系统在纺纱厂应用较早，覆盖清花、梳棉、条并卷、精梳、并条、粗纱、细纱、落筒等工艺；厦门软通的织机联网监测系统，适用于国产和进口的各种喷水、喷气、剑杆、片梭织机等设备；天津工业大学、西安科技工程学院等高校也开发这类系统。海鹰企业集团的断纱检测装置、上海海申电子设备厂的并纱监测装置等几种监测装置形成了一定市场，陕西长岭ZJW-1织机网络监测系统和DQSS-4电清网络监测系统也有若干用户。

近年来需求趋向于利用新型设备上的接口信号，连接成整个车间或车间之间的监测网络，并与管理系统联网。要求系统高可靠性、可维护性，降低成本。

2. 印染厂生产过程集中管理系统

印染厂的生产过程集中管理系统由通用工业控制计算机和多台专用全自动染色机计算机组成，可以实时监测染色机工作状态，设定工艺曲线和各种运行参数；编程、保存、上载、下载工艺数据；可根据用户规定的染缸号、单号和工艺号等参数生成排产表，并打印相关数据，发出异常报警，并提供与企业管理计算机网络的联网功能。

国外常用的技术有德国SEDO-Treepoint公司的SEDOMaster染色设备监测系

统、德国智达（SETEX）公司 OrgaTEX. MES 染色设备监控管理系统等，经常在国际纺机展上展出。

我国常用的有台湾亚流（Logic Art）科技公司的 LA - SPC 染色过程中央监控系统；香港宏冠（Crownway）公司的染色机中央监控管理系统 EPC；杭州开源的印染在线采集系统（MES），由数据采集设备、现场监控终端和管理决策终端组成，实时检测染缸、轧染机等设备生产过程中的车速、产量、水电汽消耗、染料助剂消耗等参数；常州宏大的在线检测和生产过程管控系统，由数据采集模块和工业以太网组成，可以监控烧毛机、退煮漂设备、丝光机、染色机、定型机、预缩机和磨毛机等设备。类似系统还有西安德高、佛山航星、佛山华高、佛山南海天富等公司的产品。

3. 服装厂的生产及物流管理系统

这一类需求近年来有所增加，供应商大部分为国内企业。它要求系统通过条形码或电子标签读入原料、辅料、半成品和产品信息，对产品生产和物流过程进行监控和管理，也可以为 ERP 及时地提供数据，保证了基础数据采集面，大幅度提高了信息实时性和准确性。

较为突出的有惠州天泽盈丰，前几年开发了基于 RFID 技术的服装实时数据采集和生产管理系统（ETS），对生产进度、产品质量、半成品流向、操作工绩效进行有效管理，在服装行业有较多用户；上海和鹰的服装生产管理系统可以通过吊挂将产品输送到不同楼层，并实现生产流程的自动平衡。中国科学院软件所、北京铜牛信息科技公司、中江联合（北京）科技公司、北京维深科技发展公司等单位在开发这一类系统。

其中服装家纺吊挂系统是这一类技术的重要部分，许多供应商可以提供。国外市场份额较大的有瑞典铱腾（ETON）公司 ETON 5000 syncro 吊挂系统，采用了 RFID 装在每个吊架上，替代原来的条形码；加拿大衣拿（INA）公司推出了新型的臂式服装吊挂系统，占地少，厂房利用率高。国内宁波圣瑞斯的 SUNRISE 服装生产吊挂系统，分为半自动服装物流运输系统（手推线）和自动服装物流运输系统（电动线）等；上海威士与衣拿（INA）公司合作，开发了结合自动缝纫设备和吊挂系统的西裤自动化生产线；天津宏大纺织机械公司和经纬新技术共同开发的 SS 型家纺吊挂系统，实现了床品生产各工序间的自动输送和存储。

4. **针织厂设备网络监测系统**

针织厂近年来应用新技术普遍，针织生产流程短的特点日益显现，新产品近年来发展迅速，计算机控制的针织设备大量采用，针对针织设备的网络化监测需求显著增长，技术水平也有提高。一般是通过以太网将针织机连接，可以采集针织机数据存入数据库系统，还可以直接通过网络发送指令和编织程序给针织机，最多可以连接数千台设备并进行有效管理。

国外的德国斯托尔（STOLL）公司的电脑横机管理系统、意大利圣东尼（SANTONI）公司的Nautilus针织生产集中管理系统、意大利鑫来尔（Signal）公司的SKMon针织机网络监控系统、日本岛精（SHIMA SEIKI）公司的SPR2针织横机生产管理系统，大部分是应用于自己的设备。

国内福建睿能的横机网络监控云平台、江南大学针织中心的针织生产云服务平台则适用于多家供应商的设备，支持对设备的远程监测跟踪，便于制造商的远程维护服务。

三、企业管理信息化技术

（一）财务管理软件

财务软件是企业管理软件的主要部分，应用面广，技术成熟。纺织企业采用的都是国内软件产品，基本满足需求。市场份额大的有用友、金蝶的产品，以及新中大、金算盘、安易等。一些国际化公司，尤其是在国外上市公司，大都要求与国际接轨，采用SAP的居多。

（二）ERP等企业管理软件

对于企业管理软件，由于历史时期不同，或应用侧重和理解不同，其名称有所不同，如MIS、MRPII、ERP等，但基本要求和内容一致，只是随着技术的进步和观念的更新不断发展。目前纺织行业ERP等管理软件的应用已经常态化，功能日臻完善，开始步入集成应用新阶段。其系统实现方式有两类：一是定制开发，包括企业自行开发，或与其他开发单位合作开发；二是采用商品化ERP软件，或在其基础上再做部分二次开发。目前需求集中在后一种方式。

纺织企业ERP软件中有国际知名软件，主要用户是大型企业或一些外资企业。如SAP、ORACLE为通用软件系统，有的带有纺织服装的版本或模块；INTENTA、DATATEX、INTEX等则是专门针对纺织、印染、服装等企业。

国内知名通用软件产品有用友、金蝶、浪潮、神州数码、和佳、利玛、金思维等，用户涉及棉纺、毛纺、化纤、纺机、服装等企业，有的正在开发针对纺织行业的软件版本。另外，许多软件开发商发挥各自优势，积极开发具有行业特点的产品，如北京中纺达、上海环思面向棉纺织、印染企业等多个细分行业，杭州开源、佛山南海天富面向印染企业，浙江华瑞面向化纤企业，上海百胜、北京维富友面向服装企业，常州企友、北京同灿、天津金驰软件公司、北京和创科希盟面向棉纺企业，南京亿格、宁波万通软件开发公司面向针织企业，江苏云纺信息技术公司面向家纺企业，北京希门面向纺机企业等。

四、物流管理与电子商务技术

（一）物流信息化技术

纺织企业物流信息化是对供应物流、生产物流和销售物流的协同管理。其中企业内部的生产物流信息化系统包括基于条形码或电子标签的自动分拣系统、自动配件系统、自动输送系统和自动包装系统，并能够与外部物流管理系统（TMS）对接，近年来在技术上有了很大突破，在一些细分行业建立了示范线，达到了较高的自动化水平，且以国内供应商为主。

棉纺行业有青岛环球的筒纱自动包装物流系统、经纬纺机的筒纱自动输送包装系统、济南领驭的筒纱自动打包系统等；化纤行业有北自所的化纤全自动落丝和包装系统、北京中丽的全自动落筒包装生产线等；服装行业有上海威士的服装分拣、配套、仓储及物流配送系统等。

（二）电子商务平台

B2B 网站是纺织行业电子商务的主流，企业通过内部信息网络和外部互联网网站将面向上游供应商的采购业务和下游代理商的销售业务有机联系起来。其交易额近年来一直占行业电子商务交易总额的四分之三左右，始终在行业电子商务发展中保持主体地位。如阿里巴巴 1688 平台与天猫淘宝零售平台间商业链条的打通，使支付、物流和金融服务更加完善顺畅，同时 1688 平台与产业集群和专业市场合作，使产业带、云市场（商圈）等专业化服务不断落地，促进了线上线下服务能力的提升。

另一方面，服装、家纺等最终产品的 B2C 电子商务网站近年来有了超出预期的发展，如淘宝网、京东、PPG、VANCL 等都有过相当大的销售额，有很大发展空间。

纺织专业市场的电子商务平台近年来发展顺利，并取得了明显效益。广州国际轻纺城纺城荟平台、盛泽镇宜布网、常熟在线、濮院毛针织网等电子商务平台功能多样化，互联网应用逐渐成为专业市场商户渠道拓展、提高销量和创新发展的重要方式。

第三节　当前需求的变化特点

一、需求变化的背景

（一）纺织工业发展进入新常态

近几年，随着外部宏观形势及内在发展方式发生重要变化，我国宏观经济发展步入增速换挡、结构调整、动力转换的新常态。纺织行业经济也逐步放缓至中速增长，多数经济指标增速由两位数降至一位数，产业结构优化与发展质量提升对于行业经济增长的拉动作用则更加凸显，纺织行业转换发展阶段、加快转型升级的特征日益明显，步入了一个转型升级的关键时期。

要完成“十三五”发展规划的任务，实现2020年建成纺织强国的目标，就是要坚持产业结构调整，转变发展方式，将创新的活力、管理的能力和市场的潜力相叠加，形成转型升级的新动力，打造纺织产业升级版。行业保持稳定增长的重要基础是在产业结构调整基础上的运行质效提升。加快行业信息化建设，提高生产自动化智能化水平，提升企业精细化管理能力，创新市场营销模式都是提升运行质效的重要途径。

（二）纺织信息化走向深入

行业形势的变化必然反映到企业信息化的需求。外部经济形势给企业带来更大的压力，必须更加积极地开拓市场，丰富产品品种，提高产品质量，加强管理，加快结构调整和产业升级，以应对新的挑战。要实现这些目标，加快信息化建设是必然选择。

新形势下，纺织业固定资产投资在经历了高速增长后增幅趋于回落。纺织企业信息化投资绝大部分是自筹资金，且贷款融资难的问题一直没有得到很好解决，许多信息化项目，尤其是一些大项目受到资金不足的困扰。企业的信息化建设往往从自身实际情况出发，量力而行，务求实效。但是从行业整体看，利润总额仍保持5%左右增长，2017年还达到了两位数增长，主营收入利润率也一直保持5%左右，具备加快信息化建设的条件。总体上看，企业的信息化意愿更加积极，在项目决策上更加谨慎，对合作开发商和产品选择更加成熟和理性，更加注重经济效益，要求越来越深入。项目选择上更多面向生产制造信息化、市场营销网络化等方面，更加关注新一代信息技术的应用。这说明信息化的多年开展，使企业有了相当的信息化基础，加深了对信息化的理解，需求深化是必然趋势，经济形势变化只是大大加快了这一进程。

我国纺织工业具有创新发展的良好基础，具备产业链配套完整和成熟的竞争优势。在新常态的大环境下，要按照党中央十九大提出的宏伟目标，按照纺织工业“十三五”规划的要求，进一步提高两化深度融合的水平，加快发展先进制造技术，使新产业新业态不断成长，迈向纺织产业的中高端水平，冲刺建设纺织强国的战略目标。

二、需求变化的特点

（一）优势企业信息化需求持续增长

近年来纺织企业出现分化现象，部分优势企业对行业发展的支撑作用在继续加大，是推进行业信息化建设的主力军。这些企业认识到当前形势下通过信息化提升竞争力的紧迫性，信息化需求的着眼点大多放在信息化的新领域，关注新一代信息技术的应用，明显加大了对信息化的投资，需求持续增长。它们大多数在21世纪初上了管理信息化系统，除了对原有系统扩充、升级或完全更新外，面向更加深入的行业应用，如生产制造的自动化和信息化、市场营销的网络化等，将更多的资金投入到智能制造、互联网+等新领域。

（二）行业化特点更加突出

纺织行业的每一个细分行业特点不同，行业的需求差异性明显，随着企业需求走向深入，这些差异化需求更加突出。如服装、家纺企业近年来信息化需求增长很快，主要由于消费市场的拉动。电子商务发展极其迅速拉动了个性化需求的增长，个性化定制、服务化转型大行其道，成为信息化建设中最为活跃的领域；棉纺企业拥有深厚的信息化基础，利用其自动监测系统应用的优势，着力建设自动化智能化纺纱生产线；印染企业更加关注节能减排，普遍应用集中式生产监控系统，实现绿色化清洁生产等目标。

（三）MES更加得到重视

近年来纺织企业劳动工资水平增长较快，年均达到10%以上，同时出现了结构性的“招工难”现象。纺织企业纷纷采取信息化手段，提高设备的自动化水平，加强劳动岗位现场监测管理和职工绩效考核，通过减员增效来降低人力成本和管理成本，MES的质量管理、设备运行管理和绩效管理等功能得到极大重视。这些需求带动近年来MES技术水平明显提高，应用面明显扩大，推广到各个细分行业。如棉纺生产线在线监测和管理系统，可以联网多家厂商、各种类型的生产设备，突出了集成化技术，表明了在信息化需求变化的导向下，MES应用推广的大好前景。

（四）ERP步入集成应用阶段

ERP应用面广泛，优势企业是主要的应用群体。这些企业已经不仅仅满足于财务管理、进销存管理，更要求对生产制造过程进行精细管理，与企业其他应用系统进行集成，提高企业管理信息化的整体水平。当前的ERP商品化软件功能日臻完善，并采取了一些新的应用模式，与不同应用系统的综合集成能力在加强。比如向下可以与生产设备自动化系统、MES连接，横向可以与产品设计系统（如CAD、PDM、PLM）、工艺设计系统（CAPP、配棉系统、配色配料系统）连接，最后要解决与本行业的电子商务系统、CRM、SCM、社交网络的结合，从而步入集成应用新阶段。

（五）节能减排效果更加明显

随着国家推进生态文明社会建设进程的加快，对节能减排工作的推动和监管力度不断加大，环保排污要求日益严格。另一方面，企业原材料和能源成本大幅度上升，大大增强了企业开展节能减排的内在动力。因此，生产装备和过程的自动监测、自动控制无疑是最直接的手段，尤其在印染、化纤等行业受到各界关注。这些企业的清洁生产、绿色纺织品、环境保护等成为刚性需求，绿色化成为信息化的重要指标。如印染生产过程自动检测和控制技术、集中监控和管理技术、清洁生产的自动化工业平台等节能减排效果明显，是需要重点突破和急待解决推广的关键技术。

第六章 当前纺织信息化的新领域

党的十八大以来，纺织行业信息化在新一代信息技术快速发展带动全球科技创新的大环境下，出于纺织行业转型升级对于信息化的迫切需求，得到国家一系列重大政策的引导和支持，取得了较之以往更快的发展。值得注意的是，在三十多年来信息技术应用的基础上，开辟了智能制造、定制化服务等新领域，覆盖面较宽，涉及产品设计信息化、生产过程控制自动化、生产制造管理信息化、企业管理信息化和企业间协作网络化等多个领域，对行业信息化水平显著提升发挥了重要作用，已经成为引领行业创新、驱动转型升级的新动力。

第一节 智能制造

一、国家层面大力推进智能制造

智能制造是制造技术与数字化技术、智能化技术、新一代信息技术的交叉融合，面向产品的全生命周期，具有信息感知、知识获取、优化决策和执行控制功能，是一种高效、优质、清洁、安全的生产产品和服务用户的制造模式。它以自动化和数字化为基础，网络化互联为支撑，突出知识获取、优化决策等智能化功能，全面提升产品的设计、制造、管理和服务水平，深刻改变制造业的生产模式和产业形态。

2015 年 5 月，国务院发布《中国制造 2025》，提出了分三步走实现制造强国的目标。继美国工业互联网、德国工业 4.0 先后出台之后，中国制定了自己的“中国制造 2025”总体战略和行动纲领，其主线体现为信息技术与制造技术的深度融合。在创新驱动战略中，智能制造是核心内容，不仅是两化深度融合的主攻方向，也是工业互联网的切入点。工信部苗圩部长指出，智能制造是中国制造

2025的抓手，也是中国两化深度融合、德国工业4.0、美国工业互联网概念背后的最大公约数。因此，政府部门相继提出了《智能制造发展规划（2016—2020年）》《智能制造试点示范专项行动实施方案》等一系列政策，多项关于智能制造的专项也在实施中，从国家层面推动的力度前所未有。

二、纺织智能制造的意义、目的和特点

（一）建设纺织强国的新动力

纺织工业是我国制造业的重要部分，拥有世界上规模最大、产业链最为完整的工业体系，具有市场化程度高，国际竞争力强、集群经济活跃等鲜明特点，当前由于经济形势的变化，转型升级势在必行。在多年来推进两化融合的过程中，面临诸多未能根本解决的困难和问题，如生产制造环节的数字化、智能化一直是个难点，亟待有所突破。智能制造及其一系列新技术的开发和应用，势必给解决这些问题带来新的思路和新的路径，突破某些关键环节的瓶颈，带动行业整体信息化水平的提升。工信部在2015年工作计划中，对传统行业给予了关注，明确选择钢铁、石化、纺织、轻工、电子信息等领域开展智能制造的应用示范，组织实施关键工序智能化工程。因此，行业上下形成共识：纺织工业作为传统产业必须抓住机遇，乘制造业转型发展的东风，乘国家政策的东风，大力推进智能制造，提升制造水平，推动产业升级，实现建成纺织强国的目标。

（二）推进智能制造的目的

纺织工业推进智能制造，目的是明确的，就是提高产品质量，降低工人劳动强度，降低生产成本，提高劳动生产率和绿色生产水平，使我国纺织工业竞争力由要素驱动型向创新驱动型转变，由规模扩张型向质量效益型转变。

要达到这些目的，必须对纺织智能制造的实施范围和领域、推进的路径和重点进行探讨和研究，主要分析不同领域在智能制造中地位、重要性、现有基础和发展设想，以便采取有效的方式加以推进。

（三）把握纺织行业的特点

要成功实现智能制造，至关重要的一点是要把握纺织行业的特点，针对企业的行业化需求。既要学习先走一步的其他行业的经验，深入应用各项共性关键技术，也要分析行业应用的共性与差异，不能盲目照搬其他行业的实施方案；既要统筹全局，考虑方方面面的需求，从全方位推进，也要坚持智能制造的科学定

义，不能将其过于泛化，把什么内容都往这个大筐里装；既要瞄准国内外制造业高水平，长远规划，也要充分考虑本行业两化融合的现实基础，分出轻重缓急，分步实施，不宜直接套用德国工业4.0的一揽子模式。

总之，推进纺织智能制造，要坚持市场主导，改革创新，发挥企业主体作用，把握行业特点，加快新技术应用，务求重点突破，取得实效。

三、纺织智能制造的重点领域

在纺织行业，智能制造包括装备、产品、生产过程和管理的智能化，其中装备的数字化、网络化、智能化的重要性不言而喻，而生产过程智能化是整个智能制造的核心。当前的纺织智能制造的目标是开发和建设各个细分行业的数字化、智能化示范生产线。在这些生产线中，基于物联网的在线监测系统实时从设备采集数据，是生产过程智能化必不可少的基础；生产物流信息化系统是生产线的重要组成部分和连接各个环节的纽带，提高了生产线的自动化程度；MES与ERP的集成，提高了精细化管理水平，可以充分发挥生产线的整体效益；需要着力开发知识获取和优化决策功能，以实现智能化的目标。

（一）装备智能化是基础和重点

新型装备对于纺织产品提高质量和附加值至关重要。数字化、智能化装备是智能制造的基础，也是网络化连接的基本单元。当前纺织装备普遍采用了数字化控制技术，如PLC、数字信号处理芯片、工业控制计算机，变频器、伺服控制器也很普遍，许多配置了网络接口和在线监测装置。新近开发的棉纺精梳机，全自动落纱粗纱机、细络联型络筒机、碳纤维三维立体织造设备、高温气流染色机、高速数码印花机、高速双针床经编机、圆纬无缝成型机、全自动电脑横机等设备都达到很高的数字化、自动化水平，也具备了一些智能化功能。

在此基础上的智能化要求，已经成为装备用户的关注点，也是纺机企业正在努力的方向。如恒天立信高温气流染色机采用染色过程智能动态控制技术，研发了配有自动领航及综合智能水洗功能，可以通过传感器采集生产数据，使用数学模型计算和分析各种颜色在水洗过程中的变化，使设备具有优化的水洗功能。

新型的智能纺织装备要能够实现对自身工作状态的感知；具有故障类型和部位的识别等自诊断功能；具有自适应能力，能够根据作业数据进行调整；具有通信功能，通过互联网与制造商平台连接，为制造商开展基于大数据的远程服务提供支撑。

（二）产品智能化要加强研究开发

产品智能化是纺织行业与其他行业差异最大的领域。比如机械行业的新型机床、机器人，电子行业的计算机、手机、传感器等智能化产品可以直接应用于各种智能制造系统；汽车、船舶、工程机械的智能化是产品未来的主流发展方向。就纺织行业而言，产品是最终消费品，智能服装是最典型的代表，在“十二五”列为基础研究项目，《纺织“十三五”规划》中提出要研究开发具有智能感知功能的材料及服装产品。

各类智能穿戴产品已经为各界所熟悉，智能服装可以看作是智能穿戴产品的一部分，但是具有自己的特点，其智能化功能主要分为以下三种实现途径：

一是开发智能纤维，与普通纤维交织；或对普通纤维进行改性，使之具有智能纤维的性能，再织成智能面料，做成服装。如智能纤维可以分为传感纤维、变色纤维、变形纤维、生物纤维等。二是通过新型染色或后整理加工的方法，使普通织物具有智能特性，再做成服装。三是将普通服装与外加电子智能元器件相结合，应用互联网技术，形成新型产品。目前火热的智能穿戴产品涉及的智能服装主要属于这一类。该类产品装有传感器、检测器、键盘、显示器、投影器、扬声器、报警器等电子元器件，具有感知、分析和通信功能，以移动互联网为支撑，已经列入国家智能制造试点示范项目。

智能服装产品能够实现对穿着人和周边环境的感知，对信息动态存储，具有网络通信功能，与人、其他产品、制造商、服务商互通信息。智能化服务平台可以对其远程监测、故障诊断，并对数据进行挖掘和分析。随着高新技术的快速发展，智能服装开始走入人们的日常生活，各种应用逐步渗透到包括通讯、医疗、防护、运动、军事、娱乐等领域，有着当下还难以估计的发展潜力。下一步要加强产学研结合和跨界联合，开展关键技术攻关，加快科研成果的转化，尽快制定相关生产和产品标准，形成新型的产业链，使产品真正走向市场。

（三）生产过程智能化是核心

生产过程智能化系统向下连接智能化设备，向上与管理智能化软件系统集成，并对智能化新模式新业态提供必不可少的支撑，处于整个智能制造的核心地位。其内容包括面向各道纺织工序的智能制造技术，在单机自动化、智能化的基础上，实现设备联网和在线监测；进而推进纺纱、织造、印染、服装生产制造在智能环境下的综合集成，形成纺织全流程的数字化智能化生产线，并在此基础上不断积累和完善相应的知识库和专家系统。《纺织“十三五”规划》提出的到2020年的目标是建设纺纱示范生产线、从纺丝到产品包装的长丝示范生产线、全流程数字化监控的印染示范生产线、新型非织造布示范生产线、经编和纬编针织示范生产线和服装家纺示范生产线。

纺织行业近年来在生产过程智能化方面投入了重点力量，开展了广泛的产学研合作，取得了明显的进展和显著的成效。在多个生产环节建立了数字化智能化生产线，涉及纺纱、染色、针织、服装等行业，起到了标杆和示范作用，全自动筒子纱染色生产线和全流程纺纱生产线是其中的突出代表。企业内部的生产物流信息化系统是生产线的重要组成部分和连接各个环节的纽带，近年来技术上有了突破，化纤、纺纱的智能化物流和包装系统成功应用，大大提高了生产线的自动化程度。这一系列技术成果都由国内开发商提供，具有自主知识产权。

生产过程智能化系统下一步的发展方向包括：建立在线监测系统，能充分采集制造进度、现场操作、质量检验、设备状态等现场信息；建立生产过程实时数据库，并与过程控制、生产管理系统实现集成。很重要的是能够对生产计划、调度实现生产模型化分析，进行过程的量化管理，成本的在线动态跟踪。系统的目标是实现基础数据共享，工艺流程改造，实时在线优化，全面提升企业的生产资源优化配置水平。在此基础上，推进智能化车间和智能化工厂的建设。

（四）发挥智能化管理的重要作用

管理智能化在制造业的各个行业中是最具共性的领域。随着智能制造的不断开展，企业数据的实时性、完整性、准确性不断提高，必然要求管理更加精确、更加高效、更加科学，进而要求提高管理智能化水平。生产过程智能化要取得经济效益，必须与管理智能化系统集成，通过管理决策支持功能实现。因此，广义的智能制造除了生产制造之外，应该包括管理和物流环节的智能化。

纺织行业的企业管理信息化具有很好的基础，开始步入集成应用新阶段。ERP 等管理软件的应用不断推广，功能日臻完善，更多地与 PDM、MES 等应用系统集成；CRM、SCM 在互联网环境下更好地发挥了作用；物流信息化和能源管理信息化在一些企业开展，取得了很好的效果。开展智能化生产线试点的企业，一般都运行着 ERP 系统，关键是两者的功能如何更加密切地结合，对海量的实时数据进行处理和挖掘，提取出有价值的信息，为企业的精细管理和生产决策提供支撑。

按照国家导向和市场需求，智能化管理下一阶段发展的重点有三个方面：一是继续深入开展综合集成应用，尤其是与生产制造系统的集成，达到信息共享，充分发挥智能制造的经济效益；二是应用大数据、云计算、移动互联网等新一代信息技术，开发新模式、新功能，向新的领域延伸；三是开发建设企业级的知识库和专家系统，加强商业智能功能，实现对企业的决策支持，真正提升管理信息化系统的智能化水平，是三个方面中最重要的。

第二节　定制化服务

一、纺织定制化服务的模式和特征

随着人民群众生活水平的提高，对衣着的消费需求不断多元化，个性化消费逐步由小众市场开始走向普遍需求。另一方面，新一代信息技术快速发展，基于互联网的电子商务广泛应用，带来了传统制造业制造方式的变革，为面向个性化需求的定制化服务创造了条件，提供了支撑。近年来，定制化服务成为纺织信息化的一个引人瞩目的新领域。这一新模式的逐步推广，将能够实现纺织企业和消费者价值的共同创造，增强用户体验，提升产品价值，成为一种促进我国消费升级的新型服务模式。

（一）纺织定制化服务的典型模式

纺织行业的定制化服务主要是面向消费市场的个性化定制服务，通常是通过互联网等网络平台、客户体验中心，采集和获取消费者的需求信息；经过数字化设计和大数据挖掘等方式，识别消费特征，形成定制设计和用户参与设计能力；采用具有柔性化、智能化能力的工业化生产线，以适当的、逐步降低的成本，快速地生产出所设计的产品；将产品准确地入库、出库，及时地配送到消费者手中；整个设计、生产和配送过程全部处于信息化系统的监控与管理之下，实现生产制造与市场需求的高度协同；借助于各种信息平台与消费者保持信息沟通畅通，及时为其提供多种多样的定制化服务；充分利用消费者资源，分享个性化的消费体验，发挥其创造价值的能力，挖掘潜在的消费需求。

纺织行业产业体系庞大，制造产业链较长，定制化服务的空间较多，不仅有直接面向消费者的产品定制化制造与服务，还有上游环节面向企业用户的，以满足多元化、个性化需求为目标的中间产品及装备定制，也是定制化服务的重要内容。其实现方式多种多样，定制化服务模式还处于形成过程中。

（二）纺织定制化服务的特征

纺织工业开展的定制化服务，是运用高新技术，以工业化制造方式实现的个性化定制。既不同于多年来的手工裁缝式的定制服务，也不同于当前传统的大规模、流水线式的工业化生产，与当前的一些“高端定制”也有根本区别。这种定制并不是逐一、完全对应所有消费者个性化需求的定制服务，因为实现逐一对应个体用户需求必然以牺牲成本、效率为代价，这样就无法满足消费者对于物美价廉、快捷高效的追求。定制化服务本质上仍是以工业化生产为基础，以大规模定制为主体的。所生产的产品对消费者而言，是定制的，符合自己的个性化要求；对企业而言，则是规模化生产制造，达到快速高效的效果。开展定制化服务，必须首先识别各种个性化的需求中的共性，以共性需求为基础建立基本的工业化制造流程，再利用生产过程的柔性改造以及供应链、服务体系的协同规划与组织，有效对应个性需求。

二、纺织定制化服务的范围

（一）面向消费市场的个性化定制

1. 服装定制

服装定制直接面向消费市场，是纺织行业定制化服务最为重要的内容，也是当前方方面面关注的焦点。现代服装工业的定制化服务模式为大规模定制，主要表现为两种形式，大多数是直接面向个体消费者的服装定制，也有面向团体客户的职业装定制。但无论目标客户群体如何，服装定制均是以人体与版型数据库为基础，通过以信息化系统支撑的柔性化制造过程完成，以工业化的生产方式满足个性化需求。

职业装团体定制与面向个体消费者的服装定制的主要区别，一是与客户的交互方式，职业装团体定制可以通过互联网或直接业务接洽形成订单，面向个体消费者的定制则主要是通过电子商务平台整合分散的市场个体需求。二是生产过程柔性化程度，团体定制主要是满足号型的个性化需求，而个人个性化定制则能满足更多样的差异性细节需求。

早期服装定制以西装、衬衫、T恤衫等产品为主，目前仍然占据主要市场。以版型相对标准化的男装居多，女装定制发展则相对缓慢。

牛仔装、休闲装等产品有自身特点和大量需求，这几年发展较快，较之西服、衬衫等产品有更多的消费者选择，具有更大的定制化空间。

近年来引起关注的毛衫类针织服装，由于其生产流程短，自动化程度高，对人体适应性较好，在许多电子商务平台上都有个性化定制产品提供。

2. 家用纺织品定制

家用纺织品是另一大类面向消费市场的纺织终端产品，随着人们生活水平的不断提高，个性化定制已逐渐成为一些家纺品牌未来的发展趋势。与服装产品相比，家纺产品没有提取人体参数的环节，缝制加工过程也较为简单，却更加注重面料的选择，个性化设计更多地体现在整体风格选择、花型图案设计，以及功能化要求等方面，具有自身的特点。与服装定制一样，家纺定制在直接面向个体消费者之外，也有面向酒店等团体客户的大规模个性化定制，市场不容忽视。

床品、布艺的定制保有一定的市场，面向高端客户为主，以满足他们越来越高的对家居环境的要求。并由此发展到家居装修的整体设计，延伸出“软装”的新型服务模式。对床品的功能性定制日益增多，如满足健康睡眠需求的枕头、被褥的个性化定制。

毛巾、浴巾定制也进入了个性化定制服务的行列。因为毛巾除了普通的洗刷功能外，还被赋予了鉴赏和礼品的功能，除了规格、材质、颜色的选择之外，可以进行绣花、绣字、图案等内容的定制。

3. 印花产品定制

定制化印花产品是指单件或小批量的个性化产品，由数码印花设备完成。除了作为中间产品外，还有相当一部分直接面向消费者，如T恤衫等服装印花、床品布艺印花、围巾等装饰品印花等。由于采用数码印花技术的共同点，单独归为一类进行描述。

（二）其他领域的定制化服务

在整条纺织产业链的上游环节，面向企业用户的定制，包括对纤维、纱线、面料等中间产品，以及纺纱、织造、染色、印花、后处理等工艺的定制化。随着产品档次、质量、品种的升级，这类个性化需求越来越多，定制化服务的发展空间极为广阔。

纺织机械具有模块化特征，较适宜定制化，特别是下游产品在定制化趋势日益明显的情况下，对于装备短流程、生产灵活的需求更加突出，使得装备定制化需求逐渐显现。另外，基于生产需求不同，用户对于装备维护方面的服务需求也有不同，随着远程在线运行维护成为服务型制造的重要模式，定制产品的全生命周期服务也成为纺织机械定制化服务的重要内容。

三、纺织定制化服务特点分析

（一）产业优势明显

我国纺织产业链完整，拥有世界上最强的生产制造能力，产品在国际上有很强的竞争力。目前处于产业转型升级的关键时期，在不断提高自动化、高速化和连续化水平，向智能制造方向发展，促使产品生产向技术密集型方向转变，促使商品贸易向高档次、优质化、高附加值方向转变，促使传统产品低层次的价格竞争向高层次的质量、技术和品牌竞争方向转变。这些都构成了实现定制化服务的优势和动力。

（二）消费市场巨大

我国纺织品服装消费市场是全世界第一大市场，也是国内各个消费品市场中持续稳定的市场，未来一段时期仍然会保持这样的局面。目前这一市场面临着消费结构的转变和消费需求的升级，个性化定制迎合了消费新需求的多种特征，有着已经起步的现实需要和更加巨大的发展潜力。

在目前蓬勃发展的电子商务市场中，服装家纺产品一直是重要的组成部分，占到了网购市场的四分之一，加入了个性化定制功能之后，更能大大激发传统产品在新兴业态下的活力。

（三）人体测量特点显著

个性化定制产品的需求信息的采集是各个行业的共性问题，而服装个性化定制所需的人体数据采集具有特殊性，是其最显著的特点。目前的人体测量分为人工测量和自动测量两种方式：人工测量需要专业人员，实现量体受到种种限制；自动测量由于多种原因还不普遍，但确实是下一阶段的发展方向，要解决关键技术问题，尽量降低成本，逐步扩大自动测量的比例。

对采集到的人体数据进行处理和特征提取，与虚拟试衣系统、CAD 系统进行连接，是一个整体的过程。作为对个性化设计的重要支撑，根据不同人群进行分类，建立适合中国消费群体的人体数据库势在必行，也为更加深入的人体工程学研究提供基础。

（四）生产制造环节有待提升

机械、电子等产品由许多零部件构成，通过组装成为最终产品，标准化、模块化是个性化定制的基础。纺织服装产品从原料、中间产品的形态，到生产加工的流程和方式与此相比都有很大不同，要实现适合个性化定制要求的工业化生产难度较大。

在纺织工业的化纤、纺纱、印染、针织等行业，全自动化的流水线已经有了一些应用试点，而服装的生产历来需要大量的人工操作，自动化水平在整个纺织工业中也是较低的。比如服装原料织物柔软，延展性强，机器如何实现面料分层与抓取，如何在推移固位时避免拉扯形变，如何在裁剪车缝时实现精准定位，如何加工领口袖口等特殊部位等都是有待解决的问题。近年来服装制造技术发展很快，自动裁剪、局部环节的自动缝制、吊挂系统、计算机生产管理系统都有应用，但是要达到快速反应、小批量或单件定制，并逐步降低成本，还需要在技术和管理上有突破性的提升，逐步向智能制造方向迈进。

四、纺织定制化服务现状和发展趋势

（一）当前开展情况

定制化服务的开展，带来了传统制造业制造方式的变革，新模式不断出现，亮点纷呈。其中以服装个性化定制为主，家纺、针织、印花等个性化定制都有表现。尽管仍然处于起步阶段，有一个被市场逐步接受的过程，却表现出蓬勃的活力。

青岛红领最早开展个性化定制，其网络化 MTM 平台应用于男西装定制，依据大规模样板库，以订单信息流为核心，任务分配给计算机网络控制的多个柔性加工单元组成的分布式制造系统，实现了快速响应；广东爱斯达的牛仔服“远程定制和快速制造平台系统”从服装体形采集、版型预选、图案配饰、色彩搭配 DIY 设计、到互联网上传数据，最后加工成服装；吉姆兄弟专门从事网络化男衬衫个性化定制，客户通过网站或微信在线提供照片和有关尺寸，实现量体下单，客户从下单到收到货品一般不超过两天的时间；宁波慈星开发了针织毛衫定制系统，提供可随时获取、按需使用的毛衫款式、制板软件、织造工艺单和设备改造等服务功能；上海罗莱家用纺织品公司（简称罗莱家纺）通过自己的电子商务平台为客户定制家居用品，如团体或个人订购的礼品；杭州宏华联合 MEPRINT 平台定制各种各样的数码印花产品，一米就可以印，下单后 24 小时内完成出货，用户可以交互的方式参与花型的设计。

（二）下一阶段的发展趋势

定制化服务发展迅速，下一阶段将更多地着眼于以下方面：依托基于网络的个性化定制平台与用户实现深度交互，让客户更多地参与设计开发，达到产品充分个性化；企业的设计、生产、供应链管理、服务体系与个性化定制需求相匹配，有更加柔性化的生产设备和信息化系统支撑，以降低成本，提高效率；利用大数据技术对用户的碎片化、个性化需求数据进行挖掘，逐步完善企业个性化产品数据库，更加贴近客户的新需求等。

服装的大规模定制在“十二五”期间已经作为共性关键技术提出，“十三五”时期更加明确了方向，在服装、家纺行业，推广个性化定制和批量定制，直接对接消费需求，用工业化手段生产个性化产品。个性化定制的实质就是运用高新技术逐步解决个性化需求与生产效率的矛盾，要以接近大规模生产的成本和效率进行个性化服装的定制生产。这是一个很大的挑战，需要更多的技术创新和管理创新，有很长的路要走。

展望篇

从新一代信息技术发展、行业和企业的推进措施、对政府部门的政策建议三个方面，展望纺织信息化下一阶段的发展趋势和保障措施。

第一章　新一代信息技术的应用和发展

第一节　新一代信息技术对新经济发展时期的意义和作用

进入21世纪以来，世界范围内的信息技术发展迅速，学科交叉融合加速，新兴技术不断涌现，前沿领域不断延伸。以物联网、大数据、人工智能等技术为代表的新一轮信息技术革命已成为全球关注的焦点。新一代信息技术创新异常活跃，技术融合步伐不断加快，催生出一系列新产品、新应用和新模式，极大地推动了新兴产业的发展壮大，也加快了传统产业结构调整，改变了经济发展方式，促进了产业转型升级，对我国今后的经济发展具有重要意义。

一、我国经济发展的重要战略

当前，新一轮科技革命和产业变革同经济社会发展形成历史性交汇，科学技术的进步和创新将成为推动人类社会发展的重要引擎。信息技术成为率先渗透到经济社会生活各领域的先导技术，将促进以物质生产、物质服务为主的经济发展模式向以信息生产、信息服务为主的经济发展模式转变，世界正在进入以信息产业为主导的新经济发展时期。

近年来，随着国内外宏观形势不断发生复杂变化，我国经济发展步入增速换挡、结构调整的新常态。以互联网为核心的新一代信息技术与经济社会各领域深度融合，将推动技术进步、效率提升和组织变革，提升实体经济创新力和生产力，形成更为广泛的以互联网为基础设施和创新要素的经济社会发展新形态。国家提出的“互联网+”战略，是新时期我国在全面把握全球科技革新与产业革命趋势基础上，在世界科技革新与我国加快转变经济发展方式形成历史性交汇的时代背景下，主动适应和引领经济新常态，为实现经济提质增效升级所提出的重要发展战略。

二、实现制造业创新发展的重要途径

十九大报告指出，要“加快建设制造强国，加快发展先进制造业，推动互联网、大数据、人工智能和实体经济深度融合”。当前，我国制造业规模已居世界第一位，但是大而不强，与先进国家相比还有较大差距。必须紧紧抓住难得的战略机遇，实现中国制造向中国创造的转变，完成中国制造由大变强的战略任务。

新一代信息技术与制造业深度融合，正在引发影响深远的产业变革，形成新的生产方式、产业形态、商业模式和经济增长点，促进工业智能化、协同化，实现提质增效，缓解成本上升压力，逐步化解过剩产能，稳定工业对国民经济的支撑作用。融合发展改变了创新资源配置方式，构建起资源更加丰富、组织更加高效的协调创新体系，大大提升创新活力和效率，是我国制造业提升创新能力和综合实力的重要途径。而在这方面，我国与制造业发达国家的水平差距远远小于传统产业领域，各国基本处于相同起跑线，具备超越的条件，促使一批包括纺织工业在内的基础良好的产业加快赶超国际先进水平，提早跨入世界强国行列。

三、增强纺织行业转型升级的重要动力

新一代信息技术与制造业的深度融合发展，促进制造产业发生革命性变革，为我国纺织行业加快转型升级、跻身世界强国之列提供了有利条件，也增强了纺织行业加快转型升级的动力。

首先，融合发展大大拓宽了国际纺织行业的创新领域，产业链高附加值环节从传统的高新技术纤维材料和高端装备，扩展到智能化装备、智能化管控系统以及全流程智能化生产线，价值链高端从纺织技术研发和实体品牌渠道，扩展到新一代信息技术开发应用以及网络化、定制化服务渠道。由于我国纺织工业产业链齐全，新设备、新技术的应用集中，在新一代信息技术应用领域与发达国家相比具有独到的优势，完全有机会通过加强融合创新，占领新的科技制高点，并以此为契机促进产业结构调整与转型升级，加快迈向产业链、价值链中高端。在此形势下，纺织行业创新领域的扩展，已成为我国纺织行业加快转型升级，尽早建成纺织强国的重要历史机遇。

同时，融合发展也对我国纺织行业提出了更高的要求。互联网促进国际纺织

产业重新分工和布局调整，在科技创新与品牌建设方面的竞争日趋激烈，企业将面临超出以往的竞争压力。融合发展要求纺织企业全面变革生产组织、管理方式以及企业管理、营销模式，对于企业的资金、技术、人才实力和适应能力提出更高要求。而我国多数纺织企业长期专注制造领域，大量企业仍处于传统生产经营模式，对信息技术应用处于局部范围，对现代服务体系还不适应，全新的产业发展模式将使很多纺织企业在一段时间内发展压力更加突出，行业优胜劣汰更加凸显。在此背景下，推动新一代信息技术与纺织工业融合发展，促进企业全面提升科技、管理创新能力，加强人才和服务支撑，有效应对新一轮技术变革带来的挑战，已经成为纺织行业的内在需求。

第二节　新一代信息技术在纺织行业的应用和发展前景

新一代信息技术在纺织行业的应用领域很广，覆盖了设计、研发、生产、管理、物流、营销和服务等全产业链业务，涉及云计算、物联网、大数据、移动互联网等以互联网为核心的新技术，简称“云物大移”；也涉及其他新技术，如3D打印（3D Printing）、人工智能（Artificial intelligence）、虚拟现实（Virtual reality）、机器人（Robot）等，简称“3AVR”。

促进新一代信息技术与纺织工业深度融合，是下一阶段的重要任务。进一步研究物联网技术适用于更大范围和更多场景，深化在线实时监控、仓储物流动态管理、远程诊断服务、产品全生命周期追溯等应用；深入开展云计算、云制造研究，构建网络化协同制造公共服务平台，面向细分行业提供云服务；大面积普及移动互联网在企业管理、物流配送等多个领域的应用，改变传统的管理模式和配送渠道；着手开展纺织大数据积累、分析与利用，有效支撑行业市场营销、智能制造和服务化转型。同时，在智能制造、纺织品设计和分析、流行趋势、专家系统等应用基础上，扩展人工智能技术的应用领域，发挥决策支持的作用；丰富虚拟现实技术的设计和展示手段，加快工业仿真系统在纺织企业的应用；开发更多适合纺织特定工序应用的工业机器人，逐步普及在智能生产线和物流信息化系统中的应用；加强研究攻克3D打印在材料、设备等方面的关键技术，积极探索在服装个性化定制的应用前景。

一、物联网进一步深化应用

物联网是工业互联网的重要组成部分，是智能制造和大数据的基础，也是互联网与先进制造技术融合的基础。早在2010年已经列入《纺织工业“十二五”科技发展纲要》，近年来已经逐步渗透到纺织工业的各个应用领域，加强了在线实时采集和处理数据的能力，可以更加精细和动态的方式管理生产和物流，有利于纺织行业信息管理系统、装备自动化、制造执行系统（MES）、仓储及物流系统、供应链管理系统（SCM）、电子商务等系统的推广应用，扩大信息化系统的覆盖面，提高系统的使用效率和资源利用率，提升行业整体的信息化水平。

（一）信息管理

在企业ERP系统中，以往只有等生产结束后，才能统计信息，一般是按班或按天录入，不仅不及时，也容易出错。采用基于物联网在线自动监测技术之后，各种信息实时采集，数据全面准确，及时汇总处理，会从根本上改变这种状况。

（二）生产制造管理

生产制造管理是物联网技术在纺织行业的主要应用领域。其与装备智能化技术密切结合，不仅大大提高了纺织装备自身的自动化水平，加强了机台之间、前后工序之间的连接，而且提升了生产线整体上与互联网融合的能力，是智能制造的重要内容。

MES是物联网中RFID技术和其他传感技术的用武之地。各种生产线上的在线监测系统可以达到实时的信息管理，灵活的生产调度，准确的跟踪，加快了系统的反应能力，可以大大减少生产线停机现象，提高生产效率，保证劳动力、设备、工具的正确使用；当在制品通过生产线时，可以进行有效监控，及时发现生产中的问题，从而避免人为失误造成的延误和损失，很大程度地提高产品质量和合格率，监测能源消耗和废弃物排放，提高生产的绿色化水平。

（三）质量控制和追溯

RFID可以提供附加的质量信息，由生产线上不同的工序加入，使产品在生产结束时及时显示其质量，发现问题的所在，大大提高质量管理系统的效能。

纺织品服装市场对质量和安全性要求不断提高，要求能够准确地跟踪和追溯产品的历史信息。与CRM、SCM等系统结合，RFID可以在产品的全生命周期记录和保存大量信息，大大改善企业的服务，还能够起到商标保护和品牌保护作用。

（四）库存管理

将物联网扩大应用到生产线之外的仓储和物流系统，可以大大加强 ERP 的效能，帮助企业减少短货现象，缩短交货期，实现差异化生产，准确跟踪物流信息，从而达到降低成本、提高效率的目的，达到精细化管理的目的。

RFID 在库存管理的全面应用，可以大大提高成品、原材料、配件等仓库自动化管理水平，减少人工出入库成本和出错率。能够按照各种查找条件，从种类繁多的库存物品中快速识别所需的物品。更是从根本上改变了企业的管理模式。

（五）供应链管理

将物联网技术应用到整个供应链，可以对企业间物流进行更加有效的管理。它在更大范围内发挥库存优化管理、物流运输过程跟踪监视等功能，缩短交货周期，加速信息在供应链上的流动，加强上下游企业的沟通。

更进一步的话，有望扩大应用到纺织服装上下游企业后，可以在产业链上构建及时准确的信息链，从而精确跟踪和追溯产品信息，如产品安全性、产品质量和知识产权保护等，实现全面价值的可追溯性，强化和保护品牌；在产业链上的供应商、制造商、销售商和服务商共享信息，加强与客户的联系，加快市场反应和服务响应，有助于提高产业链资源整合能力。

二、云计算发挥更大作用

云计算技术日益成熟，应用日益广泛。重要的是，云计算又是一种新的服务模式，开发商利用云服务平台为广大客户提供资源优化共享、使用安全可靠的服务，提高信息化服务的水平。云计算模式可以成为生产性服务业新的增长点，在制造业服务化转型过程中发挥重要作用。

（一）面向中小企业的云平台是重点

面向中小企业的公共服务平台一直是纺织行业信息化的重点，经过多年的建设在产业集群地区已初见成效。其主要内容是以典型产业集群地中小企业为主要服务对象，按照企业业务分为若干类型，开发能够满足企业管理需求的管理信息化服务平台系统，并与网络服务商合作实现系统的部署和运行。

建设一批高质量的纺织云服务平台，实现各项资源的共享，如开展分散设计、外包设计、个性化设计和互动式设计，如开展行业化软件租用与服务，如实现关键技术标准的开放共享等。

纺织行业要进一步扩大公共服务平台的能力，往往受限于自身的资源。国家对云计算的政策支持，相关基础设施的日益完善，必将会提供新型的运营平台和更多、更灵活的资源。云计算将大量IT资源整合在一起，提供各种服务，实现服务的开放协作、社会资源的高度共享，从而解决信息化发展不平衡的问题。另一方面，这些平台的众多客户使得云计算有了更多的应用和内容。

（二）行业化云服务是发展方向

满足不同细分行业的信息化需求一直是纺织信息化的难点问题。开发适合纺织行业应用、具有行业特点的各类软件成为许多纺织行业“十二五”“十三五”规划中的攻关方向，也是云服务平台能够发挥作用的关键所在。近年来，一些单位搭建“纺织云”，整合多种纺织行业的信息资源，供纺织产业链上的相关企业共享，做出了很好的尝试。软件租用服务模式（SaaS）在纺织行业开始出现，如在服装CAD、CAPP等专业化软件，在平台上付费使用，会员一次只需十几元，充分发挥了SaaS的优越性。

随着SaaS软件客户的增长，网络存储和带宽等基础资源就会逐步成为发展的瓶颈，对软件服务提供商来说，自身计算机设备的性能要不断扩充升级，云计算的出现，为他们提供了新的选择。提供商如果基于云计算架构进行开发，就可以不在等服务器和带宽等基础设施上耗费自己的资源，而更加专注于软件开发和应用，为大量的用户群提供更为稳定、快速、安全的应用和服务，从而达到最终用户、SaaS服务商、云计算平台三方的共赢。

（三）关注云制造的发展趋势

纺织服装作为制造业行业，在深化云计算应用的同时，必然关注到云制造。云制造是一种面向服务的、高效低耗、基于知识的网络化新型制造模式，是在云计算提供服务基础上面向制造业的延伸和发展。它融合了云计算、物联网、智能制造、高性能计算等技术，将各类制造资源和制造能力虚拟化、服务化，并进行统一的智能化管理和调度，实现一种高效的共享和协同，将革命性地提升制造业信息化水平，并逐步实现制造业服务化，是将来的一个发展趋势。

云制造与云计算的区别在于，其共享的资源除信息和计算资源外，还有制造资源和制造能力，包括机床、加工中心、计算设备、试验设备等硬制造资源、各种模型、数据、软件、知识等软制造资源，和制造过程中有关的论证、设计、生产、实验、管理、集成等制造能力，因而实施的难度比云计算大得多，应用的过程也复杂得多。

三、移动互联网向新领域延伸

近年来，智能手机的快速普及，移动互联超出预期的发展，以前的 PC 机企业局域网以致互联网时代，人围着终端坐；移动互联网来临后，终端跟着人走，微信与各种 APP 提供无处不在的贴身信息服务，必将给纺织行业信息化带来巨大的变化。

（一）电子商务

我国电子商务已经形成相当规模，移动互联网平台广泛应用于纺织品服装电子商务和个性化定制平台，扩大了电子商务的覆盖范围，丰富了接入形式，提高了方便性，直接拉动配送信息化水平的提升，并将通过 O2O 等方式带动线下门店和售后服务的网络化，保证电商产品质量和供给。电子商务平台向移动互联网迁移加快了提升和整合资源的进程。

（二）向管理信息化延伸

移动互联网将从电子商务平台向供应链管理系统（SCM）等领域延伸，关键是开发适合于行业应用的手机 APP，将使终端应用更加便捷，用户体验更加贴近，个性化功能更加突出。手机定位功能在物流、销售中可以发挥充分作用，并将改变传统的物流配送和产品销售的渠道和模式。

ERP 使用移动解决方案可以灵活机动的方式随时随地使用数据，使系统的用户终端多元化、便携化，效果最为立竿见影，已经催生了很多不同于以往的全新应用，如扩充了 ERP 的应用场景，借助于移动化特性实现传统管理软件难以实现的创新功能。

（三）与其他新技术结合

移动应用不可能独立存在，要与云计算、大数据等技术紧密结合，才能真正发挥价值。例如，移动互联网加上社交网络可以积累海量数据，是大数据的重要来源，同时又可以灵活机动的方式提出查询要求，随时随地使用数据，优化数据提取方式，充分利用信息资源，并产生一些数据共享的新模式。

四、大数据突破行业化应用

大数据概念尽管流行的时间不长，但是已经渗透到经济社会生活的各个领域，受到方方面面的关注。习近平2017年12月在主持中共中央政治局集体学习时强调，建设现代化经济体系离不开大数据发展和应用，要继续做好信息化和工业化深度融合这篇大文章，推动制造业加速向数字化、网络化、智能化发展，将大数据应用提升到一个新的高度。

纺织行业近年来逐步开展了大数据技术的应用，在网络营销领域取得了一定的成效，整体的行业化应用还有待突破。应该看到，纺织服装行业具备应用大数据的广泛基础和迫切需求，与物联网、云计算、移动互联网等有机结合，将有力推动产品设计、生产制造、经营管理、物流配送、市场营销等各个环节的资源整合。实现大数据的价值，发挥“大”的优势，就要“用”字当先，使得新技术与行业的实际应用相结合，适合行业的特点，满足企业的需求。

（一）开创网络营销新模式

服装、家纺都是直接面向消费市场的行业，对消费者需求习惯的全面了解，是商品营销的导向，有了大数据分析，就抓住了市场营销的牛鼻子。

在物联网技术广泛应用的基础上，时时刻刻都在发生的用户购物的搜索、浏览、产品应用、订阅、交易等行为被数据库不断积累，基于大数据技术和平台进行记录和分析，从而得出用户的清晰化属性标签，比如年龄、性别、城市、爱好、收入、品牌偏好等。以这些标签为依据，再加上客户VIP卡等信息，在广告投放和营销活动定制中，更加有效地开展各种精准营销，使市场活动更有针对性，更快、更便捷地挖掘新的用户，分析出优质用户，进而产生新的营销模式。以上营销方法也可以应用到传统门店，实现线上线下的结合与互动。

电子商务是当前大数据的最大用武之地，同时为服装家纺商品的营销开拓了更大空间。在形成基于消费需求动态感知的大数据分析系统的基础上，开展针对消费者的个体需求的精准营销，从而开创了网络营销的新模式。

（二）智能制造需要大数据支撑

在网络营销日益发达的形势下，营销背后的信息化支撑越来越重要，设计、制造等领域，也是大数据的用武之地。

服装的大规模个性化定制生产是未来几年的发展趋势，也具备大数据时代智能制造的特征。可以设想，服装公司为大型集团企业定制职业装时，可以使用固定的人体测量设备，也可使用手持带传感器的测量装置，得到每个人的身体数据和个性化要求。随时通过移动互联网，传输到公司的云计算中心。通过大数据技术对人体数据库、服装数据库等多种类型数据的处理，可以迅速得出满足个性化需求的款式设计。有必要时还可以将模拟试穿样衣的照片或视频通过社交网络，或直接发到客户手机征求反馈意见。确定设计后通过网络提交给制造中心的CAD、CAPP、CAM系统，进行排料、裁剪，最后缝制、整理成为成品，这里还涉及敏捷制造技术。这是一个理想的服装大规模定制的过程，可以在批量流水线上满足个体的需求，大大缩短了交货期，提高了服务水平。

随着技术的发展，成本的降低，小规模定制，以至于单件网络定制逐步走进现实。利用大数据技术对用户的碎片化、个性化需求数据进行挖掘，逐步完善企业个性化产品数据库和知识库，更加贴近客户的新需求，为大规模个性化定制提供有力支撑，促进纺织智能制造的水平提升。

五、人工智能带来多方面变革

人工智能技术已经有60多年的历史，近年来在多个领域引起极大关注，主要是由于计算机能力大大增强，互联网产生了大量数据可以作为支撑，核心算法有了重要突破。2017年7月，国务院印发《新一代人工智能发展规划》，标志着我国人工智能的发展进入了新阶段，体现了国家对这一新技术的重视和支持力度，为纺织行业应用人工智能技术指明了方向。

当前，人工智能，包括机器感知、机器学习、机器思维、智能行为等技术在纺织行业的一些领域有了局部的应用，取得了初步的进展，形成了一定的基础。未来几年必将加快发展，成为引领未来的战略性技术，带动纺织信息化智能化水平的提升，为纺织工业的许多领域带来深刻的变革，其深远意义绝不可低估。

（一）智能制造

人工智能技术促进智能制造中新模型、新方法、新系统的发展，是纺织智能制造的核心技术，也是应用最多的领域。其中涉及生产过程特征提取、生产工艺优化、生产计划调度、设备排产算法、质量巡回检测和管理、设备故障定位和诊断等多方面。

在当前纺织智能制造领域的项目中，知识获取、知识库建设、深度学习、优化决策等智能化功能还很欠缺，有待在下一阶段重点提高，在自动化、数字化、网络化的基础上，提高智能化水平，使智能制造名副其实。

（二）纺织品分析和设计

人工智能技术近年来应用于纺织品织物设计、织物疵点识别和分析、面料性能评价、棉杂分类和评级、起球等级评定、上染率计算等领域，还可以用来分析预测纺织品的各种性能，如透气性、抗皱性、耐磨性等指标，如采用机器视觉、机器学习等技术，开展印花织物、色织物的疵点、色差、起球起毛的检测和分析评价。

下一阶段人工智能技术将引入纺织品设计系统，使之具备逻辑推理和决策判断能力，由计算机作为主导，依托知识库、自主学习体系，将大量设计实例、经验和准则相结合，根据设计目标不断缩小探索的范围，达到理想的设计效果。

（三）流行趋势研究

在当前网络上积累了大量数据的基础上，人工智能技术在纺织服装流行趋势领域有很大发展空间。如借助计算机视觉与图像处理技术，分析海量照片，可以快速检索用户偏好的色彩、花型和款式；如根据消费者穿衣色彩偏好和消费习惯数据，可以分析出各个年龄段常穿的颜色，归纳出不同的流行色等。在趋势预测方面，人工智能技术的应用，将明显优于目前的多种建模方式，不仅能够准确地解决许多复杂问题，还可以成为下一阶段纺织服装时尚创新的理想工具。

（四）专家系统

在《纺织工业“十二五”科技进步纲要》就已经提出：应用人工智能技术，开发建立纺织行业专家系统，建设纺织宏观经济决策支持系统。在行业层面和企业层面已开展工艺设计、质量管理、企业诊断、纺织知识库等工作，获得了一些经验。未来几年更广泛地运用机器思维方法，专家系统将是人工智能技术在纺织行业应用的重要内容，汇集行业专家的知识和经验，积累更新大量信息和技术，解决纺织产品设计、工艺、原料、生产、设备的关键问题，并为相关决策提供有效支持。

六、虚拟现实丰富设计和展示手段

虚拟现实技术是一种可以创建和体验虚拟世界的计算机仿真系统，包括模拟环境、感知技能和传感设备等方面。纺织行业应用虚拟现实技术，需要结合纺织服装产品作为终端消费品的特点，重点突破相关关键技术，提升虚拟现实环境中对象行为的复杂性、多样性和交互逼真性，实现虚拟现实等技术与人工智能的有机结合和高效互动。

（一）场景模拟系统

虚拟现实技术可以模拟产生一个三维空间的虚拟世界，为消费者提供关于视觉、听觉，甚至触觉等感官的场景模拟，让他们如身临其境一般。场景模拟系统已经应用于纺织品服装的设计、展示和销售，尤其在互联网环境之中。

普遍采用的虚拟试衣系统，在采集人体数据后，可以为消费者提供一个身临其境的购物环境，既减少网购过程中的退换货，也增强消费者的消费体验；纺织面料的虚拟展示平台上，消费者戴上 VR 头盔镜，即可从众多颜色、花型的面料中选择合适的品种，然后再移动至眼前，观察面料的组织结构等细节，实现与三维实体产品的交互；设计人员也可以在虚拟环境中，对产品进行仔细观察，并直观地进行修改。

（二）工业仿真系统

工业仿真系统不仅仅是简单的场景漫游，而是真正意义上用于指导生产的仿真系统。它结合用户业务层功能和数据库数据，为企业建立一套完全的仿真系统，可与企业 ERP、MES 系统无缝对接。

下一阶段工业仿真系统的试点应用，对重点纺织企业提高开发效率，加强数据采集、分析、处理能力，减少决策失误，降低企业风险起到了重要的作用。例如利用 3D 可视技术，建立虚拟现实平台，仿真服装工厂的内景，包括机器位置、空调、噪音和光照的客观立体表达。工程师和工人能够现场游历虚拟工厂，按制造新产品的要求，或者为了适应季节变化，移动机器，检查间距、照明和噪音，以确保良好工作条件，以及评价各种设备布局对工作的影响，为工厂的生产监控、生产调度提供科学手段。

七、工业机器人提升智能化水平

工业机器人是面向工业领域的自动化机器装置，能够靠自身动力和控制能力来自动执行工作。它可以接受人的指挥，也可以按照预先编排的程序运行，现代的工业机器人还可以根据人工智能技术制定的规则行动。

（一）具备一定的应用基础

纺织行业很早就开始了工业机器人的应用，有一定的应用基础。近年来由于智能制造和物流信息化的推进，领域越来越宽，包括化纤、纺纱、印染、服装等行业；应用也越来越深入，对其智能化要求日益增高。当前采用有定位机器人、移动机器人（AGV）和一些专用机器人。定位机器人主要在生产线进行上料、下料、转移、装卸等操作；移动机器人应用于自动化生产线和车间的柔性搬运、传输等功能，也用于企业自动化立体仓库的运输工具；专用机器人则是用于特定场合，如毛衫缝制等工序。

（二）是纺织智能制造的关键技术

工业机器人是纺织智能制造和物流信息化的关键技术，对于传统生产线实现作业和搬运自动化衔接，实现精细化、柔性化、智能化作用明显，可以缩短物流流程，降低物料损耗，减少用工，提高生产效率，在未来几年有着非常好的发展前景。

在化纤全流程生产线已实现数字化、自动化的基础上，各生产工序的自动连接以及与智能物流系统的融合，正推动化纤生产进一步智能化。新近开发的化纤落丝和物流包装系统中，工业机器人起到了重要作用，除了能实现丝饼从落丝、输送、储存、检验分类、包装到码垛的全自动化外，还能对产品进行智能识别，每个丝卷在检验包装过程中的传输全部通过识别三维码来进行，准确且效率高。

棉纺生产具有多工序、连续化的特点，专业化分工和专业协作程度较高。近年来，棉纺行业在各工序提高机械设备自动化、智能化水平，实现不同工序间的连续化、自动化生产。不同类型的工业机器人应用于不同工序的自动换卷、换筒、落纱、自调匀整、巡回检测、工序间输送、自动包装入库等环节。其中，自动络筒系统是棉纺行业应用最有效的技术，是典型人和机器人协调型单元生产组合系统的成功应用。下一阶段工业机器人在其他环节的应用将逐步扩展，现有系统也将进一步提高智能化水平。

八、3D打印前景值得期待

3D打印作为一种快速成型技术由来已久，近年来得到快速发展，得益于科学技术的进步和市场需求的增长，成为新一代信息技术与先进制造技术最典型的融合。其优势是显而易见的：一是能够按照设计，随心所欲地生产，真正实现了个性化；二是一次成型，快速制造，省去了传统工艺的多道工序；三是采用增量法而非传统的减量法，节省了原料，基本上没有废弃物。

（一）在服装行业的应用前景

当前服装等产品的3D打印还处于试验和基础研究的阶段，全球范围内有3D打印泳衣、内衣，以致时装的案例，当然还是供表演用的服装服饰居多，可以做到“图样进去，衣服出来”。我国服装制造业近年来致力于产业转型升级，高新技术普遍应用，3D人体测量技术、大规模定制技术、敏捷制造技术、一次成型技术等初见成果，形成了相当的应用基础。另一方面，3D打印机制造业在国内越来越得到重视，几年前建立了3D打印技术产业联盟，也形成了一定的技术基础。

回顾服装制造的发展历程，以前服装手工制作时讲究裁缝师傅“单量单裁”，量身定制。后来在工业化时代实现了大规模制造，在流水线上大批量生产。现在又倡导大规模定制，使流水线适应小批量、多品种，需要多种高新技术支撑。在信息化时代的今天，如果3D服装打印技术进入实用，配合3D人体测量、3D设计与制板、3D虚拟展示等技术，将达到全流程自动化的“单量单裁”，实现真正意义的个性化定制，这正是服装业热切期盼的新技术。

从市场角度分析，由于人民生活水平的提高，衣着消费水平的提升，时尚观念的增强，社会对服装的社会化制造和个性化生产具有需求，可以说市场前景乐观，潜力可观。

（二）关键技术问题亟待解决

服装的产品形态、所用原料、使用要求与其他产品大不相同，有着极为鲜明的行业特点，因而对3D打印技术有着不同的要求。

首先是原材料，当前需要研制化学纤维新材料，既适合3D打印耗材的溶解、成型的要求，能够调配适当的颜色，又达到纺织品的相关标准，适合人的穿着；其次是打印设备，要适应服装原料的柔性特点，能够喷制均匀的、薄的对象，而且面积较大；第三，要使打印的服装达到穿着要求，还要研究打印制品的后整理技术，必要的连接技术；最后，要有一系列技术与之配套，如3D人体测量、建模技术、服装CAD、CAPP，相关的服装数据库等。

总之，3D打印服装能否实用化的关键在于这些技术所能达到的程度。要达到实用化的目标，可以采用产学研结合的方式，找准突破口和研究方向，攻克化纤新材料等难题，有必要时政府给予专项支持。专用设备研制以打印机厂商为主，结合服装工艺专家和设计专家，并以此带动相关配套产业的发展。

（三）技术推广模式需要创新

在关键技术问题解决之后，3D 打印的商业模式也值得思考。可以设想一下，3D 打印机“进入寻常百姓家”并非不可能，但现实的还是先采取门店经营的方式，为有需求的客户提供一对一服务。也可以借鉴 SaaS 模式，在网上租赁，方式更灵活，更广泛。若能推广，是现代服务业的理想形式。

3D 打印技术能否得到推广应用，实现真正意义的个性化定制，取决于关键技术的解决和推广模式的创新。其单件小批量、个性化，及网络化生产模式，决定了与规模化服装制造是一种相辅相成、互为补充的关系，而决非完全替代的关系。

第二章　推进纺织行业两化深度融合的措施

第一节　战略目标和推进模式

一、总体战略目标

纺织行业信息化建设近期的总体战略目标是：贯彻十九大报告推动新型工业化、信息化、城镇化、农业现代化同步发展的总体要求，坚持以市场为导向，以政策引导为手段，以提高行业核心竞争力为主要目标，加快信息化发展，适应把握引领纺织行业经济发展新常态，着力深化供给侧结构性改革，加快市场响应，提高经济效益，实现管理创新，增强国际竞争力，推动产业的持续转型升级，为2020年成为纺织强国的目标做出重要贡献。

落实《中国制造2025》和《“十三五”国家信息化规划》的相关部署，按照《纺织“十三五”规划》和《建设纺织强国纲要》提出的目标，两化融合能力增强，成套智能纺织技术装备实现产业化应用，智能制造成为推动纺织工业转型升级的重要力量；推进信息技术在纺织行业的全面和深入应用，增强产品设计，企业管理，生产制造和资源整合的创新能力，到2020年实现我国纺织信息技术开发及应用整体上达到国际先进水平。

二、推进模式

（一）整体化的企业解决方案

针对我国当前纺织工业信息化的共性问题，考虑纺织企业的规模、管理模式、生产流程、市场运作的需求特点，采用多学科、多领域集成的系统解决方式，将辅助设计技术、自动控制和自动监测技术、生产制造管理和企业管理技术、电子商务技术、系统集成技术等结合在一起，全方位整体考虑和综合解决纺织行业信息化的关键问题，逐步建立和完善面向不同细分行业、不同规模企业的信息化整体解决方案。

（二）行业化的应用软件产品

工业软件是两化融合的切入点，在企业整体解决方案中，应用软件是关键。应用软件的发展趋势是形成适合行业特点的产品，即符合中国纺织企业的企业规模，适合重点行业的应用特点，满足不同类型企业的差异性需求，弥补企业管理基础和信息化基础不足的商品化软件。

（三）集成化的系统应用模式

在技术应用方面，以发展适合行业应用的软件产品和开展重大应用示范为主线，注意企业设计、生产制造、管理、经营的局部集成与企业内外部整体集成的结合；单项技术应用与系统集成应用的结合；单一企业应用与行业性或区域性应用的结合等。总之，用现代集成制造系统的集成方法与整体解决方案结合，来解决纺织行业信息化的应用问题。

（四）协同化的开发实施方式

在各类项目实施以及项目间的协调过程中，采用合作开发的方式，发挥应用企业、开发商、高校和科研院所、中介咨询机构、监理机构的各方面作用，配套组织项目的开发实施，优势互补，相互促进，协同发展。

（五）系统化的产业发展方式

在技术产业化方面，依靠具有自主知识产权的行业化技术和软件产品，系统地促进与纺织行业信息化相关的软件业和现代服务业的发展，包括行业化应用软件产品与专业化软件公司的培育、专业化咨询公司和中介服务机构的培育、企业信息化用户与市场的培育。

第二节　企业层面的推进措施

一、实现企业领导的观念变革

信息化建设尤其是管理信息化项目，与一般基本建设和技术改造项目不同，它是一项系统工程，信息化本质上是一场根本性变革，是管理思想、管理理念上的全新变革。这种思想变革远非信息部门或技术部门所能解决，因此，企业主要领导，特别是一把手要实现观念的变革，亲自参与和领导。老生常谈的“一把手原则”现在依然有效，而且随着信息化的深入，不断增加新的内涵。

一般成功的经验是成立领导小组，由企业主要领导负责，各个主要业务部门负责人参加。小组进行项目的可行性、投资和改革措施等重大决策，解决信息化过程中出现的重大问题。如从信息化启动到咨询公司选取、软件选取，再到业务流程重组等。尤其是业务流程重组可能会涉及一个单位的战略取向和管理风格，必须一把手了解和决策。

企业信息主管（CIO）不管叫什么名称，作用十分重要。他负责领导小组的日常工作，要加强与一把手的沟通交流，协调各个业务部门的关系，促进信息化的顺利实施。所以在实施的全过程都应让一把手了解存在的问题，从而能迅速地解决问题。

二、培养和保持应用技术队伍

纺织企业目前多数有信息化部门，但形式有所不同，这反映了企业对此项工作的重视程度。其中，由厂办（总经办）、企管科（处）、总工办等管理较为合理，关键是管理的落实；信息中心、计算机室等专门机构往往只是个技术部门，只负责计算机系统的运行和维护，没有管理和协调的职能，起不到应有的作用。

因此，企业应有常设的信息化部门（名称可以称信息中心），作为综合管理部门而不是技术部门。它应直属总经理或厂长，信息部门负责人可以直接向一把手或 CIO 汇报工作，负责协调各个部门的日常信息工作；负责向公司提出规划、计划和方案；负责各类信息的收集、处理和发送；计算机软件的开发维护等。

信息化部门可根据企业规模，保持一支应用技术队伍，即便是购置软件或项目外包，既熟悉企业管理又掌握 IT 技术的专业技术人员也是必不可少的。技术实力强的企业，其信息化部门可以与母体企业分离成为企业控股的软件开发和技术服务公司，除了承担本企业的系统开发和维护任务外，主要在行业内开展技术推广，这样做还有利于稳定技术队伍，防止人才流失。

三、改进和完善基础管理

企业基础管理实现规范化和标准化是管理信息化的前提。要建设信息系统，需要加强基础管理，规范各个部门的管理职能，实现标准化编码，这已经成为纺织企业的共识。

在全企业范围内，对一些主要的管理对象，如人员、资金、产品、物资实行统一的规范化的管理方法。如仓库管理，不论仓库属于哪个部门，存储什么对象，应该制定统一的制度和管理办法。实行统一的管理方法有利于计算机管理发挥作用。有些企业管理部门分工较细，信息系统可能将相同或相关的管理功能合并、综合，规范化管理有利于这些功能的实现。

标准化是信息系统正常运行的基础。对于部门、人员、产品、原材料、设备、机配件等要实行统一标准的分类编码。其原则是能够采用国家标准、行业标准的都要采用；自行编码应有一致的规则，由指定部门确定；暂时统一不了的，要有转换标准。这些编码标准要统一颁布实施，因为部分部门的不贯彻执行是形成信息孤岛，造成信息资源不能共享的最主要原因。另外，企业范围内的同类合同、账页、报表、单据要采用统一格式，并力求完整准确，便于计算机处理。

四、切实做好总体规划

根据“总体规划，分步实施”的指导思想，总体规划是最重要的环节。

总体规划是建立信息化系统的第一阶段工程，也是系统开发的必要准备和总部署。根据企业的发展战略和需求现状，确定信息化建设的大政方针，规划系统的阶段性目标，建设范围、总体架构、功能结构、开发进度、投资规模、参加人员和组织保证，制定规划和实施方案，这样才能保证信息化建设深入推进。

做总体规划要全面，考虑3~5年的需求变化和技术发展，而具体实施时可以分步进行，先易后难。没有扎实的可行性研究和总体规划，切勿贸然行事。企业信息化是一个循序渐进的过程，涉及企业的人、财、物及文化、管理和组织结构等多方面的变革，要在不断实现阶段性目标的基础上持续推进。

总体规划必须组织有关专家进行论证。根据论证意见修改或调整规划，必要时重新制定。总体规划必须经企业负责人审查批准，以后的建设严格按照执行。要避免目前许多总体规划流于形式的现象，提高规划的前瞻性和可操作性。随着企业发展战略的调整，信息化总体规划的远期目标和长期规划也有必要进行调整。

五、发挥各种咨询机构的作用

对已经完成信息化战略抉择的企业来说，其当务之急是在战略和战术上，推动信息化建设顺利进行并取得成功。比如，管理信息化不能完全是现行管理的翻版，需要对现行管理体制进行改革和调整，因此，可以借助外界力量，与各种有实力的公平、公正、客观、中立的管理咨询和信息化咨询机构合作，来组织企业的管理诊断、信息化规划、信息系统实施和培训。借助他们的知识和经验，切实把握和解决好信息化规划和建设过程中的一些带有规律性、普遍性、策略性的问题。有些采用国外 ERP 软件的纺织企业与专业咨询顾问公司合作，取得了较好的效果。

咨询市场近年来发展很快，可以按照咨询服务提供者的不同，将企业信息化咨询市场进一步细分为三个：一是软件、解决方案供应商自己提供咨询服务，如大软件公司的咨询部门；二是与软件、解决方案供应商建立代理销售关系的管理咨询公司提供咨询；三是第三方管理咨询公司自主提供的咨询服务，行业协会属于这一类。前两者有熟悉软件产品和技术的优势，目前占有较大份额；而后者由于其中立的地位，将发挥越来越大的作用。

随着企业信息化需求的深入和咨询市场的日益成熟和规范，会有越来越多的咨询机构介入企业信息化建设，帮助进行可行性研究、整体规划、选型招标、实施监理和验收评估，保护企业信息化投资，提高项目成功率。这既是纺织行业咨询服务市场健康发展的需要，也是实现 IT 企业、咨询公司与用户企业三方共赢的必然选择。

六、选择适当的建设方式

企业信息化建设方式，即信息系统的开发方式，在纺织企业常见的有自行开发、合作开发、外购商品化软件、外包等。这几种方式各有特点。

在纺织信息化发展的前几个阶段中，自行开发的不少，目前多限于实力较强的大中型企业，有的与外单位合作成立 IT 公司；大多数采用合作开发方式，合作伙伴有高校、科研院所和 IT 公司，后者占大多数。关键要选择有实力有行业经验的合作伙伴，着眼于培养自己的应用开发队伍；21 世纪以来，购买商品化软件，加之适量的二次开发，成为越来越普遍的方式，重点是软件系统适合行业应用的程度；而系统外包即完全的委托开发，近年来开始出现，纺织企业采用不多，但随着外包市场的发展和规范，也不失为一种高效率的选择。

不管选择何种方式，目的都是要达到总体规划的要求，保证信息系统的成功实施。企业选择不同的建设方式可以有如下考虑：首先，评估自身信息化部门协调能力和技术能力，人员结构和素质，是否具备自行开发的条件；其次，考察开发单位的实力，在本行业的实施经验，对本行业技术特点和内部业务流程的了解程度。从运营机制和服务能力方面，各类 IT 公司占有优势；如打算采用商品化软件，重点是软件系统的选择；而当信息化需求确定，如外包服务伙伴实力和成本优势明显，也可以考虑外包。总之，要依据企业战略，采取灵活的信息化建设策略。

七、考虑引入监理机制

实践表明，信息化工程不是一般意义上的工程项目，其成功的实施涉及人的思想认识、企业的改革与重组、软件功能、项目实施水平以及甲乙双方密切配合等一系列实际问题，因此具有涉及面广、难度大、周期长等特点，特别是在国有大中型企业这种现象更为突出。在调查中发现，纺织企业信息化项目出现了项目拖期、达不到预期技术要求、经费超出，甚至中途下马等许多纠纷。为了有效地提高应用水平，实现系统预期目标，有必要在信息化工程实施过程中引入项目监理制度，用这种社会化、科学化和专业化的管理取代以往项目的自筹自建自管，避免出现目标不明确、方法不科学、质量不保证、进度不控制的现象，解决遇有问题相互扯皮的传统管理的弊端，确保项目按期按质完成。

实行项目监理制度是国际上确保工程项目质量和进度的一种通行惯例。我国的信息化工程监理工作最早起步于电子行业。1995 年，原电子工业部发布了《电子工程建设监理规定》，其中针对大型信息系统建设的监理提出了相应的要求，明确了监理的具体内容。多年前信息产业部就实施了《信息系统工程监理暂行规定》，并制定了《信息系统工程监理单位资质管理办法》和《信息系统工程监理工程师资格管理办法》两个配套办法。但是，目前在纺织行业信息化项目中引入项目监理制度还少有先例。

需要指出，监理机构必须作为第三方严守中立，要经过严格的评审和认证，不参与同类项目的管理咨询和软件实施业务，才能保证监理的公平和公正。只有这样，才能清除监理制度推行的障碍，在行业信息化建设中获得应有的地位；另一方面，一些大项目的承建企业也要从保护自身合法权益的目的出发，考虑引入监理机制，贯穿设计、施工、系统集成和开发的全过程，发挥企业自己难以起到的作用。

信息化工程监理在纺织行业是一项新事物，许多问题需要解决，如建立和完善质量标准与监理规范，规范监理机构的组织形式，明确监理在项目中所负的责任、监理收费标准等。

八、重视系统验收和效果评价

对项目的验收和评价要本着实事求是、科学规范、客观公开、讲求实效的原则，以用户企业为主，在项目合同中就开始确定一套验收标准，明确要求，内容应包括：是否达到计划任务书和合同书的总体要求；各项技术指标是否达到设计要求；使用设备质量是否符合国家有关部门标准的规定，是否达到国家的安全保护等级标准；技术文档是否齐全，是否符合技术规范要求；系统连续运行的记录报告是否完整；企业应用覆盖面是否达到普及程度；使用人员是否达到熟练程度；管理规章制度是否建立和健全等。更重要的是审查用户使用意见、项目实施进度、项目的财务决算和经济社会效益分析等。

验收形式除了用户企业验收外，对大项目也可以采取专家组评审验收、委托中介机构评估验收等方式。

这里的关键是系统评价指标的选取和量化，使其构成科学的评价体系，确实评估出应用系统的水平。因此，企业也可以在专家和中介机构的帮助下，按照总体规划、双方签订的合同以及一套信息化项目评估体系，站在中立的地位，对项目进行详细测试和全面评估，形成测试报告和评估报告等文件，提交用户方和开发方确认，对确保项目成功和双方的利益都是十分必要和有利的。

系统验收要防止陷入几个误区：一是流于形式，系统测试走过场，只讲成绩，回避缺点，验收材料成了成果宣传；二是偏重于技术指标，片面追求技术的先进性，把系统验收当作科研成果鉴定，却忽视了其适用性，偏离了用户企业的需求；三是以为验收了就大功告成，其实系统上线运行只是信息系统建设的一个中间阶段，并没有达到企业的目标。如何正确地使用系统，如何对系统进行管理和维护，如何通过系统积极开展业务取得效益，还有大量的工作要做。

第三节 行业层面的推进措施

一、发挥政府和行业协会的作用

（一）政府进行政策引导，营造发展环境

当前情况下，各级政府通过制定政策、建立标准、发展中介服务机构以及组织对重大关键技术的开发、推广应用和试点示范等，为实施行业信息化营造良好的发展环境。其中最重要的是出台一系列规划、指导意见等政策性文件，对行业信息化进行指导。还比如指导和建立纺织行业信息化试点示范工程，为广大的企业提供实施经验和参考；设立各种专项，实施行业信息化相关的重点工程和项目；组织对涉及行业信息化的重大、共性关键技术开展攻关和产业化；组织各种标准、规范、评估体系的研究和制定等。

需要注意的是，国家的拨款投资对于纺织行业信息化是要起到“四两拨千斤”的引导作用，是要调动广大企业投入信息化建设的积极性，而企业才是实施信息化项目的投资主体，也是实施主体和受益主体。所以，企业开展信息化建设应该成为企业自觉的行动，信息化的资金应该主要由企业自己承担。中央和地方政府既要保持对企业信息化建设的资金支持力度，也要考虑国家拨款的有效合理使用。有必要纠正某些企业将上信息化项目作为向国家申请经费的理由，国家有支持就上没有支持就不上的做法。

（二）行业协会发挥协调职能，提供综合服务

行业协会利用熟悉行业的优势，发挥沟通协调的职能，协助各级政府部门开展行业信息化工作。包括广泛开展信息化相关调查、标准制定、软科学研究等基础工作，及时反映行业、企业发展中遇到的问题和诉求，提出政策措施建议，为政府决策提供更充分的依据；协助政府选择示范企业，组织涉及行业信息化的共性关键技术课题，指导和培育典型示范应用工程；引导纺织企业充分利用现行财税政策，协助企业申报各种国家专项，促进企业加快信息化建设步伐。

另一方面，行业协会要做好行业综合服务工作。包括研究纺织行业信息化状况和发展趋势，发布行业性指导文件；从行业层面组织共性关键技术攻关和先进

适用技术推广；深入做好各类信息化公共服务平台建设，扩大平台覆盖面；积极开展先进企业、典型案例剖析和研究，总结成功经验；通过会议、媒体等渠道开展信息化交流和宣传；整合行业资源做好信息及政策咨询、专业培训等服务工作；研究建立行业性信用体系，加强行业自律，在推进两化深度融合方面发挥更多积极作用。

二、培育示范应用，分行业推广

企业信息化是行业信息化的基础。要提高大多数企业对信息化的认识，增强上信息化项目的信心，提高信息系统实施的成功率，降低投资风险，使有限的资金发挥更大作用，行业的信息技术应用要由点到面，逐步推广。要达到这个目的，示范应用项目和示范企业的作用十分重要，是突破口。以若干重点行业和典型企业的示范应用为试点，培育示范应用项目和示范企业，积累经验，以点带面，在行业中推广优秀案例，形成针对不同细分行业、面向不同规模企业的整体解决方案，在政府和行业协会的支持下推广应用，用以带动整个行业的信息化进程。

具体做法是：先选择重点行业（如棉纺、化纤、服装等）和有条件的重点企业（如行业排头兵企业）作为试点，要充分考虑行业分布和地区分布，考虑企业的信息化基础和需求，参与开发实施单位的技术实力。在行业协会的参与下，集中力量突破一批对提高我国纺织工业综合竞争能力具有重要意义的关键技术。通过试点培育出示范应用项目和示范企业，积累典型案例，取得经验，形成针对不同行业的整体解决方案，开发具有自主知识产权的硬件软件产品，尤其是适合我国纺织行业特点的应用软件产品，确实能够满足重点专业行业的信息化需求，吸引同行业企业投入信息化建设，形成用户群，在同行业或纺织产业集群地区推广。这样，可以有效规避风险、缩短项目周期，提高应用水平，调动广大企业投入信息化建设的积极性，带动整个行业信息化建设的发展。

在我国纺织业发达省，如浙江、江苏、广东，近年逐步形成了产业集群现象。这些拥有结构特色和发展活力的市、镇产业集群有明显的内部和外部的规模经济效益，相当一批企业从彼此竞争的关系转变为上下游配套的伙伴关系，形成了市场细分、优势互补的新格局。示范应用项目和示范企业的效应在这样的城镇更为明显，推广往往更加顺利，获得的经济效益也更为显著，从而促进在更大范围的相关产业间形成产业链。

三、建立有效的技术推广机制

在取得示范项目和示范企业的应用经验之后，建立有效的信息技术推广机制就十分重要。信息技术成果的推广近年来取得很大进展，但是一些行业影响力较大的重点项目推广应用不够理想。由于供给与需求方面的多种原因，一些成果停留在试点示范阶段，不能满足产业化、商品化要求；一些成果缺乏推广的动力，难以向全行业辐射。较多出现的现象是开发单位推广积极，而应用企业积极性不高；开发单位中IT公司主动寻找市场，而高校、科研院所不够主动。面对这些困难，首先在推广机制方面要有所突破，解决试点成果推广的动力和激励问题。

（一）充分利用市场导向作用

要调动项目实施主体技术推广的积极性，首先要明确项目成果的知识产权归属，是开发单位独有，还是与应用单位共有。知识产权的归属决定了推广过程中效益的分配。其中应用企业的态度是关键，而企业的信息部门成为软件公司是有效措施之一。

信息化项目搞得好的示范企业的信息部门都有较强的技术力量，通过项目实施积累了丰富的经验，对行业有充分了解，有条件与母体企业分离成为企业控股的软件开发和技术服务，除了承担本企业的系统开发和维护任务外，主要在行业内开展技术推广。像经纬纺机、雅戈尔、山东康平纳、宁夏汇川等企业早已这样做了，取得了很好的经济效益，成为行业内有影响的技术开发和服务公司，带动了相关行业信息技术的推广。从另一方面看，这也是企业避免IT人才流失的一种办法。

高校和科研院所也是这样，采用真正的公司体制运行，才能有市场活力。

（二）政府和行业协会积极协调

在市场调节的基础上，政府要发挥积极的协调作用，如建立招投标机制、项目协调推进机制和知识产权保护机制，并已经采取了一些措施。如在国家或地方项目立项时都有相应的推广条款，并将其作为获得政府资助的条件；有关政府部门对企业信息部门与母体分离成立行业化软件公司给予了政策支持。行业协会也是一样，除了通过会议交流、媒体宣传推动外，也将行业推广前景和推广实例作为评选科技进步奖、信息化项目奖的重要指标，目的都是调动应用企业推广的积极性。

四、采用科学的技术推广方法

在推广技术层面，要采取科学分析、标准化管理和扎实推进的工作方法。

（一）对试点企业的成果进行评估

具体的企业信息化项目，存在着规划的局限性、概念的模糊性，甚至存在实施风险。试点是使这些不确定性明朗化的手段之一，所以要对试点企业的成果进行需求评估和效果分析，目的是能够明确成果适用的行业范围、企业规模和类型、需求特点。如果试点的结果不能明确这些问题，也还是不要急着推广为好。

（二）对试点技术方案进行评价

在具体项目中，除了解决试点企业的需求之外，要考虑行业特征的抽取和总结，通过补充和完善可以满足同行业不同类型用户提出的应用需求。这些软件系统可以在各个用户单位投入实际应用，而不必对软件系统进行架构上的修改。在推广之前，必须仔细分析这些差异，重新对目标系统进行准确定义和评估。

（三）制订相应的标准和规范

统一标准和规范是对项目进行统一评价和衡量的尺度，也是保证项目有序推进的必要手段。这方面的工作还存在很大差距，需要在推广过程中逐渐得到充实和完善。

（四）试点成果逐步实现产品化

开发单位要采用集中式的开发模式，利用已有组件、平台，进行产品化研究和开发，形成相对稳定的专业化开发和实施队伍，有计划地向产业化目标推进。

五、开发有行业共性的关键技术

以产学研结合的形式，在国家的支持下，集中各方面力量，组织行业急需的共性关键技术攻关，突破一批对提高我国纺织工业综合竞争能力具有重要意义的技术瓶颈，开发具有自主知识产权的产品，尤其是针对纺织行业应用的软件产品，像《纺织工业“十三五”科技进步纲要》中提出的信息技术“4+12”项目，其中4项共性关键技术是数字化设计技术、智能化生产及管理技术、电子商务物流信息化技术、互联网相关技术，要形成行业或地域的用户群，力争在具有相对优势的技术领域达到国际先进水平，乃至国际领先水平。

以企业管理信息化系统为例，要适应广大纺织企业的企业规模，适合重点行业的应用特点，满足不同类型企业的差异性需求，弥补企业管理基础和信息化基础的不足。一定要克服目前一些低水平项目多点开花，各自为战，相互封闭，重复劳动的状况，在短时期提高信息技术应用水平。

与此同时，要大力加强对知识产权的保护，呼吁应用企业使用正版软件，以保护开发单位的利益和他们的创新积极性。

六、建设行业化公共服务平台

纺织企业绝大多数是中小微企业，由于自身信息化基础薄弱、信息滞后、需求多样、系统实施复杂，形成行业化公共服务平台，是他们变劣势为优势的必要途径，也是缩小与大企业信息化“鸿沟”的重要环节。

（一）公共服务平台服务中小微企业

中小企业信息化公共服务平台对应几十个以致上百个企业，怎样能提供众多中小企业所需要的个性化服务，细分行业是必然选择。在纺织产业集群地区，行业化的技术服务机构得到初步发展，以示范项目和用户为辐射点，建立公共服务平台，为相关行业的企业提供专业化的技术服务和信息服务。

如中国纺织工业协会2006年开始推进的“中国纺织产业网联盟建设”项目，联合国内其他较有影响力的纺织专业网站，发挥各自优势，整合信息资源，实现信息共享。这些依托产业集群地的公共服务平台围绕纺织企业的生产制造过程和各种业务，通过自身的努力和政策的支持，服务面将逐步扩展，向产品设计、质量检测、物流配送、品牌营销等领域延伸；服务功能将日益深入，专业化分工更加细化；服务对象将更加广泛，通过信息网络辐射到跨地区的企业。

（二）推动服务化转型

从更长期的发展趋势看，制造业服务化是世界发展的趋势。现代制造服务业是制造业和服务业互相渗透的结果，也是工业化和信息化融合的产物。发展这种生产性服务业是传统产业转型升级的重要途径。

依托行业内外的高校、研究机构、IT公司、咨询公司和应用企业的专家队伍，促进熟悉纺织行业特点的企业信息化咨询服务机构建设，搞专业化协作，集约化开发，在现有产业集群公共服务平台的基础上，延伸更加深入和规范的信息化服务，如针对纺织企业的需求，提供信息化战略规划、管理业务咨询、整体解决方案、关键技术支持、信息系统实施服务等，最终形成专业化的咨询服务网络，可以覆盖重点信息技术领域和纺织业集中的地区，成为现代纺织服务业的骨干和重要力量，其深入发展将推进传统纺织产业的服务化转型。

七、充分开发行业信息资源

在公共信息服务平台建设的基础上，信息资源开发决定了最终所提供信息服务的质量，决定了公共信息服务平台的服务水平，也是纺织行业下一阶段开展工业大数据应用的基础。信息资源建设应着重从信息采集、信息资源共享、信息的流动，以及信息资源的整合几个方面展开。其中，信息采集主要是信息渠道的建立与扩充，建立各级信息采集渠道，如从海关、统计局等政府部门采集信息；从纺织品交易市场采集价格等信息；从重点企业获取企业的财务和生产信息；从产业集群地获取当地企业的经济运行信息等。而信息资源共享、流动、整合，则是在采集信息后，提高信息资源利用率的关键。“纺织知识库系统”汇聚了行业专家的知识和经验，把纺织产品的应用、性能、设计、原料、工艺、设备、生产、检测等技术，综合、科学、有机地联系在一起。

八、加快研究和制定相关标准规范

以国家颁布或即将颁布的信息化相关标准为依据，开展纺织行业信息化相关标准规范的研究和制定，建立与完善行业信息编码、信息化标准、行业规范。比如，中国纺织工业联合会编制了《纺织企业资源规划系统（ERP）实施规范》，致力于为纺织企业提供完整的、有行业特色的 ERP 系统实施规范，并充分考虑了不同类型企业的需求重点和实施难点；《棉纺织企业两化融合发展水平评估指标体系和评估方法》有助于对行业信息化水平进行整体评估。

要加快研究制定有关企业信息化与电子商务的标准、规范，包括纺织服装产品的分类编码标准、信息交换标准、生产工艺流程的统一规范、电子商务设计规范、绩效评价体系与方法、细分行业 ERP 实施规范等。选用国内外成熟的评价指标体系，通过试点，建立健全适合行业应用的企业信息化指标评价体系，在如物流、生产管理、成本核算、电子商务等方面的指标体系和评价体系，完善信息化项目验收机制，建立信息系统工程监理机制，积累经验，在全行业推广，将有助于引导纺织企业正确选择信息化产品，提高实施成功率，提高信息系统的质量水平。

九、加强培养信息技术开发和应用人才

加强企业信息化的培训工作，针对企业领导、管理人员、专业技术人员、一般应用人员的不同要求，有计划地组织各种层次的培训班，开展系统性的培训，包括相关的继续教育和在职培训。一方面，普遍提高干部及职工的文化素质和对信息化的认识水平，并且与企业文化和学习型企业建设结合起来，利用多种途径强化在职人员继续教育与岗位培训，并且要形成制度；另一方面，培养一批从事信息技术开发和应用的人才队伍，重点培养既懂企业管理又掌握信息技术的复合型人才，达到大中型企业具备高级企业信息管理师层次的人员，信息主管人员具有相当系统分析员的水平。

充分调动全社会积极因素，加大信息化培训的力度，建立和完善多种渠道、多种形式的培训体系。政府对培训的各种专项补助应当作为一项长远的政策来推动，行业协会要加强对培训的协调和组织。区分国家承认的认证培训和一般培训的特点，保证认证培训的权威性和公正性，提高一般培训的普及程度和水平，并且考虑纺织企业培训经费的状况，合理收费。

第三章　支持纺织行业两化深度融合的政策建议

第一节　政策的出发点和取向

通过实施有效的产业政策促进产业升级，提升行业竞争力，推动国民经济发展，是改革开放以来我国经济建设的重要实践经验。纺织行业是市场化程度非常高的行业，其产业结构调整和产业升级主要依靠行业自身的努力，但同时也需要国家政策的引导和支持。纺织行业信息化建设当前处于两化深度融合的发展阶段，国家的政策支持尤为重要。

国家支持和鼓励纺织行业信息化的发展，其出发点是围绕建设制造强国和纺织强国的目标，促进改造和提升传统工业，促进信息化和工业化深度融合，不断提高产业自主创新能力，构建起与我国纺织工业发展相适应的信息技术创新和应用推广体系，推动纺织工业结构调整和转型升级。

一、实行政府引导，市场化运行

政府的主要任务是营造环境，通过制定政策、建立标准、发展中介服务机构以及组织对重大关键技术的开发、推广应用和试点示范等，为实施行业信息化提供良好的环境和必要的支持。在资源配置上，充分发挥市场的基础性作用，坚持以企业为主体，使企业成为信息化工程的主要投资者、实施者和受益者，通过信息化发展生产力，提高自己的核心竞争力。

二、坚持有所侧重，协调发展

信息技术在各行各业的应用范围广，领域多，每个行业的信息化建设都有自身的需求、特点和路径。政策支持行业信息化应该坚持宏观调控的基本原则，做到有所侧重，协调发展。重点支持对国民经济有重要贡献的支柱产业，支持劳动密集型的民生产业；重点支持对行业影响大、示范性好、公益性广的重大项目和行业具有共性的关键技术，努力提高有限资源的利用效率，起到“四两拨千斤”的作用，带动整个行业的两化融合向纵深发展。

三、支持自主创新，突破关键技术

两化深度融合是先进制造技术与新一代信息技术的深度融合，行业信息化的可持续发展必须建立在提高信息技术自主创新能力的基础上。结合国家支持大众创业、万众创新的政策，扶持面向纺织行业的、具备自主创新能力的、具有自主知识产权技术和产品的高技术企业和服务机构，有效利用国际国内两个市场、两种资源，增强对引进技术的消化吸收，突破一批共性关键技术，掌握一批核心技术，实现信息技术的跨越式发展，为行业信息化在新时期的发展提供强有力的技术支撑。

第二节　当前政策的效果分析

一、推动纺织行业两化深度融合作用明显

党中央、国务院一直高度重视制造业行业的信息化建设。从20世纪80年代开始，国家发改委、国家科委、电子工业部等部门就给予工业企业信息化项目的立项和资金支持；进入21世纪以来，对信息化建设的支持政策不断出台，传统产业开展信息化改造的政策环境不断优化；2012年党的十八大报告指出：坚持走中国特色新型工业化、信息化、城镇化、农业现代化道路，推动信息化和工业化深度融合、工业化和城镇化良性互动、城镇化和农业现代化相互协调，促进工业化、信息化、城镇化、农业现代化同步发展，为中国特色新型工业化道路指明了方向。随后的五年，是出台支持两化深度融合相关政策最密集的时期。

这一时期，国务院发布《中国制造2025》，中办、国办发布了《国家信息化发展战略纲要》，政府各个部门相继出台了《积极推进“互联网+”行动的指导

意见》《智能制造发展规划2016—2020年》《关于深化制造业与互联网融合发展的指导意见》等一系列文件，从多方面对两化深度融合进行引导。这一类规划和指导意见类的政策，为纺织行业两化深度融合提供了多方面的战略性指导，效果最为明显。

在财政专项方面，多年来国家发改委企业技术改造专项、中小企业专项和电子商务专项；国家信息产业部电子发展基金和“倍增计划”；国家科技部制造业信息化工程；国家工信部工业转型升级专项、智能制造专项等都给予纺织行业大力支持；各级地方政府也以多种方式支持重点纺织企业的信息化建设。

在税收政策方面，高新技术企业、软件企业的所得税减免，研发费用加计扣除所得税，技术转让收入所得税减免，装备加速折旧，“营改增”全面试点等税收优惠政策的实施，使纺织行业的信息技术开发企业和应用企业得到了实惠。

政府部门组织开展了多种典型企业表彰，树立多领域的企业试点示范，组织行业应用软件产业化试点；支持行业信息技术应用推广服务机构开展工作，扶持一批行业性软件企业；积极开展软件与信息技术应用方面的培训，加强对社会在职人员的继续教育工作等。所有这些措施有效地推动了信息技术在纺织行业的推广应用，作用十分明显。

二、有待进一步完善配套

已经出台的一系列规划和指导意见类的政策，从宏观上明确了方向，确定了重点任务，其贯彻和落实，还需要更多的具体政策配套。各个政府部门的政策要相互衔接，地方政府相关政策也要积极配合。

在财政专项资金中，对纺织行业的支持力度偏小。曾经有一段时间，纺织工业被误解为“夕阳”产业，劳动力密集且科技水平不高，信息化的支持多侧重于能源、钢铁等重化工行业和电子、制药等高科技行业，纺织行业比例偏低；采用地方切块方式分配，使得纺织项目很难得到当地的政策支持；偏重于大型企业，纺织企业中小企业占绝大多数，在争取项目支持时，难以满足企业规模的资质条件，获得项目支持的机会也就偏小。另外，对重大项目的长效支持机制尚未建立，资金利用效果仍需优化。

从项目实施效果看，国家支持的项目大多数处在单项目、单企业的状况。部分企业通过上项目，信息化水平确实上了一个新台阶，但由于推广机制方面的问题，示范效应远未充分发挥，未能在整个行业范围取得预期的效果。对行业共性关键技术的开发力量过于分散，缺乏统一的组织协调，未能形成行业市场内的主导产品。

值得注意的是，纺织企业信息化项目资金大多数依靠自己筹集，融资难、融资贵的问题一直没有得到有效缓解。在很多地区，银行系统对纺织企业贷款项目的审批普遍从严，一些地区甚至对所有纺织企业一律不予放贷，造成项目因缺少资金支持而无限期推迟，严重制约了信息化建设的推进。

第三节　政策建议

一、加强分类政策引导

（一）加强规划和产业政策指导

加强对行业信息化的规划和技术导向，在《中国制造2025》《积极推进“互联网+”行动的指导意见》等宏观政策的基础上，着手研究制定相关应用领域的规划，发布信息技术应用的指导意见，编制更有针对性的，分行业的信息技术应用指南和项目目录，指导信息技术应用研究、产品和应用系统的开发及推广，引导IT厂商注意到传统产业信息化的需求增长和巨大的市场潜力，能投入力量，在短时间内开发出符合这些行业特点的信息技术和产品。

利用好现有产业政策措施，适时修订《产业结构指导目录》《外商投资产业指导目录》《鼓励进口技术和产品目录》等国家相关产业政策，引导纺织企业加快智能制造装备、信息化管理系统的开发与应用。结合《中国制造2025》实施，推动将纺织智能制造装备及生产线、个性化定制技术、行业协同制造平台等纳入国家工业投资和技改项目库及年度计划，扩大先进技术装备应用；结合《积极推进“互联网+”行动的指导意见》，酝酿将纺织行业云服务平台、纺织工业大数据系统、纺织工业互联网等项目列入国家基础设施建设计划，推动互联网、大数据与纺织工业的进一步融合。

（二）鼓励推广示范工程和试点示范企业

根据“细分行业、分类指导”原则，结合国家政策导向，积极开展纺织两化深度融合的试点示范，推进典型培育和典型示范工作；选在现有智能制造、棉纺两化融合、服务型制造试点示范的基础上，进一步扩大范围，加大力度；鼓励在条件成熟的重点行业和产业集群地区建立行业信息化重点标杆企业，给予专项资金补贴或贴息贷款支持；评选并表彰优秀重点工程和示范项目，进行积极推广和宣传，发挥典型对行业和区域的导向作用。

（三）加强纺织行业信息化相关软科学研究

我国对纺织行业信息化的研究一直比较薄弱，缺乏相关统计数据的支持，这将导致行业在发展规划和政策制订和实施过程中，缺少评价依据。为了促进行业信息化的发展，更好地发挥其对纺织工业转型升级的带动作用，必须在充分发挥市场配置资源基础上，加强支持行业信息化中长期发展战略和相关产业政策的软科学研究，以成为制定相关规划、指导意见和支持政策的依据，促进行业信息化持续健康发展。

二、加大财税支持力度

（一）加大对纺织行业的资金扶持力度

继续发挥好国家技改专项、产业投资基金等财政资金作用，进一步加大财政资金支持力度，增加补贴或贴息额度，适当扩大支持面；在现有技术创新和技术改造专项中，强调信息化项目的重要性；新增类似“两化深度融合”等专项，重点支持包括纺织工业在内的传统行业开展信息化改造；在各类专项中，尤其是切块到地方的专项中保持一定的行业比例，更有效地发挥国家资金支持的引导和鼓励作用。

在支持领域方面，建议与《纺织“十三五”规划》相衔接，重点支持纺织智能制造、大规模定制、服务型制造、绿色制造、协同制造重大项目实施以及行业性公共服务平台建设等项目。

（二）支持行业共性关键技术开发

支持开发和应用自主创新的信息技术和产品，尤其是涉及行业共性问题的关键技术。对于IT企业或科研机构自主创新的信息技术和产品，以科研费用和创新基金、发展基金等专项资金形式给予支持；符合行业发展需求和先进技术发展方向的，实施效果显著的，应予以推广，并研究对首先采购和应用的企业给予某种程度的税收优惠；鼓励示范企业有条件的信息部门与母体剥离重组，成立行业化软件公司，并给予政策支持。

（三）引导地方财政扩大投入

鼓励各级地方政府结合本地纺织产业发展实际基础，综合利用产业政策与财政政策手段，加强对纺织企业和纺织产业集群的支持。重点支持纺织企业开发应用先进技术装备及开展技术改造，纺织产业集群及专业市场加强建设公共服务平台、电子商务平台等，支持中小微型企业广泛参与和应用公共电商平台。

（四）增强税收政策的支持

继续现行对高新技术企业和软件企业的税收减免政策，适当考虑降低门槛，扩大减免面，如扩大到生产服务型企业；加强对先进装备应用的税收支持，对于目前尚不能实现国产化生产的高端智能化纺织装备及关键零配件，给予进口关税减免优惠，促进纺织企业扩大先进装备应用。建议进一步研究有利于制造企业增加设备更新改造和信息化系统建设投入的税收措施，如研究所得税抵免或增值税返还措施，促进纺织业加快自主创新和技术改造升级。同时，要加强政策宣传，指导地方税收机构及企业落实现有税收优惠政策，完善加速折旧、研发费用、营改增扣除等核计方法，简化企业享受税收优惠的审核程序，确保政策有效发挥激励效果。

三、拓宽融资渠道

（一）加强金融机构的信贷支持

针对纺织企业普遍融资难、融资贵问题，加强对金融机构的监督指导，落实好国家对实体经济、中小企业融资扶持政策，引导商业银行在独立审贷基础上，积极向符合信用资质的纺织企业发放信息化项目贷款。要完善信贷消费政策，提高纺织企业的信贷比重，简化其贷款手续，扩大其信贷领域。与此同时，通过担保、贴息和优惠利率等手段加强信贷支持。信息化项目一般额度不大，可以丰富支付和融资手段，在担保、信用证等方面尽量采取宽松政策。

建议通过项目指南和目录的方式，向商业银行推荐符合产业政策的信息技术应用项目，为其提供优惠贷款；引导商业银行加强和改善金融服务，争取更多的开发性和商业性金融资金支持纺织信息化建设；鼓励金融机构设立面向中小企业的专门信贷机构，开发适合中小企业特点的金融产品和服务方式；强化政策性银行对纺织信息化发展的金融支持意识，加大贷款力度。

（二）拓宽纺织企业融资渠道

鼓励多渠道、多方式筹集资金，引导企业吸引各方面的社会资金投入信息化建设。建议积极引导风险投资基金、私募投资基金等社会资本进入纺织行业，支持信息化建设发展。鼓励纺织企业通过上市、发行债券等方式，扩大直接融资；发展纺织行业性融资平台，支持骨干纺织企业牵头建立由企业、金融机构共同参与的纺织行业创新发展基金，为行业中具有较好发展前景的智能制造、个性化定制、云服务平台等项目提供融资服务；鼓励纺织企业积极应用互联网金融体系，通过股权众筹、P2P 信贷等新型网络模式，拓宽融资渠道。

四、营造发展环境

（一）切实保护知识产权

知识产权保护不力，是制约技术开发企业致力于技术创新和向纺织企业转移创新成果、提供技术支持的极大障碍。因此，要采取有效措施，加强知识产权保护等方面的检查和执法，加大查处侵犯知识产权的行为，提高违法成本，加强对知识产权保护力度；完善监督与举报机制，及时处理解决知识产权纠纷，规范市场竞争秩序，鼓励自主创新的积极性。

（二）完善创新体系建设

支持纺织行业科技创新体系建设，允许产业技术联盟作为独立主体参与市场竞争，获取国家财政政策及相关社会资源支持；健全科技创新支持机制，形成市场导向型的成果评价和政策支持方法，例如形成先立项、后评估、后补贴的制度，使行业、企业科技创新活动与市场需求更紧密结合。

（三）支持相关标准、规范和评估体系的制定

组织和支持面向纺织行业信息技术应用的行业标准研究制定，引导产学研结合制定标准，如纺织智能制造的相关标准，促进标准与科研、开发、设计、制造等环节相结合；加快完善重点软件产品，如 CAD、ERP 的相关技术规范，以利于推广应用；加快信息化过程中电子信息系统间的数据接口规范的制定，成熟的及时制定国家标准；加快电子商务的监督管理规范制定，完善对电子商务平台的管理和税收制度；加强企业信息化水平评估体系建设，指导和规范信息技术应用项目的实施，逐步形成符合纺织工业细分行业特点和具有较强引导性的企业评估标准体系。

五、改善政府服务

（一）扶持中小技术开发和服务企业

在纺织信息化建设领域，活跃着一大批从事信息技术开发和信息化服务的中小企业，要结合国家大众创业、万众创新的政策，给予多方面的支持。

建议通过简化这些中小企业在注册登记、申请执照、缴交税收等方面的手续，减轻这些企业的行政负担，为其营造良好的运营环境；通过设立中小企业创业基金、提供贷款担保、降低小额贷款质押要求、简化贷款手续等方式，为其融资提供便利；有条件的地方政府通过提供启动资金、减免税收等手段，引导建立区域性技术创新中心，专门负责研发中小企业所需要的创新技术并提供技术培训；建立、完善市场信息网，为中小企业提供国内国际市场的技术供求信息。

（二）支持行业性公共服务平台建设

由中央和地方资金重点支持面向中小企业信息化的行业性公共服务平台建设，保证平台数据的安全性和保密性，改善和提高服务平台的运行效率和服务水平，并保持平台服务的公益性；加强引导各类电信运营商、IT企业、技术服务机构参与平台建设，逐步提高市场化水平；支持相关技术服务机构的发展，对涉及信息化平台开发、运行和维护的技术服务机构能够给予软件企业的税收优惠政策。

案例篇

纺织企业信息化应用案例在行业内发挥了突出的示范作用。

开发服务商的解决方案为纺织行业信息化做出了重要贡献。

第一章 纺织企业信息化应用案例

第一节 企业信息化管理

一、经纬纺机

经纬纺织机械股份有限公司隶属于中国恒天集团有限公司，总部位于北京经济技术开发区，前身是1954年成立的经纬纺织机械厂。1995年改组为股份制公司，1996年在深圳证券交易所上市。公司以纺织机械为主业，现已发展成为全流程棉纺成套设备供应商，构建了棉纺机械、织造机械、纺机专件、捻线机械、经编机械、印染机械六大板块的产品格局。

该公司是纺织行业最早开展信息化建设的企业之一，自1987年起开展了计算机技术的应用，后来经历了多个发展阶段。

1990年开始建设企业管理信息系统，对引进的加拿大Info－Power公司的I－Manufacture软件包中5个MRPⅡ核心模块（产品数据管理、库存管理、MRP、车间控制、能力需求计划）进行了二此开发，包括产品数据管理、主生产计划、资源需求计划、能力需求、库存管理、车间控制、采购管理、销售管理等模块，并移植到UNIX平台。该系统可以与CAD、FMS等系统交换信息，在当时的企业管理信息化领域处于较高水平。

1995年承担了国家CIMS工程项目，被国家科委列为我国第11个863/CIMS典型应用工厂。经纬CIMS由工程设计分系统（CAD/CAPP/CAM）、制造自动化系统（MAS）、质量管理分系统（CAQ）、管理信息分系统（ERP）等四个分系统组成，投入应用后都取得了较好的效果。在ERP的生产计划与控制方面，把控制单元设定为生产班组，物流严格按照制造物料清单（BOM）需求、合理的期量标准进行流转，都起到了压缩在制品资金占用、缩短产品制造周期、减低库存、快速反应市场的作用，取得了经济效益。2001 年 CIMS 二次工程项目荣获国家科技进步二等奖。

在实施项目的同时，公司培养了一批信息化开发服务队伍，成立了北京希门信息技术有限公司，主要从事机械行业信息化管理咨询服务，由于具备了行业的经验，在多家纺机企业实施了 ERP 系统，并推出系列化 CIM - iERP 产品。

“十五”期间，公司推进了三维 CAD/CAPP/PDM 为主要内容的工程设计自动化，迅速取代了传统的图版设计模式，开目 CAPP、清软英泰 PDM 系统都达到了多点应用，而且有些子公司还引进了分析软件，实现了动态建模、模拟转配，在设计手段上迈上了新台阶。

为进一步提升管理水平，经纬纺机 2012 年开始实施 SAP 系统。由于 SAP 系统对管理的要求更为严格，公司做了大量制度、数据、报表的基础性、规范化工作，对业务流程做了全面梳理，各个分公司的很多报表操作都进行了统一管理。比如经纬纺机榆次分公司专门设有计算中心、技术中心负责系统实施，各职能部门按照规范化要求把采集来的多种信息资料进行分析、整理、筛选和运算处理，供产品设计、工艺编制、管理和企业决策层使用。而且，公司有一批科技人员专门将技术系统与管理系统进行集成运行，使全部业务纳入信息化管理，执行层和决策层信息可以共享，真正实现了企业的信息流、实物流和价值流的“三流同步”。整个公司的 SAP 系统已经正常运行多年，取得了较好的效果。

二、仪征化纤

中国石化仪征化纤有限责任公司的前身仪征化纤工业联合公司始建于 1981 年，位于江苏省仪征市，1993 年进行了改组，公司的 H 股和新 H 股分别于 1994 年和 1995 年在香港联合交易所有限公司挂牌上市，A 股于 1995 年上海证券交易所挂牌上市。现控股股东为中国石油化工股份有限公司，更名为中国石化仪征化纤有限责任公司。公司从事聚酯和涤纶纤维的生产及销售，主要产品为 PTA、聚酯、涤纶短纤维、瓶级切片等。目标是成为国内领先，世界一流的化工化纤企业。

公司从 1988 年开始建设计算机应用系统，设置了信息中心为组织实施部门，以自行开发的方式，在 1993 年建成了覆盖全公司的 MIS 系统并投入运行。系统包括计划统计管理子系统、质量管理子系统、库房管理子系统、财务管理子系统和物资管理子系统，各个部门分工进行信息收集、分析，及时录入计算机系统。从计划制定、合同执行到费用结算、提货单打印都实现了计算机化。

2001 年按照总公司《中国石化 ERP 系统总体规划》，仪征化纤作为第一批试点单位。2001 年开始了新一轮企业管理信息化系统建设。遵循“国际水准，中国国情，石化特色”的系统建设原则，进行总体设计，分析企业现状，研究企业的管理流程，理清系统的建设思路，明确系统的建设目标，界定系统的实施范围，确认系统的主要功能，建立系统的总体架构，形成了仪征化纤 ERP 建设的总体思路，即：坚持市场导向，实现快速反应；推进业务重组，加快体制创新；再造管理优势，提升核心竞争力。最后采用 SAP R3 系统，引入埃森哲公司进行咨询并组织实施。

项目共实施了 FI/CO（财务/成本）、SD（销售分销）、MRO/MM（采购与库存）、PM（设备维护）、PP（生产计划）等 5 大模块。实施范围包括 11 个中心：聚酯生产中心、短纤生产中心、长丝中心、PTA 生产中心、瓶片生产中心、热电生产中心、动力生产中心、采购中心、物流中心、营销中心、检维修中心；1 个事业部：长丝事业部；1 个合资公司，以及主要机关部室、产成品库、原辅料备品备件库等单位。

仪征化纤在 ERP 系统实施过程中，共编写操作手册 3500 页；在一个月内，安装 ERP 客户端微机近千台，铺设光缆延伸到车间、库区、码头、罐区和控制室；综合布线、安装网络交换机、打印机；系统上线前夕，基础平台全部集成测试就绪，实现业务流程 181 个，制定完善规章制度近 100 个。ERP 试点项目 2003 年 7 月正式单轨运行。

ERP 上线以来，由于公司体制的改革和组织机构的调整而经历了多次较大规模的调整。如 2004 年围绕公司管理体制的改革和专业化重组工作，ERP 系统做了较大的调整，并于 2005 年初重新上线。其后又不断进行调整和升级，以技术设备更新的要求，适应业务变化的需要。公司做到了持续优化 ERP、CIMS 等综合性管理信息系统，推进管理创新和流程再造，提高效率效益。同时又应用了 MES、CRM 等信息化系统，稳步推进电子商务和互联网营销，运用微博、微信、QQ 等新媒体，强化产品推介、品牌策划和在线服务，实现对市场的快速反应。

三、安徽华茂

安徽华茂集团有限公司成立于 1958 年，位于安徽省安庆市，是一家大型国有控股纺织企业，现发展为3个工业园和正在建设的华茂国际纺织工业城，集纺织、印染、织染、服装、典当拍卖、金融投资等多元经营为一体。现有54万枚纱锭、1054台无梭织机和服装生产线。安徽华茂纺织股份有限公司为集团控股的公司，1998年在深交所挂牌上市。公司主要产品为高档纱线和高档坯布面料，远销日本、意大利、德国和我国香港等高端市场。通过不断加大新型纤维纺纱工艺研究，利用非棉天然纤维和功能性、差别化纤维等多种新型纤维开发新产品，并与后道色织、针织相配套，以满足高档面料产品开发的需求。

公司管理基础好，具有较好的质量管控能力和较高的精益管理水平。利用这些优势，通过不断的开发建设，建立了较为完善的信息化管理体系，从1999年开始，公司不断引进国际先进设备，全面打造数字化纺织企业。与东南大学合作开发“华茂信息化工程”，建成了一个ERP框架下的管理信息系统。2004年，公司与东南大学再度携手对原有系统进行升级，联合开发了“华茂生产智能调度及工艺设计CAD系统”。公司通过信息战略规划，着手建立信息系统平台，并实现远程实时控制管理和会议即时同步，对远在新疆、云南、湖南的分公司实现了远程网上系统管理。

通过多年的信息化建设，公司基本上实现了财务网络集中核算、人力资源信息科学调配、物资设备网上采购、生产数据实时分析、计算机辅助配棉、工艺设计生产调度智能化、重要业务流程网上审批，等等。整个网络已覆盖了集团公司，其中敷设光缆近10公里，建立了安全规范的计算机机房，各种网络服务器12台，各层交换机100多台，上网计算机超过500余台。公司将企业信息化定位于全局发展的战略高度，在基础建设、资金等方面加大对信息化建设的投入力度，累计达数千万元，使企业的信息化管理水平得到了显著提升。

公司近期与上海环思合作，开始实施基于ERP + MES的智能制造整体信息化项目，业务领域覆盖纺纱、织造面料生产销售全过程，重点实现业务财务一体化和智能制造的综合集成。项目包括管理软件套件、自动穿综设备及控制系统、自动轴库及控制系统、电子称量设备、手持无线PDA设备、触屏质检一体机系统、电子大屏看板等内容。同时还自主研发了整经机集成智能采集终端、浆纱机集成智能采集终端、织造机联网及集成智能采集终端、验布机联网及触屏疵点采集终端等多种终端系统。目的是实现从整经、浆纱、穿综筘、织造，一直到验布的全生产过程的设备机联网数据采集、设备实时远程监控、物料全程跟踪可溯、自动预警和指挥看板、质检全面数字化检验等目标。安徽华茂先后被认定为2012年国家级信息化和工业化深度融合示范企业和2017年国家工信部智能制造试点示范企业。

四、江苏联发

江苏联发纺织股份有限公司始建于1955年，位于江苏南通，前身为南通港联纺织有限公司。经过多年发展，已经成为一家集棉纱、色织、印染、制衣、热电、贸易于一体的大型高新技术企业，2010年在深交所上市。公司主要产品为纱线、色织布、印染布、衬衣四大系列。拥有年产纱线7200万吨，色织布8000万米，印染5000万米、衬衫600万件的生产能力。

江苏联发从1998年开始推进公司信息化建设，经历了多个阶段。1998年以来先后引进了仓库管理系统、邮件系统、财务系统以及CAD系统，得到了较好应用，但是缺乏整体规划，各系统之间相对独立，异构平台很多，无法实现最大程度的信息共享；2006年ERP系统的实施正式启动，包括人力资源管理系统、客户关系管理系统、计划管理系统、质量管理系统、工艺管理系统、生产管理系统、成本管理系统、设备管理系统等模块，主要实施了公司集成网络、系统平台建设；从2010年开始，公司在原系统基础上，通过学习海尔、雅戈尔等管理体系，结合实际的管理需求，实施了一批管理提升和系统优化项目，形成了具有特色的信息化管理新模式，全面支撑了公司“国际一流面料供应商、国内一流品牌商”的发展战略。在这一阶段还自行开发了诸如现货面料分销系统、服装品牌网络销售商城、外贸样品快递系统、现场电子定位系统、现场定点摄影管理系统、集中控制系统、DCS分散控制系统、MES系统、污水分析系统等项目。这些项目规范了管理，降低了成本，有利于公司效益的提升。

随着公司业务的快速发展，先后购买实施系统有DataTex生产管理系统、立友信客户关系管理软件、坤益工艺CAD软件、力克公司的服装CAD软件、环思的管理系统等。公司还自主开发了包括打样信息管理系统、纺织化验室配方与称重控制系统、纺织原纱检测系统、纺织倒筒/浆纱/织造/后整理车间实际工艺系统、纺织浆纱开单系统、配电房用电监控管理系统、纺织配纱管理系统、纺织色纱检测系统、纺织染纱排缸分缸系统、纺织物理指标检测系统、纺织坯布验布系统、纺织成品验布系统、纺织计件工资统计系统、纺织后整理调度系统、纺织后整理助剂开方系统、纺织文件管理系统、棉纺生产管理系统、纺织实际成本管理系统、棉纺配棉系统等十几个信息化系统，并申请了软件著作权 22 项，申报软件产品 9 个。

为了保障 ERP 系统实施，公司重视相关人才队伍建设，成立了 IT 部，并对外招聘了多名 IT 专业技术人员。IT 部编撰了一本 ERP 培训手册，制定了循序渐进的学习计划和严格的奖惩考核规定。在 ERP 系统上线之前，对可能使用到系统的重点员工做了普及式信息化培训。在不长的时间内，公司员工的信息化素质有了明显的变化。

五、山东南山

山东南山纺织服饰有限公司于 2007 年成立，位于山东烟台龙口市，是南山集团有限公司所属的八大主业中的重要企业，后更名为山东南山智尚科技股份有限公司。主要产品为高档精纺呢绒、高档西服等，是全球规模最大的精纺、紧密纺面料生产基地，也是现代化西装生产基地。公司引进了意大利、德国、日本、瑞士、法国等国际最先进的纺、织、染、检测设备和生产流水线，配置了美国格柏 CAD 制板推板系统、CAM 自动裁床系统和瑞典 ETON 全自动吊挂系统，拥有较为完善的产品研发和科技创新体系，与西安工程大学、北京服装学院、东华大学、武汉纺织大学等纺织服装院校建立了稳定的产学研一体化合作关系，开展智能制造和个性化定制等项目，是 2017 年国家工信部智能制造试点示范企业。

在多年信息技术应用的基础上，公司从 2004 年开始全面推进管理信息化工程。运用现代信息技术和管理理念，结合公司的管理模式和发展战略，于 2005 年制定企业管理信息化规划，与北京中纺达合作，实施 ERP 系统工程，建成了覆盖全公司的计算机网络系统，包含外贸进出口管理、销售管理、生产计划管理、工艺设计管理、质量监督管理、设备管理、车间作业管理、采购管理、仓库分类管理以及条形码应用等模块，对企业物流、资金流、信息流进行集成，实现了企业销售、生产、设计、库存、供应、财务、人力资源和办公管理一体化。主要解决基础数据共享，物流管理、生产管理等全面提高企业管理信息化水平，增强市场竞争力，为企业决策提供可靠依据。

通过实施 ERP 系统，系统地进行了公司数据规划，建立一套规范的编码体系和工艺知识库，利用设备能力和综合计划，加强了计划控制；利用条形码技术，提高了原始数据采集的及时性、准确性，实时跟踪了生产进度。系统将企业内部原材料采购、仓库管理、生产计划、生产工艺、订单处理与物流环节以及财务、成本核算有机地联系在一起，使得企业管理更加科学、规范、高效，全面提升了公司整体的管理效率，实现了“降成本增效益”的管理目的。

系统上线后运行良好，在产量、销售收入、新产品产值、百元产值成本等经济指标上都有体现，降低了染料、助剂库存，订单交货准期率提高，产品生产周期平均每一批次缩短 7 天，一次性染色合格率得到显著提高。

六、雅戈尔

雅戈尔集团始建于 1979 年，位于浙江省宁波市，旗下雅戈尔集团股份有限公司于 1998 年在上海证券交易所挂牌上市。经过多年的发展，逐步确立了以品牌服装为主业，涉足地产开发、金融投资领域，多元并进、专业化发展的经营格局，成为大型跨国集团公司。主要产品有西服、衬衫等品牌服装系列，一直拥有很高的市场占有率。作为中国最大的服装生产企业，雅戈尔不断采用高新技术和先进设备提升工艺水平，完善产品质量，不断推出免熨衬衫、纳米衬衫、纳米西服，竹纤维面料等新产品，雅戈尔衬衫、西服和西裤相继被评为“中国名牌”产品。2016 年 8 月，雅戈尔集团在“2016 中国企业 500 强”中排名第 219 位。

公司上市后就开展了 CAD、MIS 等信息化建设。2003 年提出新的集团发展战略，投资十几亿元人民币，在全国建立了四百多家专卖店。针对集团发展战略，又制定了雅戈尔集团信息化战略规划，其主要任务是建立集中管理生产、零售和配送的供应链系统，由集团与中国科学院合作成立的中雅公司负责开发。

雅戈尔的服装板块历经了三种生产方式：以产品为中心的大批量生产阶段；以市场为中心的准时生产阶段；以客户为中心的大批量定制生产阶段。其供应链系统为了适应这些变化，建立了零售 POS 系统、配送分销管理系统、成衣 ERP 系统、面料 ERP 系统等，“滚动式计划预测”是该系统的核心。其中 ERP 先后开发实施了 15 个管理模块，将条形码系统与 ERP 系统集成应用到生产流程各环节。通过 ERP 系统的应用，公司业务处理流程趋于合理化，市场响应速度大大加快，客户满意度显著改善。ERP 各个模块的数据录入系统，及时记录了企业生产和物流中大量的基础信息，实现了生产管理的动态监控，并显著降低了企业成本。系统通过产品总工艺、纺纱、织造、染整等分工艺模拟设计，以及准确迅捷进行数据处理的同时为数据分析、管理决策提供依据，成为企业高层决策、中层控制、基层运作的全方位支持系统。

雅戈尔的供应链项目实施分为两个阶段：一是建立集成采购、生产、配送的信息系统；二是建立供应链滚动计划和快速响应体系。第一阶段通过零售 POS 系统、配送分销管理系统、成衣 ERP 系统、面料 ERP 系统等系统实现整合；第二阶段则通过供应链进行计划滚动预测，调整实际需求和预测订单的差异，减少呆滞和脱销。

系统应用之后，集团不但能更有效地运用资源，加快物料流转，库存量也比未实施系统前明显下降，达到了降低库存成本及生产成本的目的。相比系统投入运作前，因人为错误所引起的损失减少了约 20%，员工可将时间分配至其他高增值的工作，整体效率及产品质量也因此而提升。

七、福建七匹狼

福建七匹狼集团有限公司始建于 1990 年，位于福建省晋江市，旗下福建七匹狼实业股份有限公司于 2004 年在深圳证券交易所上市。七匹狼是中国男装行业的知名品牌，其夹克衫连续多年保持较高市场占有率。公司坚持以市场消费信息作为研发的切入点，以顾客的消费动机为灵感来源，结合国际流行文化的发展趋势，运用科学技术，不断开发出满足市场需要的新产品。七匹狼品牌服饰以自主设计为主，设计团队由来自英国、意大利、香港、大陆等世界各地的优秀设计师组成。

公司一直注重不断推进信息化和工业化的融合，注重通过应用高新技术来改造提升企业的经营能力，同时以高效支持企业零售运营。2002 年，公司开始两化融合发展历程，2008—2010 年实施了 ORACLE RETAIL ERP 系统，应用了多个管理模块软件，包含技术架构产品数据库、财务管理、人力资源管理、客户关系管理、核心商品管理、门店系统、计划和优化和商业智能产品等。面向服装零售行业的 ERP 系统更加关注商品/门店/供应商/时间的组合，实现如何在合适的时间、从合适的供应商、采购合适的商品，通过合适的配送和物流体系，运至合适的门店或配送中心，以合适的价格，将合适数量的商品提供给消费者。

公司建立起支持业务运营的一体化信息系统，从商品企划、商品订货、采购下单、工厂订单生产、生产发货到物流及库存管理、商品及价格管理、批发零售、应收应付总账，形成完全统一集成的信息流、物流、资金流。同时，建设了信息化物流仓库，一切操作均交由自动化系统进行信息处理，无需人工操作。该物流仓库的数据处理中心可将每天销售的产品颜色、品类和条形码收集起来，并利用软件进行数据分析，相关分析报告紧跟市场需求状况的变换，并及时送至生产管理中心。而生产部门会依据报告进行产品调控，并继续将信息输送至研发部门。

除该物流仓库外，七匹狼也在着力推动全面自动化工厂的实现，计划在另一个制造基地实现全面的自动化制造工艺。该自动化工厂信息系统包含 RFID、自动计件工资系统等。同时，公司近期上线了商业智能（BI）系统，通过 BI 系统的实施上线，整合了历史信息数据，搭建了数据仓库，从多个角度和层面对数据展开深层次的分析、处理，为决策者提供相应的决策依据，进而提高企业决策的效率和水平。

八、北京雪莲

北京雪莲羊绒股份有限公司始建于 1964 年，现位于北京市大兴区，是中国最早的生产羊绒制品的纺织企业。2000 年由 6 家股东参股，进行了重组；2007 年中粮集团向北京雪莲羊绒进行战略注资；2014 年雪莲品牌重回北京时尚控股公司旗下。北京雪莲是羊绒行业排头兵企业，在行业内最早实现了出口创汇，并提供技术扶持各地方建厂发展羊绒衫生产，开展了一系列技术产品的研发与推广。雪莲羊绒是知名品牌，围绕打造羊绒时尚品牌战略，公司当前聚焦“品牌运营、文化创意、科技服务”三大核心业务，实现转型，重新开启“羊绒全品类”的新局面。

公司于 20 世纪 90 年代开始信息化建设，1999 年与中科院软件所等单位合作，启动 CIMS 工程，同时列入国家 863 计划和“倍增计划”，目的是实现传统纺织企业在生产中物流及信息流的优化管理。2004 年公司实施战略发展规划，以厂区搬迁为契机，利用网络技术，实现迁往大兴新厂区的 2 个专业织厂、1 个染纺厂和潘家园管理决策中心、营销分公司和产品设计研发中心的综合集成。系统 2006 年通过验收，建成了由一个平台和四个分系统组成的信息化系统，平台为企业网络平台和数据平台；分系统包括 ERP 系统、动态物流系统、产品研发系统和分销系统。

在北京利玛公司开发实施的ERP系统中，包括18个管理子系统，涵盖了公司内部产、供、销、人、财、物等数据流通渠道；与中科院软件所合作开发的条形码动态物流管理系统，实现从生产计划到一衫一码入库/出库全过程的控制，无缝集成ERP系统和生产物流系统。产品研发系统集成了原有的CAD、CAM，而分销系统（DRP）则面向全球的销售市场。

该项目有两个特点：首先，雪莲的系统建设强调要符合羊绒针织行业的特点，针对雪莲的业务及针织服装行业的特色，在通用ERP系统功能基础上，进行了行业化和个性化开发。如能够提供行业化数据组织，实现款式、款式—颜色、款式—规格、款式—颜色—规格的有效管理。提供属性化外销定制，利用工程变更、属性配置分别解决外贸新单及翻单情况。提供全程化合同跟踪功能，以方便调度，保证交货期；其次，雪莲信息化建设的目标是要实现企业各种应用的综合集成，使它们像一个整体或一个系统一样处理企业业务过程。企业应用集成不仅包括制造领域的纵向集成，也包括供应链领域的横向集成。

实施信息化建设使得企业实现了优化资源配置，降低了成本，提高了公司现代化管理水平，提升了企业的核心竞争力。从社会效益来看，系统的框架适应纺织服装行业特点的管理技术与信息技术的集成，实现了人员组织，经营管理和技术三要素及其信息流、物流和价值流的有机集成和优化运行，为我国针织服装行业实施信息化管理进行了有益的尝试。

九、北京铜牛

北京铜牛针织集团有限公司始建于1952年，前身为北京市人民针织厂，1997年以铜牛品牌为龙头组建集团，现已发展成为以针织梭织服装研发、核心制造、品牌贸易为主营业务，发展现代服务业，具有综合实力的企业集团。主要生产铜牛牌针织内衣、童装、休闲装、运动服装和针织坯布、无纺布及纱线系列产品。随着持续引进合作和国际化布局，公司拥有年产3000万件套中高档服装的研发和制造能力，涵盖了针织内衣、户外功能服装、运动和居家休闲服装、行业制装等。通过与国际领先企业的引进合作，实现了全无缝高端户外服装生产技术、功能性纤维技术的产业化。

该公司与北京中纺达合作，于2004年启动ERP系统项目，系统应用功能包括客户资料管理、打样管理、营销管理、采购管理、原纱仓库管理、染化料仓库管理、坯布仓库管理、面料仓库管理、成衣仓库管理、综合生产计划、织造生产管理、染整生产管理、印花绣花管理、制衣生产管理、质量管理、设备管理、人事资料管理、基础数据维护、系统管理等19个模组，覆盖了企业生产管理的各个环节。由于公司总部、销售部门与生产基地相距几十公里，ERP系统上线后，实现了集团总部供需链系统与生产基地ERP系统的紧密集成，使销售部门接到的订单，可以通过网络直接下达给生产基地，生产部门按照订单组织生产，并将相关信息传给销售部门，其生产交期、进度、质量、库存情况一目了然，消除了信息孤岛，理顺了供求关系。

由于ERP系统涵盖了计划管理、织、染、缝生产管理、工艺设计管理、染色配方管理、仓库管理等诸多方面，有效实现了不同部门之间的数据交换与共享，使企业管理流程得到了优化；系统从订单数量、交货日期到织造磅布、毛坯投料、复样、出缸确认、车间统计，再到每一道工序的生产工艺、质量检验等进行一系列跟踪，使整个生产流程和合同履行情况都能一体化管理，生产流程得到了有效掌控。

系统通过建立工厂数据模型和作业计划编排以及物料移动跟踪系统实现了对生产全过程的产量质量监控，使集团公司供需链管理系统与生产基地ERP系统得到了有机整合，进一步提升了铜牛集团的管理水平，为提升企业核心竞争力做出了贡献，对国内针织行业企业信息化建设具有示范意义。

第二节　自动控制与生产制造管理

一、华纺股份

华纺股份有限公司始建于1976年，位于山东滨州，原为国有印染厂，1999年重新组建，于2001年在上海证券交易所正式挂牌上市，是印染行业的龙头骨干企业。公司拥有多条漂、染、印、整全功能生产线，主要产品为各类印染布，产品远销美国、欧盟、非洲、东南亚等50多个国家和地区；具备较强的技术和产品开发能力，“棉冷轧堆染色新技术及关键装置”“纺织品低温前处理关键技术”项目分别于2010年和2013年获得中国纺织工业联合会科学技术奖一等奖。

公司从2000年开始进行信息化建设，2007年启动“数字华纺”项目，包括生产自动化、ERP、营销网络化和设计数字化三大部分。其中生产自动化系统是主要内容，包括综合检测控制信息系统、能源自动监控系统、视频监控系统、配电室电器监控系统、环境综合监控系统等，可以实现对于生产过程中每一个环节的控制、监控和优化，建成了一个具有印染企业特点的生产制造过程自动监控系统，其中热回收综合利用和碱回收自动配碱系统中建立和使用的数学模型取得了明显效果，最终可以实现绿色制造的目标。

综合检测控制信息系统可以自动监测生产过程中的设备状况，相关信息可以及时传递。在生产管理环节，传统的印染企业都是依靠人工来编写工艺流程，然后拿去生产。时间长了之后，工艺人员就无法对以往的工艺进行核对，工艺与产品质量之间也没有明确的对应关系，无法评估工艺的优良程度。而在生产过程实现基于条形码的自动化控制后，小样及大货配方的用料自动传到生产现场，操作人员在生产设备上经过简单的调试就可以批量生产，避免了实样造成的染料及能源的浪费。

能源自动监控系统可以控制能源消耗，包括水、电、汽等内容，以往完全依靠人工检查，全靠工人的自觉性。在“数字华纺”建设过程中，公司建立起一个监控中心，连接各个监控系统，实时动态地了解企业所有生产过程、生产设备的运行情况，指挥着企业的生产运行。

企业通过项目的实施深刻体会到，印染是个传统行业，其设备的自动化程度不像汽车、电子等行业那么高，利用信息技术和自动化技术对传统设备进行改造势在必行，不仅可以提高工作效率，还能达到节能减排的绿色目标。

近年来，华纺股份开展了智能制造项目，进行生产流程优化控制、采用数学模型分析，推进互联网平台建设，力争实现从“数字华纺”到“智慧华纺”的跨越。

二、连云港钟山

连云港钟山氨纶有限公司始建于1987年成立，2001年与美国杜邦公司合资，更名为连云港杜钟氨纶公司。后经股权变动，成为国有控股的连云港杜钟新奥神氨纶有限公司。全套引进了国际先进的氨纶纤维成套生产设备，是国内首批氨纶生产企业之一，生产能力1.4万吨。公司长期以来致力于差别化产品的研究开发，产品覆盖多种规格，有较强的技术开发实力，与东华大学合作的“干法纺聚酰亚胺纤维制备关键技术及产业化”项目获得2016年国家技术发明二等奖。

为了提高氨纶生产系统自动化控制水平和生产过程的管理水平，公司于2000年开始对原有的控制系统进行改造创新，在四期工程采用日本横河公司当时最新的适用于中小规模控制的分布式控制系统（DCS）取代原有的控制系统。作为纺织行业的技术改造项目，得到了全电办倍增计划的资金支持。该项目于2001年竣工，DCS系统的建设工作也同期全部完成，通过了全电办的验收。

该系统具有高可靠性和较强的数据采集、统计与处理功能，直观的图表显示方便了公司领导和技术人员及时了解生产情况并做出有效决策。此外还具有历史趋势记录显示和实时流程图显示功能。由于采用先进的模块化结构，降低了成本，增加了维修的方便性，同时拥有对外部计算机的开放性接口。

DCS的应用为操作人员提供了直观的操作指导，减轻了车间操作人员的工作强度，工作起来更轻松；操作人员接触到有毒物质的机会大大减少，安全性极大提高，实现了安全生产；由于该系统随时监控生产中的各个环节，从而可以及时发现和处理突发事件；工作效率有所提高；降低能耗，杜绝浪费，降低生产成本；产品质量与产量均有所提高。

在DCS建成之后，公司又建设了包括生产管理系统、销售管理系统、人事管理系统的企业管理信息系统和具有远程拨入功能的现场视频监控系统，可以与集散控制系统相连接，一定程度上实现了管控一体化功能。

三、宜宾丝丽雅

宜宾丝丽雅集团有限公司于1987年成立，是我国西南地区以生产黏胶长丝和棉浆粕为主导产品的大型企业，已形成年产黏胶丝5万吨和短纤维20万吨的能力。公司自主研制的多种异形丝等功能性、差别化纤维，使黏胶纤维的特性发生了重大变化，有效满足了国际、国内市场的需求。其研究开发的“一锭多丝技术”，2004年获得中国纺织工业协会科学技术进步一等奖。

公司2002年开始与意大利SNAICO公司、用友公司、上海三安机电公司、成都方通自动化工程公司等单位合作，开发应用化纤生产过程自动控制系统，列入了国家倍增计划项目，并通过全电办组织的验收。该项目覆盖了公司黏胶产品生产的全部工序，包括黄化计算机自控系统、自动过滤控制系统、变频供胶控制系统、压洗在线检测和计算机自控系统、烘干温度计算机控制系统、精炼压洗、烘干DCS控制系统、原液DCS控制系统、动力锅炉DCS控制系统、纺丝电锭变频控制系统等系统。与国内其他化纤厂的自动控制系统相比，覆盖面广，功能多样，投资规模大，分别与多家开发商和供应商合作，克服了诸多困难，实现了黏胶长丝连续生产过程的自动化控制，将计算机在各个应用中的独立系统连接成一个有机整体，提高了数据的共享性和数据处理的效率，达到了综合集成的目的，满足了企业立项时的要求。

该系统通过信息平台Grace－IEP集成所有的企业主要生产工序的控制系统，打破对信息资源的禁锢，把分立的信息孤岛连接成宽阔畅通的信息平台，实现信息的高度共享，以及对分布式的物流、资金流、信息流的有机整合，为管理层提供一个统一的业务处理，信息查询追踪的平台。其特点是采用B/S结构，充分发挥Web服务的优点；选择面向对象的大型关系数据库，服务器操作适应多种平台。

该项目投入运行以来，系统的各项性能指标均符合设计要求，设备运转状况良好，为公司的稳产、高产奠定了坚实基础。各项效益显著，如生产效率明显提高，产品成本明显下降。同时产品质量大幅提高，如原来丝丽雅产品在国内市场上仅处于三档水平，项目实施后，公司产品整体从第三档提升到第二档，平均售价明显抬高。另一方面，由于采用先进的变频自控技术，每年可为公司节省电耗，对提高公司整体技术装备水平，节能降耗，消除事故隐患，提高生产效率，增加经济效益等方面，都起到了重要作用，应用效果十分明显。

四、无锡一棉

无锡一棉纺织集团原为无锡市第一棉纺织厂，始建于1919年，曾经是中国纺织民族工业的典型企业。现由无锡一棉投资有限公司、无锡长江精密纺织有限公司、泰州长新（兴化）纺织有限公司、无锡庆丰（大丰）纺织有限公司、无锡市第三棉纺织厂等组成，拥有60万纱锭、600台织机，是中国棉纺织行业的排头兵企业。公司拥有从瑞士、意大利、德国、日本等国家引进的国际先进纺织设备，并在中国棉纺织业中首先采用紧密纺纱技术，目前是全球最大的紧密纺纱生产基地。以高档纱线和织物为主要产品，紧密纺纱、特高支纱和特种混纺纱有较高水平，“特高支精梳纯棉单纺紧密纺纱线研发及产业化关键技术”于2014年获中国纺织工业联合会科学技术奖一等奖。

公司从2000年起开始信息化进程，企业传感网建设起步比较早，在各个关键领域通过安装各类传感器进行自动监测监控，将数千台（套）设备组成网络，起到实时监控和报警的作用，为生产的各主要环节提供有力保障。通过传感网，实时监控生产状态、产品质量和能耗情况。

2014年与经纬新技术公司合作，在纺部车间实施了纺部生产在线监控系统技术改造项目，实时监测生产中的开停车、落纱、换段、改车、故障、报警等生产状态信息，具有单锭管理、订单追踪、设备维护、质量追溯、绩效考核、环境监控、能耗统计、成本分析等功能，以及在此基础上的整合、统计、对比、分析。通过MES的实施和运行，把生产设备的运转数据、工艺数据、纱线的质量数据、车间的人员信息进行采集并集成到一个平台进行深入的分析，挖掘，实现生产过程透明化，车间管理的数字化和精细化，为企业管理提供实时准确的数据支持。由于公司具有全国知名的管理水平，使得信息化项目的经济效益得到了充分体现，在棉纺行业有很好的示范作用。

企业将进一步加大智能化技术改造力度，以智能制造为方向推进精益发展计划，建设一个6万锭规模的智能化生产线，并申报了工信部的“高端高支紧密纺纱智能制造新模式应用”项目，全面升级改造一个10万纱锭的智能车间，同时其他纺织车间关键工序也将进行系统的技术升级改造。

五、江苏丹毛

江苏丹毛纺织股份有限公司始建于1981年，位于江苏省丹阳市，是一家集条染、纺纱、织造、针织、染整、时装生产于一体的综合性企业。主要产品为羊毛精纺面料、功能性面料、针织面料等，销至国内和日本、欧洲及美国等主要市场。公司不断加强与纺织高等院校、科研院所的技术合作，进行技术创新、新产品研发以及信息化技术改造，加强新产品试制计划并落实了多个重要科技项目，研发出一批代表国内先进水平的产品。

公司较早开展信息化建设，通过实施DM－ERP等来实现企业生产经营的信息化管理，优化了企业资源配置，提高了企业管理水平。随着生产精细化管理要求的提高，公司与江南大学合作，实施了基于互联网的针织MES项目，于2016年投入运行。

该项目开发了车间管理、工艺管理、原料管理、绩效管理、订单管理、生产计划、质量管理、设备管理等模块，具备生产绩效分析、生产质量追溯和生产智能排产等功能，构建了一个功能完善的针织生产数据实时采集系统。

针织车间一共装有33套MES设备，其中的车间管理功能包括实时显示车间所有机台的生产数据，包括机台编号、班次、挡车工、订单号、工艺单号、产品编号、机台运行状态、机速、当班产量、停车次数、停车时间、运行时间及效率等信息；生产计划可以显示对每台机器的计划排单任务及待做订单情况，实时监控每个订单当前在所有工序流程中所处的位置，并根据情况进行调整；绩效管理功能包括对挡车工、维修工、布匹、机台等多方面数据进行综合分析，得出车间绩效分析结果，供各种考核参考；质量管理模块记录每匹布的疵点情况，包括：匹号、幅宽、疵点类型、疵点长度、疵点位置、验布时间、机号、工号等，可以进行质量回溯分析；统计报表除了常规的报表和图像分析外，用改进的Hadoop技术与数据库相结合，可对针织生产数据进行按需挖掘，得到了多种生产数据报表，为企业提供科学、高效的生产管理方案。

系统投入使用后运行稳定，显著提高了管理效率和管理时效性。系统根据需要自动生成各种报表，不但杜绝了报表差错，而且节省了统计人员；实现了生产过程无纸化；由于科学排产，及时解决机台出现的问题，机台生产效率提高5%~15%；采用IC卡管理员工，消除了交接班记录和交接班时间；系统实现了产品质量可追溯，在制品非正常回修率降低，次品率减少，有效提高了产品质量、降低了生产成本。

六、江阴启新

江阴启新纺织有限公司于2003年成立于江阴经济开发区，是一家以针织坯布加工为主的大型港资企业。其控股股东是香港启新集团，为亚洲最大的大圆机针织企业，整个集团在内地已形成广州、宁波、江阴、盐城四地，辐射珠三角、江浙沪的庞大加工网，拥有1000多台针织大圆机。其中大多数设备为日本设备，同时引进了先进的德国MAYER & CIE公司单面针织大圆机。主要产品为针织面料，品种齐全，含氨纶成分的面料等品类加工能力尤为突出，产品质量享有市场声誉。

公司于2005年启动了新一轮ERP项目。与公司原有ERP不同，新的ERP

系统需要涉及设备的运行状态监控、订单排产与生产过程监控，因此产生了对MES的需求。2006年年初，MES项目正式由江阴鼎峰承接并实施。其实现方式是：每个机台安装一个摄像机，以及一个数据采集器，采集转数、转速、停机时间、停机次数、累计停机时间、累计停机次数等原始数据，并根据ERP预先设定的参数计算出开机效率、较机效率，同时计算产量。另外，监控中心的每24个画面与24个数据采集器合用一台硬盘录像机。整个公司共60台主机，全部联入公司内部计算机网络。同时，每个车间都装有公共广播系统，监控人员可通过广播系统，及时通知操作人员。

针对该项目，江阴鼎峰还自行研制了新的数据采集器和视频监控、数据采集分析软件。江阴启新首先在一个车间进行新的MES项目试点，在此基础上，推广到整个工厂全面实施。项目完成后，江阴启新1000多台针织机全部纳入MES系统的管理。

应用MES系统，极大地提高了公司的生产效率和机台利用率，更方便地为营业部门接订单提供了依据。更重要的是，有了MES系统，江阴启新的管理层次也发生了改变，车间的班、组长两个级别以及车间办公室文员已经全部撤销，一切都由监控中心进行直接指挥调度、管理，各个分厂厂长辅助管理。在有900台机台的时候，江阴启新工人人数达到了2500人，而机台增加到1250台之后，人数却不到2000人，提高了劳动生产率。

第三节　智能制造

一、山东华兴

山东华兴纺织集团有限公司成立于1987年，位于山东泰安，拥有纺织基础产业和战略新兴产业两大板块，传统的纺织产业作为新兴产业的支撑基础，高科技的新兴产业作为传统产业的战略引领。其产品分为纤维类、制品类、终端类三大类八大系列数百个品种，主要包括各种棉纺、混纺纱线系列产品；工业级、食品级及医疗级纯壳聚糖纤维系列产品；壳聚糖纤维混纺纱线、针织、机织面料系列产品；壳聚糖纤维混纺热风、水刺、针刺无纺布系列产品；壳聚糖纤维抗菌内衣系列产品等。“千吨级壳聚糖纤维及其产业化”项目于2013年获得中国纺织工业联合会科学技术奖一等奖。

公司与郑州天启自动化系统公司、青岛环球、日照裕华机械公司等合作，于2015年建设了纺纱全流程自动化生产线项目，覆盖了生产高档生物材料混纺纱的5万锭纺纱车间。其清梳联、精梳、并条、粗纱、细纱及络筒采用了国内外不同供应商的新型设备，包括特吕茨勒、立达、青岛环球、郎维、萨维奥等公司。项目实现了对这些设备和系统的全流程综合集成，建成了从原料投入到成品入库的自动化生产线，其中开发了在线监测信息系统、条筒AGV输送系统、细纱单锭检测机构、细纱接头智能导航系统、筒纱智能包装与输送系统等。其中细纱单锭检测、筒纱自动包装输送等技术都是在国内企业首次应用。

项目还开发了智能纺纱管理系统，运用物联网、大数据、云计算等技术，对每个工序和作业点进行可视化监控，客户可以实时通过互联网了解订单的进度和质量情况，实现了生产质量在线检测和分析；建立了多维质量数据分析模型，采用逆向动态追踪技术实现产品的生产过程及进度追踪，对产品质量可进行追溯；建立了集生产状态远程监控、产量报表自动生成、质量数据实时监视、订单实时跟踪、无缝集成ERP等功能为一体的管理平台，实现生产全流程的网络化、集成化；通过具有BI功能的综合数据分析，为企业提供经营管理的决策支持。

该项成果于2016年获得中国纺织工业联合会科学技术奖一等奖，并已实现产业化应用，提高了应用企业的生产效率，缩短了研发周期，减少了用工，提升了纱线质量，经济效益和社会效益明显，对棉纺行业的智能制造开展具有很好的示范作用。

二、江苏大生

江苏大生集团有限公司的前身为大生纱厂，早在1895年创办，位于江苏南通。目前集团现拥有全资、控股、参股公司12个，包括了纺纱、织造、染色、印花、服饰、特色家纺、文化产业、汽车销售服务等多门类产业，是国家高新技术企业。其纺织主业拥有40万纱锭，533台布机，主要产品有多组分、多功能混纺纱线、高档面料、毛毯、羊毛被，及针织服装等，远销近50个国家和地区。

公司2014年开始与经纬纺机合作，开展棉纺数字化车间项目。车间4条生产线年设计生产能力约5万锭，产品定位为高端纤维素纤维纯纺或混纺紧密纺，配置细络联高性能纺机装备和全流程智能型纺纱自动化生产线。项目包括多种自动化纺纱设备、粗细联、细络联、条筒输送小车等相关自动控制和输送系统、码垛机器人、经纬 e 系统、数据智能分析预测系统、车间环境智能监测系统等应用系统，实现了在线监测、控制和实时管理。

项目采用的一些技术很有特点，其中粗细联系统通过轨道交换设计，能够将粗纱直接入轨，粗纱细纱轨道联网进出，送入细纱生产线，大大节省人力，减少待机时间；络筒自动堆垛打包系统通过机器人技术实现了络筒机筒纱自动抓取和码垛，采用智能调度算法，根据络筒机实时产量调度机器人进行筒纱抓取和码放，协调机器人码放和络筒机生产筒纱的工作节拍；自动推筒小车使挡车工取消人工推筒动作，减轻了劳动强度；MES 使用经纬 e 系统，不仅具备其常规功能，实现实时监控，还可以通过手机，远程在线监测车间动态，比如质量数据、车间温湿度、设备功耗等；设备维护保养系统通过设备状态、效率超标、质量超标、环境超标、能耗超标等预警信息及生产在线数据的综合分析，提高设备生产效率；运转操作导航系统通过单锭管理模块对落后单锭、断头时间、落纱留头等信息实时显示及统计分析；环境智能监控系统对车间空调、除尘、压缩空气、电力供应进行监测，通过数据分析和自动调节，进行统一调度管理，保障车间环境指标优化和能源利用优化。

江苏大生“数字化纺纱车间”的万锭用工只需要 15 人，与原先普通车间的 40 人标准相比，自动化、智能化程度大为提高，在棉纺行业具有很大影响力，有利于推动行业智能制造的开展。

第四节　个性化定制

一、青岛红领

青岛红领集团有限公司成立于 1998 年，位于青岛即墨市，有 3 家子公司、15 家分公司、5 个国外分支机构和两个工业园区，主要产品为西服、衬衫、休闲服等。后来组建了青岛酷特智能股份有限公司，专注于服装个性化定制业务、互联网工业应用及企业信息化解决方案。

公司是最早涉足个性化定制的服装制造企业，2003年就开始了这方面的探索，成立了信息技术中心，引入大量技术人才，投资建设服装定制技术研发平台，研发具有完全自主知识产权的“全球个性化西装定制平台”，重点提高信息化技术在服装定制全过程中的应用，加强服装设计知识管理与敏捷设计、服装结构设计数字化、服装工艺设计数字化等研发工作。推广服装制造信息系统集成，将各类服装相关的信息系统如CAD、CAM、ERP、BI等进行集成，实现快速设计、快速制造、快速物流与快速营销，在行业内有很大影响，2015年成为工信部命名的首批智能制造试点示范企业。

公司的网络化平台（RCMTM）多年来应用于男西装个性化定制，运用工业化手段制造个性化产品，将传统服装企业的效益提高2倍以上。系统经过升级改造，2014年正式上线运营，并开拓了大量国际业务。消费者在青岛红领自己创立的“酷特魔幻工厂”APP上预约量体，量体师只用5分钟采集身体19个部位24个数据，自主选择面料、花型、刺绣等几十项细节，产品从西装、衬衫扩及大衣、马甲等大类。在其后台，则有功能强大的信息化制造系统支撑，依据大规模样板库，以订单信息流为核心，任务分配给计算机网络控制的多个柔性加工单元组成的分布式制造系统，实现了快速响应。青岛红领自主研发了正装版型数据库和工艺数据库，存储了3000亿个版型，把互联网、物联网等信息技术融入大批量生产中，由客户需求驱动，实现流水线上不同数据、规格、元素的灵活搭配、自由组合，从而在一条流水线上制造出灵活多变的个性化产品。

青岛红领在开展个性化定制的同时，扩大和延伸业务范围，以专业化公司为依托，对外进行技术推广和服务，将“红领模式”推广到大量企业中，已经涉及牛仔服装、自行车、鞋帽、家具等行业的40多家企业。

二、广东爱斯达

广东爱斯达智能科技有限公司成立于2008年，前身为佛山市顺德区爱斯达服饰有限公司，是一家大型牛仔服加工制造企业。经过近年来的发展，成为一家实现服装快速柔性化定制生产的高科技企业。公司全资控股爱斯达科技和江陵逸骏两家公司，爱斯达科技负责智能制造系统研发、远程定制和快速定制平台运维，以及个性化定制业务开展；江陵逸骏是公司在湖北江陵工业园区投产的生产产品研发及示范基地，负责实施公司智能制造业务。

公司早就开展信息化建设，投入资金实现现场数据、外销成衣 ERP－UP4 系统、财务系统和电子商务系统对接；另一方面建立电子商务个性化定制平台，基于互联网的远程数据传输和监控系统，实现远程服务、网络试衣，并将其数据与全自动制衣吊挂自动化生产线进行对接。在服装制造方面，开发了服装智能制造（BMS）系统，以 ERP 为主线，集成 RFID 物联系统、GST 项目管理、智能吊挂、清洁生产系统等多个子系统，为个性化定制提供了技术支撑。

该公司其牛仔服远程定制和快速制造平台系统于 2014 年投入使用，开发了 T 恤衫、牛仔服等服装单件定制的“智能裁缝”网络平台。定制化系统包括互联网平台、CAD 系统和虚拟试衣系统，从服装体形采集、版型预选、图案配饰、色彩搭配 DIY 设计、到互联网上传数据，最后加工成服装。消费者通过键盘输入有关数据，网上的虚拟试衣系统有画面显示；平台还提供大量的面料、色彩、图案、款式等，消费者根据喜好选择；最后完成确认后下单，提交到车间生产。其牛仔服装生产线，包括自行研制的智能激光雕刻裁剪一体机和自动化吊挂系统，由 MES 监控和管理，做到了个性定制产品快速批量生产，也实现了设计、生产以及销售的自动化对接。

广东爱斯达采用移动互联、物联网、云数据、虚拟成像与服装快速制造等技术，从服装的快速设计、个性化定制、互联网存储数据，直到加工成型服装，达到了全程自动化，实现 72 小时交付的快速定制，实现了从传统服装制造到定制化智能制造的成功转型。

三、宁波慈星

宁波慈星股份有限公司成立于 2003 年，位于宁波慈溪，已经发展成多家企业组成的集团型企业，从事电脑针织机械的研发、生产和销售，是一家致力于提升针织机械水平、推动针织工艺发展进步、实现针织产业升级的高新科技企业。公司主要产品包括电脑针织横机和电脑无缝针织内衣机，前者主要用于毛衫生产，后者用于无缝内衣生产。与浙江师范大学合作的“支持工业互联网的全自动电脑针织横机装备关键技术”，于 2016 年获得国家技术发明二等奖；“全自动电脑横机关键技术研发及产业化”项目于 2013 年获得中国纺织工业联合会科学技术奖一等奖；2016 年成为国家工信部智能制造试点示范企业。

公司利用自身电脑针织横机的技术优势，开发了“织可穿”针织毛衫定制平台，挑选由多位优秀毛衫设计师设计的款式，在网站上提交订单即可。从平台选样提交订单到送到客户手中，一般7天内完成，价格低于市场同款同质的零售价。

毛衫定制系统包括人体数据采集、3D虚拟试穿、智能工艺、成衣自动生产线、电子商务等五大模块。其中的智能化的人体数据采集系统，使用专用扫描仪设备对消费者或者照片进行扫描，采集身体数据；消费者在定制平台上根据模板列表进行个性化选择，还可以通过平台配套的虚拟现实（VR）毛衫试穿系统，看到3D效果的预览定制结果；智能工艺和成衣自动生产线配备了自产电脑针织横机、圣瑞斯吊挂系统，采用电脑横机一体成型、自动缝合、智能化熨烫等设备和技术实现快速定制，消费者可实时跟踪订单状态；通过电子商务平台，加盟的织造工厂可以随时获取、按需使用毛衫款式、制板软件、织造工艺单和设备改造等服务。

以此平台为基础，公司计划开发云制造平台，通过电子商务、ERP、SCM、MES等系统，整合加盟设计师、纱线等原料供应商、物流配送商、经销商等资源，将设计、生产、营销以及供应商等各大系统进行连接，形成包括产品设计、订单受理、工艺制板、原料仓库、织造生产、半成品仓库、缝制生产、去污柔软、整烫定型、质量检测、成品仓库、物流等环节的产业链，实现众包设计、生产链供应管理、可追溯订单交付、个性化柔性定制的全流程服务。由于针织毛衫产品的特点，生产流程短，可以从纱线一步到编织成衣，且有一次成型技术，自动化程度高，可以达到较高的智能制造和个性化定制水平。

四、浙江报喜鸟

浙江报喜鸟集团有限公司成立于1996年，以服装为主业，相继建设了温州、上海、合肥三大工业园区，创立了报喜鸟高级男装品牌、宝鸟职业装品牌。2001年成立浙江报喜鸟服饰股份有限公司，2007年在深交所上市，2017年更名为报喜鸟控股股份有限公司。

2014年以来，公司结合移动互联网及大数据技术，借助智能制造技术的发展，积极推进内部转型升级，建立了西装个性化定制系统“云翼智能平台”，部署工业4.0智能化生产。云翼智能平台包括MTM云工厂，私享定制云平台和分享大数据云平台，探索服装产业大规模个性化定制的途径。2016年成为工信部智能制造试点示范企业，开始了从传统制造向智能制造的转型。

“云翼智能平台”的MTM云工厂集成了多个信息化系统。首先，通过PLM和CAD系统构建智能版型模型库，实现标准化、部件化自动装配及模型参数智能改版，大规模推版速度比人工提高50倍；其次，CAM自动裁床系统接收到排单、物料、版型、工艺等信息后，按照CAD版型数据，实现一衣一款的单件自动裁剪；在工厂内，通过RFID技术将订单转化为无线电子工单数据，实现对订单状态的全程可视化跟踪；通过PAD和智能工艺系统的显示，指导工位实施不同订单个性化的工艺要求；通过吊挂系统实现一单一流；实施了MES，以自动化传感技术整合吊挂系统和显示系统，精确、及时地对数百个生产工艺操作进行管控，实现作业的有序、快捷和可跟踪；最后，个性化的产品下线后，进入WMS系统，通过精准化的物流配送给消费者；同时，通过CRM管理消费者资料、体型、穿着习惯等数据，以大数据的精准营销方式提供进一步的个性化服务。

在其他方面，私享定制云平台与国内专业软件厂商合作开发了虚拟现实仿真技术与3D渲染技术，运用PLM、CRM、SCM等系统，实现一单一流、一人一版、一衣一款的全品类模块化客户自主设计；分享大数据云平台实现对用户的个性化需求特征的挖掘和分析，通过样本数据采集分析，让西装剪裁更加符合国内消费者的要求。目前，除了西装外，裤子、衬衫、夹克等品类也能通过这套系统进行定制。

五、泉州海天

泉州海天材料科技股份有限公司成立于1994年，早期以功能性面料生产为主，现已发展成为集产品设计、材料研发、面料织造、染整印花、面料复合、服装加工于一体的高科技纺织企业。公司为国内外客户提供包括纺织新材料（纱线）、针织面料、家用纺织品、产业用纺织品以及运动休闲服装在内的系列产品与服务。在上海建立了研发和市场推广中心，在泉州建立了织造、染整、服装生产基地，在厦门建立纺织品进出口基地，构建了具有快速反应能力的纺织服装供应链体系。

公司重视企业信息化建设，2015年底完成了本企业印染全流程数字化中央控制系统、面料X3管理系统、拉式供应链管理系统、服装JDE管理系统、成衣打样中心、O2O电子商务平台的建设，大大增强了服装制造的快速反应能力。

近年来泉州海天依托泉州市在纺织服装产业方面的优势，利用多年来面料开发的基础，与生产及服装制造、面料染色、系列纺织服装设备企业、科研咨询机构等的通力合作，投入力量建立了面向休闲服装个性化定制的“时尚梦工厂”。系统包括设计师创意创业平台、公共技术服务平台、O2O电子商务平台、生产协同平台和检验检测平台，形成了产业产能供应配置网络，建立了一个供应链闭环体系，消费者、设计师、面辅料供应商、智能生产线、终端销售都可以实时共享数据。

其中设计师通过设计师创意创业平台，激发创作构想，丰富定制品类；消费者依托O2O电子商务平台进行3D模拟试衣，系统能自动检测顾客服装参数；消费者根据自己的需求与设计师沟通，如何剪裁和改进，甚至可以把想法告诉设计师，让设计师为顾客度身定做，满足顾客的个性化需求。另一方面，一件服装可以拆分为多个模块，消费者可以通过系统选定基本款型后，对各个模块及颜色、花型进行自由搭配，还可以根据消费者的需求绣入一些体现个性化的图案或者文字，全方位激发购买欲望。

第二章　开发服务商纺织行业解决方案案例

第一节　综合管理解决方案

一、北京中纺达的 ERP 软件

北京中纺达软件开发有限公司是中纺网络公司下属企业，于 2001 年成立，是国家信息产业部定点的纺织行业企业信息化建设承担单位。在中国纺织工业联合会的指导下，从 21 世纪初就致力于全国纺织行业信息化建设，具有丰富的行业经验和技术实力。其业务涉及纺织企业信息化应用的各个方面，主要包括：企业信息化管理软件的开发，企业信息系统建设项目的实施，企业信息系统建设的战略规划、数据规划、业务流程重组、管理咨询、企业信息化培训等。公司集项目管理咨询、ERP 产品开发、项目实施、售后服务于一体，为纺织企业提供企业信息化建设的专业化服务。

公司针对纺织行业特点，在行业专家的指导下，先后开发出了适合纺织企业应用的 ERP、OA、电子商务、外贸管理、商业智能等软件产品。其中纺织 ERP 软件产品 TexERP 是自主开发的核心产品，2006 年 TexERP 管理软件获中国纺织工业协会科学技术奖一等奖。TexERP 主要包括：仓库管理、销售管理、采购管理、送样管理、产品质量管理、主生产计划管理、物料需求计划管理、能力需求计划管理、设备管理、生产办公管理、财务管理、成本管理、领导审批管理、系统管理、物流管理等子系统，按照行业特点细分为棉纺织、毛纺织、针织、印染、织染、服装等行业版本，现已在相关行业的外资企业、合资企业、国有企业、民营企业、上市公司等众多企业中得到成功应用，包括北京铜牛、深圳中冠、山东帛方纺织公司、江苏大生、宁波雅戈尔毛纺公司、山东如意、山东岱银纺织集团、山东南山、广东北江等。

公司新近开发了面向棉纺织企业的管控集成系统，覆盖企业经营、生产、技术、设备、质量、能源等方面。系统集成了信息化管理系统（目前应用较为广泛的是ERP系统）和各类生产设备数字化控制系统、在线监控系统，通过数据交互系统有机集成为一体，达到底层生产过程实时数据采集和实时集中监控，通过信息集成形成优化控制。也可以连接其他信息系统（如电子商务、OA、安保系统、配电系统等），最终通过数据交互平台实现系统集成，信息共享，建立起企业管控一体化系统，发挥综合效益。

二、上海环思的ERP软件

上海环思早期分为上海环思信息技术公司及环思企业管理咨询公司，在21世纪初就致力于纺织企业信息化建设，2005年成立绍兴环思智慧公司等企业，致力于纺织行业信息化，拥有深厚的行业背景和技术实力。公司拥有一支纺织行业信息化专业技术人才，大部分技术骨干参与了多家纺织行业大型ERP管理软件的设计和实施。经过多年经验积累，已形成了覆盖纺纱、织造、染整、印花、服装、分销、贸易等整个纺织产业链的ERP管理软件产品。环思软件已经在远纺织染、鄂尔多斯羊绒、山东如意、罗莱家纺、雅戈尔、安踏体育用品公司、厦门华纶印染公司、潮州名瑞集团、浙江稽山印染公司等多家纺织企业成功实施。

例如上海环思集成化的织染ERP系统，立足于建立一套规范化、协调化、理性化、透明化、信息化的管理制度，对企业资源进行充分整合，建立快速反应机制。内容包括：SD（商品开发和营销业务管理）、PP（织造和染整生产管理）、MM（物料采购和仓储管理）、QM（质量管理）、IE（进出口管理）、FI（应收应付财务管理）、CO（成本管理），EM（设备管理，包括对测色配色系统、染机中控系统、自动称料系统、定型机自动给液系统、验布机、自动磅秤等设备的接口管理）与SAP账务系统整合等内容。

绍兴环思智慧公司新近推出了智能制造系统解决方案，涉及纺纱、织造、印染、服装等多个领域。例如在棉纺企业，可以集成SAP ERP管理软件和多种生产控制系统，包括自动穿综、自动轴库、电子称量设备、手持无线PDA设备、触屏质检一体机系统、电子大屏看板，以及各种数据采集终端，实现了从整经、浆纱、穿综筘、织造、验布全生产过程的设备机联网集联集采、设备实时远程监控、物料全程跟踪可溯、自动预警和指挥看板、质检全面数字化检验设备集成化等功能。

三、上海百胜的 ERP 软件

上海百胜软件股份有限公司成立于 2000 年，2015 年在新三板挂牌，是多个行业信息化解决方案服务商，主要为服装、鞋帽、运动等时尚品牌企业提供管理咨询和信息化解决方案，业务涵盖零售分销、供应链、电子商务、移动应用、大数据等领域。目前，百胜软件在全国拥有 100 多家星联服务机构，为客户提供专业及时的服务支持。

公司推出的 BSERP V3 是针对大中型服装企业现行管理模式专门设计的信息管理系统，它通过不同的系统模块实现了服装企业从生产计划到原料采购、从作业计划到车间领料生产、从验收入库到销售出库和终端销售等整个业务流程管理，为服装业提供集物流、信息流、资金流为一体的集约型管理方案，具有鲜明的行业应用特色。该系统还采用了 B/S 与 C/S 结合的方式，既实现了终端离线运行，又可以远程访问。同时利用网络服务中间件技术，减轻了不同用户的个性化实施难度。该 ERP 软件目前在服装行业有较大的市场份额，在九牧王、福建七匹狼、福建劲霸、罗蒙集团、圣得西集团、浙江森马服饰公司、利郎集团、北京探路者户外用品公司等多家企业成功实施，为服装企业的信息化建设发挥了推动作用。

第二节　棉纺织行业解决方案

一、经纬新技术的棉纺设备在线监控和管理系统

北京经纬纺机新技术有限公司是经纬纺机的全资子公司，于 2000 年在北京经济技术开发区注册成立，主要从事工业测控、机器视觉、纺织机械电气控制、现代医疗器械等高端产品研发，是北京市高新技术企业。经纬软信科技无锡有限公司成立于 2013 年，是经纬纺机的二级子公司，专注于纺织生产的信息化、智能化，主要从事纺织行业数字化工厂解决方案的研究与开发。公司依托母公司长期积累的技术基础，在物联网、智能控制等领域具有较大优势。

该公司开发棉纺设备在线监控和管理系统（简称 e 系统），是国内最早的专业化棉纺在线监测系统，一开始运行于经纬无锡试验工厂。系统运用现场总线技术、工业以太网技术、数据库技术、网络技术，以棉纺织成套设备为基础，采集设备运转数据并集成产品质量数据、环境数据、能耗数据、人员数据，搭建企业生产数据平台，达到了棉纺车间生产过程透明化，做到了 ERP 系统与 e 系统无缝连接，实现了管理决策的科学化，成为棉纺成套设备的信息中心、协同调度中心和智能管控中心。

系统功能包括生产中的开停车、落纱、换段、改车、故障、报警等生产状态管理和单锭管理、订单追踪、设备维护、质量追溯、绩效考核、环境监控、能耗统计、成本分析等专项管理；辅以手持终端 APP、车间大屏幕等手段，在此基础上的整合、统计、对比、分析，以信息化手段为企业的生产管理在平衡产能、稳定质量、节省成本等方面提供技术支撑。

目前，e 系统已经在国内大型棉纺企业得到一定范围的推广应用，用户包括无锡一棉、山东如意、山东鲁泰、魏桥纺织、江苏大生、江苏联发、华孚色纺公司、河南新野纺织公司等，受到了普遍的好评。

二、青岛环球的筒纱自动包装物流系统

青岛环球集团于 1966 年成立，主要致力于纺织机械等行业。2006 年，与意大利 CMT 公司成立合资公司——赛特环球机械（青岛）有限公司，专注于粗纱机等棉纺成套设备的生产，在国内很有影响。其开发的粗细联合智能全自动粗纱机系统不仅获得国内纺织企业的认可，还逐渐打开了海外市场，获得了 2015 年度中国纺织工业联合会科学技术奖一等奖。企业成为国家级高新技术企业和中国粗细联合粗纱机系统研发中心。

公司新近开发的筒纱自动包装物流系统包括筒纱的自动识别输送、堆垛、拆垛、视觉检测、称重筛重、多方式自动成包、自动装箱、整包（箱）称重贴标、打包、码垛、入库出库等功能。可以使用编织布、纸箱、热缩膜、缠绕膜等多种包装形式，也可以共线运行；可以对筒纱品种自动识别跟踪，追溯一对一；采用视觉识别技术全过程质量监控，能自动剔除不合格筒纱。系统已经应用于山东华兴、魏桥纺织、宁夏如意科技时尚产业公司、新疆天虹基业纺织公司、临清三和、日照三银纺织公司等企业，取得很好的效果。

该系统的编织布在线仿人工自动成包技术实现了自动包装，解决了编织袋包装需人工操作的难题；研发的筒纱编码解码系统，实现了对筒纱的编码、解码及信息读写，解决了筒纱的品种识别、跟踪、分品种集中管理的问题；研发的AGV激光导航智能机器人，实现了无人驾驶自动巡航、筒纱分品种智能周转、智能出入库及信息存储；利用激光测距技术，实现了筒纱取放机械手的分阶段变速运行和筒纱的定位取放；自由组合的模块化、标准化筒纱自动包装工艺流程，实现了筒纱分品种识别、自动输送、在线视觉检验、堆垛、缠绕包装、编织布成包、纸箱包装和码垛等。智能仓储物流的多种方案支持全流程无人化操作和连续化生产。

三、厦门软通的织机联网监测和管理系统

厦门软通科技有限公司于2003年成立，同年入驻厦门火炬高新区软件园，是专业致力于纺织企业信息化管理及生产制造管理系统研发的高科技企业。公司依托厦门大学的强大科研实力，密切结合自身业务，培养出一批对纺织行业和现场数据采集、控制有丰富经验的技术骨干人员，其软件产品在纺织行业得到较好的推广应用。

公司的主要产品是织机监控系统和纺织MES制造执行系统，采用计算机通信技术、测控技术、网络技术和软件技术，面向纺织企业开发的用于喷水织机、喷气织机、剑杆织机、片梭织机、有梭织机等各种织机，以及针织横机、大小针织圆机、织带机、织袜机、绣花机等设备的生产数据实时监测和管理，形成了集监测和管理为一体的计算机信息管理网络系统。系统的用户企业很多，包括厦门东纶、厦门华懋新材料科技公司、福建百宏、晋江向兴、广东北江、山东鲁泰、山东鲁丰织染公司、吴江东亚纺织厂、江苏乐祺等。

该系统功能丰富，可以实时监测单台机的停机状况，为调机提供有效的数据；及时反映整个车间的设备运转状况和运转效率；随时查询或打印单机的累计班、日、月运转效率，分析单机的性能；随时打印单机的运转与停机记录，可以分机组反映该机组的效率；显示单机的转速，并分品种实现；存储5年以上的数据供查询和分析，可以选择任意时间、任意机台打印报表；查看品种、经纬纱批号、了机、待料、车位的分布情况；可计算出预测了机的时间，通过产量计算和消耗定额，可自动计算出每班、日、月的原料消耗；可人工输入了机、待料时

间，自动扣除停水、停电时间等。

第三节 化纤行业解决方案

一、北自所的化纤全自动物流与仓储系统

北京机械工业自动化研究所成立于1954年，是原机械工业部直属的科研机构，1999年转制为中央直属大型科技企业，是我国最早研究和开发自动化物流技术的单位，现已成为专业的物流系统集成商。北自所结合各个行业特点，围绕自动化物流系统开发了不同类型的巷道堆垛机、码垛机器人、输送设备、穿梭车（RGV）、自动引导小车（AGV）、空中转运小车（EMS）、分拣机等多种自动化机械设备及相关控制系统，以及应用于不同行业的系统仿真软件、仓储管理软件（WMS）、图像采集处理软件、监控软件（WCS）、调度软件和ERP系统接口软件等先进的物流装备和软件产品，并成功应用于各个自动化物流系统项目当中。

化纤全自动物流与仓储系统是该单位较早开发的产品，包括全自动落丝系统、自动包装系统和自动仓储系统。系统主要由机器人、链式输送机、转台、升降台等设备组成，在生产过程中可实现数十种品种同时生产，数十种批号、不同等级的丝车可交替上线。整个系统实现了丝卷从落丝、输送、储存、检验分类、包装到码垛的自动化，还能对产品进行智能识别，每锭丝卷在检验包装过程中的传输全部通过识别码来进行，准确且效率高。此外，各操作工位的丝卷信息按照工艺段分类管理，统一总控调度。

其中全自动落丝系统能够实现自动落丝车与卷绕头自动对接，并将丝饼暂存于车体中心棒上，丝饼随自动落丝车运行送往平衡间并转运到辅助转运设备，再由机器人直接抓取并放置在丝车空挂架上。与国外同类系统不同，北自所研制了多轴自动化落丝车，采用了新型的地面运行方式，更加有利于老厂升级改造，提升了落丝、转运能力，而且在价格上有明显优势。

该系统在化纤行业得到了较好的推广，最早应用于盛虹集团，后来又推广到恒力集团、恒逸集团、荣盛集团、新凤鸣集团、浙江天圣化纤公司、吴江佳力、福建百宏等企业，受到普遍的好评。

二、北京中丽的化纤全自动落筒包装系统

北京中丽制机工程技术有限公司是中国纺织科学研究院控股的化纤机械工程公司，具有40多年生产化纤成套设备的经验，是国内化纤机械制造基地之一，引进了各类加工中心、数控车床等制造加工设备，建立了化纤成套设备生产线和组装线。同时，公司还拥有一批化纤工程、工艺和机械专业的人才。业务范围涉及涤纶、丙纶、锦纶民用丝、工业用丝、差别化等产品的熔体直接纺和切片纺、非织造布的纺丝工艺、工程大型成套技术和装置、各种规格的高速卷绕头技术和制造等，其产品在化纤机械和工程领域具有影响力。

该公司推出的化纤长丝纺丝、卷绕及全自动落筒成套装备，在原有化纤长丝生产线前端纺丝、卷绕系统板块技术升级的基础上，研制了后端自动落筒、自动输送、在线检测、自动包装板块，建立了化纤长丝全流程生产线。落筒系统由机器人、链式输送机、转台、升降台等设备组成，实现自动落筒、丝饼自动输送、自动存放丝饼等功能，与纺丝生产线“线对线”配比为1∶1，单线落筒能力达24次/小时；包装系统包括丝卷上线、自动称重、外观检测、自动裹膜、自动分拣、分类装箱、封箱打包、自动打标签、分类码垛等功能，与纺丝生产线“线对线”配比为1∶1~4，单线包装能力达580个/小时。全自动落筒包装系统的用户目前有桐昆集团、浙江绿宇环保公司等企业。

第四节　印染行业解决方案

一、山东康平纳的全自动筒子纱染色系统

山东康平纳集团有限公司创建于1998年，早期主要从事高档毛纺呢绒产品的研发生产销售，后来转型为集毛纺织、智能染整装备制造于一体的综合性企业。2009年成立泰安康平纳机械有限公司，专业从事智能化印染装备、后整理装备及智能物流装备开发制造，是国家高新技术企业。

该公司与中国机械研究总院合作开发的筒子纱数字化自动染色成套技术项目于2014年获得国家科学技术进步奖一等奖。承担实施的“筒子纱染色智能工厂”

列入 2015 年国家首批智能制造试点示范项目，成为全国首家国家染整智能制造试点示范企业。作为总集成商与如意集团等多家单位联合建设的“年产 3 万吨筒子纱染色智能化工厂”列入 2016 年国家智能制造新模式应用项目。

全自动筒子纱染色系统通过染色工艺、装备、信息系统三方面的创新，研制出适合于筒子纱数字化自动染色的工艺技术、数字化自动染色成套装备及染色生产全流程的中央自动化控制系统，包括中央控制系统、物流系统、自动调湿机、染料自动称量加料系统、助剂计量输送系统、高温高压筒子纱自动染色机、全自动离心脱水机、微波烘干机、元明粉纯碱自动称量系统、热能回收系统等部分，创建了筒子纱数字化自动高效染色生产线，建立起数字化染色车间，实现了筒子纱染色从手工机械化、单机自动化到全流程数字化、系统自动化的跨越。该系统已经应用于山东鲁泰、孚日集团、安徽华茂、东北袜业公司等多家印染企业，获得了很好的效果。

公司近期以该项技术为核心，推出了智能绿色印染生产解决方案。解决方案将多项智能化和自动化控制技术应用于纱线染色生产过程中，通过绿色印染工艺、关键智能装备和自动化物流系统、传感器网络及生产过程在线数据采集系统、中央控制系统及 MES、ERP 的系统集成，实现设备生产控制、车间制造管理与企业管理的信息集成与流程协同运行，实现纱线染色过程中信息化管理和自动化运行。在此基础上，建立筒子纱染色数控化工艺技术及数据库，采用专家库、数据库等技术，实现人工经验数字化和标准化；针对制约筒子纱高效、节能染整加工技术推广的瓶颈，形成完善的筒子纱/经轴浸堆染色工艺技术方案。山东康平纳公司在新疆库尔勒、江苏盐城的智能化染厂正在建设中。

二、杭州开源的印染生产过程监控和管理系统

杭州开源电脑技术有限公司成立于 1999 年，其前身为浙大科技开发总公司开源电子分公司，是一家专业从事纺织印染生产设备和印染生产过程智能控制系统的研发、生产、推广和服务的国家高新技术企业。公司提供纺织印染数字化整体解决方案的咨询和服务、纺织印染智能工厂及数字化车间的关键技术和装备，并可根据印染企业需求，系统集成各类型关键装备，实现印染生产的数字化、智能化。主要产品包括：针对印染图像处理、颜色管理、化学品配送等关键生产环节，提供印花设计分色 CAD 软件、直接制网系统、工业级数码喷墨印花机、全

自动电脑调浆配液系统和染料染液助剂自动配送系统等；面向纺织印染企业生产的全过程，提供印染设备数字化监控系统、印染企业生产过程执行系统和印染ERP软件等。其中“全自动电脑调浆系统”获2005年国家科学技术进步二等奖，“面向数字化印染生产工艺检测控制及自动配送的生产管理系统”获2012年中国纺织工业联合会科学技术奖一等奖。

该公司的印染生产过程监控和管理系统，采用了印染生产过程在线检测和控制技术，建立生产过程在线检测和控制体系，实现了生产过程闭环控制。系统基于RFID的生产跟踪技术，实现对布匹流转、能源消耗、成本核算等生产要素的实时跟踪和生产计划的动态调整；开发了印染设备检测控制系统软、硬件接口平台，实现生产工艺参数、生产过程数据的交互共享和反馈控制；研制了印染工艺专家系统和具有自学习能力的印染工艺数据库。其中MES由生产计划与调度执行、在线工艺检测与控制、能源采集与控制、设备监控中心等模块构成，并提供染缸集控系统、布匹检验系统、纺织品挂样系统等辅助功能。

系统可以集成公司的分色CAD、直接制网系统、数码印花系统、自动调浆系统、染液助剂配送系统，以及ERP，最终形成面向纺织印染企业的数字化解决方案，已经成功应用于华纺股份、宜兴乐祺、海安启弘纺织科技公司、江苏联发、徐州荣盛纺织整理公司、恩平锦兴纺织印染公司、浙江金梭纺织公司、绍兴英吉利印染公司等多家纺织印染企业。

三、常州宏大的印染在线检测和生产过程管控系统

常州市宏大电气有限公司成立于2000年，位于江苏省常州市经济开发区，是常州宏大科技集团下属子公司。常州宏大科技集团是专业从事印染自动化控制技术产品研究与制造的高新技术企业，下属还有江苏霍克智能科技有限公司、南通宏兴自动化科技有限公司、常州迪特能源科技有限公司等公司，以全面整合资源，着力在印染机械在线监控装置和信息化、自动化控制系统等领域开展技术开发和推广。

公司多年来专注印染在线检测系统的开发，在多种在线检测系统的基础上，形成了印染在线检测和生产过程管控系统。由数据采集模块和工业以太网组成，用于染整设备的集中管理。可以实时检测生产过程中的车速、产量、水电汽消耗、染料助剂消耗等参数，监控烧毛机、退煮漂设备、丝光机、染色

机、定型机、预缩机和磨毛机等的工作状态，可以得到某一订单在各个机台处理的效率及能耗，并分析出此订单从坯布到成品的总成本，总结出同类订单所产生的成本差异。系统还具有参数集中显示、统计分析、历史数据存储和打印等功能。

该系统采用工业以太网，机台上装有操作显示终端，并可与ERP联网。应用于印染生产线后，实现了投料、配料等全流程自动化生产。这些控制系统可以与主机配套，也可以为用户设备改造提升，对提高印染企业生产的自动化、数字化水平发挥了明显作用。

公司在印染新型设备开发方面很有实力，包括染色机控制系统、圆网印花数字化技术、织物定型工艺控制系统、数码印花新技术等。织物智能整花整纬系统采用机器视觉图像处理技术，实现了提花、色织、印花、蕾丝、绣花等具有图案花型特征纺织品的自动检测和花型整形，并且实现了产业化，在山东凤凰、山东如意、愉悦家纺公司、绍兴飞亚印染公司、浙江永新纺织印染公司等多家企业应用，2017年获得中国纺织工业联合会科学技术奖一等奖。

公司近年来扩展了一些新的技术领域，开发了环锭纺纱线智能在线检测系统、生产过程影像智能验布系统、纺织全流程环境智能系统等自动化、智能化技术和产品，受到国内外客户的普遍关注和好评。

四、西安德高的印染前处理在线测控系统

西安德高印染自动化工程有限公司成立于2000年，是专业研制和生产纺织印染大型成套设备的高新技术企业。公司依托合作高等院校雄厚的科研实力，建立了一支高科技专业技术和管理人才队伍，拥有完善的科研设施，建立了科学规范的现代企业生产管理体系。主要产品有新型全伺服平网印花机、圆网印花机独立传动自动对花系统、印染参数在线监测系统等，在印染行业自动化、信息化领域有许多应用。其织物湿度实时智能在线检测系统、新型可变任意花回多用途圆网印花机、全数字特宽幅磁棒式圆网印花机等项目曾获中国纺织工业协会科学技术奖。

公司开发的印染前处理工艺参数在线测控系统由八部分组成：工艺液工作循环系统、工艺液杂质过滤系统、工艺液浓度循环检测系统、工艺液浓度调节控制系统、传感器自动清洁系统、计算机控制系统、显示操作人机界面、车间

级现场总线通信系统。系统主要功能包括：浓度、温度模拟量采集及数字显示；彩色液晶屏显示，触摸屏操作；数据记录及实时、历史曲线显示；模拟量输出，NaOH 浓度连续控制；在线校准功能、工艺方案管理功能、自动清洗功能等。

系统根据印染前处理工艺对碱浓度等参数准确控制的要求，可以实现纺织印染前处理练、漂、洗、丝光等生产过程对碱液浓度、pH 等参数的在线测量与控制，全面提高印染过程的工艺重演性和质量的稳定性，保证产品质量，同时防止水、染化料、能源的过度使用，达到节能减排环保的目标。在江苏红柳集团、绵阳佳联印染公司、海城市中新印染公司等企业应用，受到较好评价。

五、佛山南海天富染色机中央监控管理系统

佛山市南海天富科技有限公司成立于 1997 年，位于广东省佛山市南海软件科技园，是一家专注于纺织印染工业自动化控制系统、MES、ERP 的研发、生产、销售及咨询服务的高新技术企业。公司致力于在纺织印染企业推广智能工厂整体解决方案，推动印染企业实行数字化印染，有多种信息化产品在国内外市场销售及应用。

公司开发的染色机中央监控管理系统可以对多台染色机中央监控，包括编程、保存上载、下载工艺数据，实行监视记录染色机的状态，工艺过程；查询打印工艺曲线、数据资料和统计报表，记录染色全程的数据，以减少染色过程中人为因素造成的缸差、色差；能对染色工艺过程的升（降）、速率控制、保温时间进行监控，对影响染色质量的浴比进行监控。该系统可以实现无人操作，直接由染色生产现场的下位机发出自动请求信号，中央监控管理系统即可将相应的生产运行工艺传送到下位机。

在多种自动化和信息化产品的基础上，公司近期推出染厂数字化解决方案，分为企业管理层、生产制造执行层和生产过程控制层，在生产制造执行层包括了染色机/定型机监控管理系统、染化料/助剂/元明粉/纯碱/工业盐自动配送系统、面料自动检验系统、染料仓库管理系统、颜色管理系统、实验室调液系统等，同时完善了 MES 的功能，对 ERP 进行了升级，增加了移动终端的接入。新近在广东溢达、青岛凤凰、江苏悦达等企业开展了应用。

第五节 针织行业解决方案

一、福建睿能的针织横机网络监控云平台

福建睿能科技股份有限公司成立于2007年，总部位于福州软件园，是专业从事针纺电控、纺织伺服驱动器、智能照明电源的研发、生产及销售的高新技术企业，2017年在上海证券交易所上市。旗下子公司业务涉及针织行业应用软件研发、IC产品分销、工业电气自动化产品分销及系统集成等。公司多年以来一直专注于针织横机电控系统的研发、生产和销售，通过多年的积累，形成了一批具有自主知识产权的核心技术，“新型高效针织横机电脑控制系统”项目于2017年获中国纺织工业联合会科学技术奖一等奖。

公司开发的针织横机网络监控云平台，包括文档管理功能，提供文档协同、版本控制、权限管控、文档备份等基础文件管理功能，打通了终端用户、工艺制板人员以及企业管理人员到机器的通信链路，实现整个订单环节的人机数据交互。其中云文件可以直接发送到横机设备，方便快捷；横机管理功能，实现用户对横机监控、编织数据统计、车间管理的管理需求；按揭管理功能，实现机械厂对按揭设备的远程管理，实现远程解锁、到期提醒、设备定位等；系统集成功能，提供保准通信接口，实现企业信息系统、制板工艺软件、企业管理人员以及机器间的数据交换。

要使用云平台，用户只需将横机设备及办公计算机接入互联网，即可使用全部功能，且能及时体验最新应用，无需设置本地服务器，部署快速、运维便捷；也可以直接部署到企业，帮用户搭建自己独立的私有云服务平台。部署平台的企业有苏州九色鹿纺织科技公司、福建新尚领服饰科技公司、东莞东晟羊绒制品公司、东莞泰浩电脑针织公司、东莞长立纺织科技公司等。

二、江南大学的针织云服务平台

江南大学历史悠久，是国家211和985重点建设大学，其纺织工程相关专业有较高水平。2001年与经编机械制造商卡尔迈耶集团联合，成立江南大学－卡

尔迈耶集团经编研究中心。2009 年经国家教育部批准立项建设经编技术教育部工程研究中心（简称中心），主要研究方向为现代针织工艺研究、针织物计算机设计与仿真、先进针织装备研发、针织产品开发。中心的“数字化经编生产的关键技术研究与应用”“基于高动态响应的经编集成控制系统”项目分别获得 2009 年和 2014 年的中国纺织工业联合会科学技术奖一等奖。

中心开发的针织云服务平台包括针织产品信息系统、针织设备信息系统、针织机器型号查询系统、针织客户信息系统、针织生产计划管理系统、针织物智能分析系统、针织机器故障诊断系统、针织水平考试系统等。其中针织物智能分析系统允许用户通过手机拍摄织物上传到云端，对照片进行识别、分析，得到织物基本参数，再通过图像处理技术得到花型意匠图。系统采用 B/S 结构，数据集中保存在服务器。用户可以通过移动终端随时接入，了解相关生产的实时数据信息和最新针织行业信息，获取织物仿真、生产管理、设备诊断等多种服务。

中心推出针织车间智能制造解决方案，内容包括针织生产数据实时采集系统、基于物联网和互联网的针织生产数据通信系统、基于大数据分析的针织生产管理系统。在针织 MES 系统中，工控机通过各类传感器实现对车间生产数据的实时采集，并对数据进行处理后先存入工控机的本地数据库，再筛选之后上传至云服务器数据库，由云服务器保存接收到的数据，从而实现对机器生产状况、生产数据、生产计划、产品质量的远程监控和质量的可追溯，形成基于数据驱动的针织企业生产模式。应用企业包括山东如意、江苏丹毛、浙江万方江森纺织科技公司、江阴捷豹针织制衣公司、浙江超达新材料公司、福建佳荣实业公司等。

第六节　服装行业解决方案

一、杭州爱科的服装云服务平台

杭州爱科科技有限公司成立于 1994 年，位于杭州滨江软件园，较早致力于纺织服装领域的信息技术产品开发，服装 CAD 得到了很好的推广应用。其产品包括服装 CAD、CAPP、CAI、ERP、PDM、三维 CAD、服装电子商务系统、远程教学系统、爱科量体归档系统、爱科服装厂工资计件系统等，推出了面向纺织服装行业的科技创新平台和信息技术改造的整体解决方案，覆盖了服装产业链中设计、制造和管理多个环节。最近又推出面向柔性材料的智能化切割设备，已在近百个国家得到应用，业务领域延伸到多个行业。服装信息化共享平台、真皮自动化裁剪流水线系统、高效多层裁剪系统等项目获得中国纺织工业联合会科学技术进步二等奖。

公司在国家科技部863计划支持下，牵头建设了浙江省服装科技创新平台。依托这些软件和设备基础，与自身多年积累的知识库相结合，形成了集成网上和网下资源的云服务平台，包括服装款式资源库、服装面料资源库、服装样板资源库、服装企业软件资源库，达到款式服装数据库5万款、面料数据3万款。客户可以采用SaaS方式，使用“爱科在线排料系统”，以达到最大限度的省时省料。通过在智能切割设备上搭载物联网技术，与云服务平台对接，获取设备运行数据，并对设备工作模式、切割时间、切割故障、操作习惯等进行记录，云服务平台上可对这些数据进行计算和进一步分析，及时给客户进行指导，并可通过大数据的综合评估，进一步地判断该区域业务发展情况。这些服务在杭州女装、宁波男装、海宁皮装、绍兴家纺等领域都获得较好的效果。

随着信息技术的发展，公司在服装软件开发、SaaS服务模式、智能切割设备的基础上，推出了智能切割与云服务模式结合的智能制造解决方案，开发了自动排料、多层裁剪和卸料工序为一体的自动化流水线，提出一套适合于服装、家居地毯、汽车内饰等柔性材料制造业生产应用的大型全自动数控加工系统。

二、上海和鹰的服装个性化定制、快速成衣系统

上海和鹰机电科技股份有限公司成立于2006年，总部位于上海浦东新区，2016年被长园集团收购80%股权。业务包括缝前、缝中、缝后整个服装工艺产品线的数字化设备和全面解决方案，其自动裁床广泛应用于服装、箱包、鞋帽、汽车内饰、航空航天、家居等行业，销售到全球数十个国家与地区。

在多年来开发服装自动裁床的基础上，公司研发了三维人体扫描、智能吊挂、智能仓储系统，以及MES、制衣工艺分析系统等，形成了服装个性化定制、快速成衣系统。例如该公司推广的“衬衫快速成衣系统”，可以通过快速的人体扫描和数据分析得出一系列人体数据，根据数据进行模型计算，从而获得准确全面人体尺寸；自动建立尺寸数据库，调用用户个性化的尺寸数据，生成服装样

板；样板数据库自动依据客户尺寸进行样片修正、变化，构建符合用户个人独特需求的样板专家系统；根据用户需求、产量计划等要求，选用不同型号裁剪机，进行高效率、高精度的自动化裁剪。系统解决了从三维人体测量到服装 CAD/CAM 的无缝连接问题，实现了人体测量、纸样设计和排料裁剪的连续自动化。

公司近期整合各种产品和技术资源，推出服装智能制造生产线，包括 3D 人体扫描、3D 快速成衣系统、服装 CAD 系统、智能铺布机、智能裁剪机、智能吊挂系统、智能仓储系统，通过软件将整个服装缝前、缝中、缝后的生产全部衔接。同时，上海和鹰遍布全球的服务网络也是基于远程诊断技术研发成功的，这套服务系统使得在总部的控制中心可以检测到各地生产线上设备的运行状况，并提前发出预警，故障发生后可以远程指导服装制造企业的操作人员进行修复。

三、上海威士的衬衫自动缝纫集成系统

上海威士机械有限公司成立于 1992 年，是一家专业从事服装制造、纺织品智能化洗涤整理，以及物流自动化方向的研发、制造以及技术整合的高新技术企业。公司专注于生产自动熨烫机、吊挂系统等服装设备，已形成服装熨烫整理系统、服装自动缝制系统、纺织品智能洗涤在线整理系统、自动物流及智能分配系统四大产业，产品遍布国内外知名服装生产企业、军服生产基地以及日本、新加坡、加拿大、美国、波兰等大型洗涤工厂。

自动缝纫一直是服装关联产业创新重点攻关的课题，不仅是整个生产工序中占有人工最多的部分，还是最影响产品质量的环节。公司开发了衬衫自动缝纫集成系统，由六个缝制工作站组成，分别是自动锁眼、自动钉扣、自动输扣、自动打褶过肩、袖口自动暗缝、自动贴袋。在原单头单机的基础上开发出了三垂直压紧装置、纽扣检测装置、纽扣平移旋转装置、袖口六工位旋转工作平台、智能裁刀控制系统、自动折袋机构、自动收料机构等辅助装置和控制机构，多道工序一次性完成，节省了大量的辅助时间，生产效率较传统方式大幅提高。同时也保证了缝纫质量，降低了对工人技能的要求和劳动强度。目前，该系统已在山东鲁泰、广东溢达、江苏联发、联业制衣（东莞）公司、罗蒙集团、深圳杰西服装公司、红豆集团、海澜集团等大型企业得到推广应用。新近还推出了全自动无人锁眼机和机器人智能工作站，其自主研发的机械手抓取传送定位技术得到行业专家的肯定。

公司还推出了服装工厂自动化物流系统，包括链式输送系统、智能吊挂系统、自动立体仓储系统。输送系统将产品缝制后自动输送至后整理区域，经吸线头、整烫等修整工序后进入焙烘车间，焙烘后以 8～15 米/分钟速度送回车间，再进行整烫、包装；吊挂系统能对生产管理和裁片供应实行智能监控。控制中心统一调配好裁片后，装入衣架上，自动输送至缝纫工作站；立体仓储系统根据企业库房设计，合格产品被贴上 RFID 电子标签、挂牌，包装后自动输送到指定货位，实时显示出各品种服装的库存状态。

四、惠州天泽盈丰的服装生产数据采集和生产管理系统

惠州市天泽盈丰物联网科技股份有限公司于 2002 年成立，是国内较早研发服装、床上用品、箱包、鞋业等行业生产管理系统的高新技术企业。公司开发了服装生产数据采集和生产管理系统（ETS）包括 ETS 电子工票系统，ETS 智能吊挂系统，智能平板电脑系统、智能仓库系统，自动分拣系统，固定资产管理系统等，在纺织服装行业有很多应用。与武汉纺织大学合作开发的“纺织服装生产数据在线采集与智能化现场管理系统”于 2010 年获得中国纺织工业协会科学技术奖一等奖。

ETS 通过 RFID 技术实时收集生产现场产品的数量、生产时间、品质、交收等数据，储存在中央数据库；实现了生产任务进度控制、生产物料追踪、产品质量监控以及生产核心环节实时监控调度等功能；可以对数据进行高速分析与处理，将生产现状与问题实时呈现在管理人员面前，并结合生产计划与货期提供预警，实现服装车间的生产全流程管理。

ETS 推出以来得到了很好的推广应用，主要用户包括针织服装和梭织服装的许多企业，如香港晶苑集团、广东溢达、福田实业集团、临沂富士针织公司、常州艾贝服饰公司、中山霞湖世家公司、深圳海升通伟制衣公司、佛山紫兰蒂内衣公司、惠州新天健服装公司等，还远销孟加拉国、越南等海外市场。

五、上海嘉纳的三维虚拟试衣系统

上海嘉纳纺织品科技有限公司于 2003 年成立，从事纺织品服装科技领域内的信息化技术开发、技术咨询、技术服务。主要产品涉及服装智能一体化系统，包括立式三维人体扫描、3D 模拟试穿软件、网上发布会软件、3D 服装在线销售

软件和3D在线博物馆。配套的服务有服装三维扫描测量等。

公司开发了服装三维虚拟试衣系统，包括三维测量及人体数据处理、三维服装设计系统、三维虚拟试衣平台和虚拟服装走秀系统，可以使用移动智能终端，解决了人体测量空洞填充、引擎稳定性等关键问题，建立了服装虚拟试穿过程中面料的实时仿真解决方案，并已作为产品应用到多家服装企业和相关院校。

该系统包括三维自动测量，系统能够将数据自动导入CAD系统。通过度身打板模块，自动生成样板；在线试穿，运用在网络商城将消费者的身体数据输入形成虚拟化身，从而方便消费者进行服装搭配，而且可以观看到服装穿着在身体上的效果，避免买到之后出现号型不合适的现象；在线产品宣传，帮助企业树立高端形象，消费者在三维平台上直接进行服装搭配，从而可以满足个人不同的需求；移动智能终端应用，方便消费者随时随地进行操作；虚拟服装走秀，运用系统将做好的虚拟服装穿着在虚拟模特身上，制作网上服装发布会等。

六、银川汇成的服装规模化定制服务平台

银川汇成科技公司前身为宁夏汇川服装公司电脑部，1999年响应国家号召转型成立软件服务公司，获得国家科技型中小企业技术创新基金支持。公司具有深厚的行业背景，熟悉服装企业生产模式，主要从事服装行业的计算机应用软件开发，为服装企业计算机应用提供全面解决方案，是西北地区最早的纺织服装软件开发服务企业。公司自主研发了服装CAPP软件、服装归号系统等产品，在服装企业中得到了广泛应用。

公司推出的服装规模化定制服务平台，以软件试用、普通租用、VIP用户、折价购买、赠送等多种技术共享服务方式，提供服装归号系统软件、服装号型决策系统软件、服装CAPP系统软件、服装销售管理系统软件、服装企业自主建站系统软件、行业制服图库资源、西北地区人体数据库资源等服装企业信息化软件共享服务。在工装、制服等团体定制生产中，批次多、件数少，不同批次、不同款式的服装较难保持做工质量的一致性，而服装CAPP是进行服装生产工艺辅助设计的工具，它向生产过程发出了制造过程的工艺说明文件，用以明确表达加工方法，以确保制作工艺、做工质量的一致性。运用归号系统及CAD/CAM/CAPP等多项技术组合，团体定制产品的效率和质量明显提高。

公司已成功地为宁夏汇川服装公司实施了国家863计划CIMS应用示范项目，

随后又为陕西咸阳杜克普服装公司、江苏华西村纺织服装公司、红豆集团、无锡成龙制衣公司等多家服装企业实施了计算机单项应用或系统集成项目。

七、天津宝盈的全自动模板缝制系统

天津宝盈电脑机械有限公司于2006年成立，坐落在天津宝坻经济开发区，是一家专门从事服装生产设备和信息化系统的高新技术企业。公司致力于柔性材料的裁剪、缝制两大领域，包括CAD软件系列、版房设备、裁剪设备、激光设备、缝制设备、绣花设备、绗缝设备、电脑电控系统8大系列，在服装、家纺行业得到很好的推广应用。

公司代表性产品全自动模板缝制系统将CAD与模板加工单元与缝制单元相结合，模板缝制系统的功能实现是通过软件与两个机械硬件无缝对接完成的。系统主要分为三个部分：模板CAD，根据裁片数据可自动产生模板加工数据和模板缝制线迹数据，模板加工单元和自动模板缝制单元共享模板CAD的数据，完成利用模板功能的自动缝制任务；模板加工单元，突出了对机器本身及工作环境的保护，新产品通过对关键部件的防护以及改变原有激光切割机的材料，使机器使用寿命大大增加；模板缝制单元，机架结构从传统的单头创新为可多头同时缝制，缝纫面积由原来缝纫机弯臂内侧的单侧移框变成了前后的无制约移框，使理论上的缝制面积增大，最大可省去约60%左右的人工。

传统的缝制工具，无法提供表现力比较强的线迹，服装设计师在缝制线迹方面的创新空间有限。全自动模板缝制系统正是由此为突破口，实现了一定程度上的创新，投入市场以来在国内外市场反应良好，产品销往欧洲、南美、东南亚等国家。

八、宁波圣瑞斯的服装生产吊挂系统

宁波圣瑞斯服装机械有限公司于2005年成立，较早开发服装吊挂系统，创立了“圣瑞斯”品牌。后经改制及资产重组，创办浙江瑞晟智能科技股份有限公司，于2015年挂牌新三板。公司一直专注生产吊挂线的设计与制造，致力于服装家纺生产吊挂系统的研究开发和技术创新。目前已经研发了智能面辅料库系统、智能数据采集系统、智能机器人搬运系统、智能生产吊挂系统、智能分拣系统、智能仓储系统以及MES系统等领域的产品和技术。

公司一直推广的服装智能吊挂系统，是一套智能化，数字化的服装生产流水设备。系统采用 RFID 技术，自动控制技术及自动化传输技术，来代替原有生产中的人工搬运、记录、统计等传统方式，实现整个生产流程的信息化与高效作业；多款式同时加工，减少换款时间；自动计件，由系统安排生产工序，自动平衡生产节奏；采用单件流水，以吊挂形式输送衣料与成品，避免折叠衣物所造成的面料破坏；全程跟踪实时记载，降低成品、半成品遗失率等。系统的应用企业已有数百家。

经过十余年的创新发展，圣瑞斯已从最初的服装生产吊挂流水线业务向智能仓储系统、智能物流分拣系统、企业智能化数据管控系统等工业智能化产品拓展，产品应用涵盖纺织服装、家纺、物流、童车、箱包、制鞋等众多行业。